阅读成就思想……

Read to Achieve

心理学**普识**系列

冲突的演化

那些心理学研究无法摆平的心理冲突

[英] 杰弗里·贝蒂（Geoffrey Beattie）／著　李佳蔚／译

The Conflicted Mind

And Why Psychology
Has Failed to Deal With It

中国人民大学出版社
·北京·

图书在版编目（CIP）数据

冲突的演化：那些心理学研究无法摆平的心理冲突 / （英）杰弗里·贝蒂（Geoffrey Beattie）著；李佳蔚译. -- 北京：中国人民大学出版社，2021.2
ISBN 978-7-300-28866-6

Ⅰ. ①冲… Ⅱ. ①杰… ②李… Ⅲ. ①社会心理学－研究 Ⅳ. ①C912.6-0

中国版本图书馆CIP数据核字(2020)第272822号

冲突的演化：那些心理学研究无法摆平的心理冲突
[英]杰弗里·贝蒂（Geoffrey Beattie）　著
李佳蔚　译
Chongtu de Yanhua：Naxie Xinlixue Yanjiu Wufa Baiping de Xinli Chongtu

出版发行	中国人民大学出版社		
社　　址	北京中关村大街31号	邮政编码	100080
电　　话	010-62511242（总编室）	010-62511770（质管部）	
	010-82501766（邮购部）	010-62514148（门市部）	
	010-62515195（发行公司）	010-62515275（盗版举报）	
网　　址	http：//www.crup.com.cn		
经　　销	新华书店		
印　　刷	天津中印联印务有限公司		
规　　格	170mm×230mm　16开本	版　次	2021年2月第1版
印　　张	19.75　插页1	印　次	2021年3月第2次印刷
字　　数	233 000	定　价	89.00元

版权所有　　　　侵权必究　　　　印装差错　　　　负责调换

赞誉

人的成熟是从意识到自己内心存在种种冲突并学会接纳它开始的。如果你想更好地了解自己的内心，就该读一读这本书。

吴冕
实用心理学主编、蘑菇心理联合创始人

《冲突的演化》是一本有趣且理性、鼓励反思意识的书。我们常常因为理想自我而立下"flag"，却被自己的行为默默"背叛"。拉康说，这是我们与镜子自我的距离。本书作者贝蒂从动力、社会心理学实验、文化压力等维度，深度解读了我们为什么会以这样的方式思考和行动。本书内容非常丰厚，故事、实证、理论层出不穷，无论是专家、学生还是心理学爱好者，都值得一读。

糖心理
心理咨询师孵化平台、心理学普及平台

杰弗里·贝蒂的《冲突的演化》一书非常精彩，文笔优美。其内容大胆而新颖，为当今心理学领域正蓬勃发展的心智概念增加了一个新的分析维度：将有意识、有目的、自我察觉、运作缓慢的心智，与无意识、无目的、没有自我察觉、快速的心智联系起来。这两个方面的心智在人身上共存，但由于二者性质不同，导致二者不时发生冲突。贝蒂这本书的主题就是揭示各种形式的冲突。最引人入胜的是，他所选择的六位20世纪社会心理学巨人的研究及其丰富而细致的讨论。每一章讨论一位学者，他们都有触及内心的冲突，但从未彻底理解它。

大卫·麦克尼尔（David McNeill）
美国芝加哥大学心理学和语言学名誉教授

心理学在缓解当代人面临的许多精神疾病中发挥了重要作用，但心理学几乎没有为心理冲突提供答案，甚至是解释。心理冲突是文化和环境因素的产物，而非纯粹的认知因素。这本书出色地解构了心理学，也向大家对这一困惑和不一致的情绪研究素材和结论提供了深入和有力的评估。这是一本出色的读物，不管是心理学家还是普通大众，我都强烈推荐。

马塞尔·达尼西（Marcel Danesi）
加拿大多伦多大学人类学教授

写给卡罗尔

在这段混沌迷茫的心理冲突探索之旅,

你是一道光,

永远为我照亮。

有个地方，冲突永远是真理

那便是安息地。它就像人间宜人的阴影

没有争端，因为大家都在沉睡

　　　　　　　　　　　　选自威廉·布莱克（William Blake），
　　　　　　　《弥尔顿史诗集》（*Milton, A Poem in 2 Books*）之
　　《向世人昭示天道之公正》（*To Justify the Ways of God to Men*）

序言

这事我要怪莎士比亚。

"心理冲突"(conflicted mind)虽然以各种各样的提法出现,但在心理学领域早已遍地开花。它对态度、习惯、沟通、认知、角色、记忆研究等心理学诸多核心领域都很关键。在这些领域中,许多领袖学者都围绕着心理冲突建立起大大小小的知识体系,有的明确,有的隐晦(但仍然有所联系)。有戈登·奥尔波特(Gordon Allport)对冲突这一态度的思考,以及对20世纪50年代美国人的种族态度提出的"内在冲突"(inner conflict)的概念;欧内斯特·迪希特(Ernest Dichter)利用精神分析理论研究香烟品牌市场营销和人们吸烟习惯的冲突;格雷戈里·贝特森(Gregory Bateson)尝试把前后矛盾的表达界定为心理障碍的潜在先兆;利昂·费斯廷格(Leon Festinger)在认知领域中强调了冲突的重要性,他称之为"认知失调"(cognitive dissonance),而这通常是态度改变的驱动因素;詹姆斯·彭尼贝克(James Pennebaker)在其研究中也提到了记忆冲突,他认为情感表露(emotional disclosure)是应对创伤和消极情感体验的一种方法,相互矛盾的记忆在情感表露的过程中让记忆成为较统一的故事叙述;斯坦利·米尔格拉姆(Stanley Milgram)在电击实验中,研究过当必须服从上级命令时,那些被试所经历的角色冲突体验(毕竟这些被试都必须担任他们不喜欢的角色)。然而,当说起"心理冲突"这个词时,人们的反应通常都是:"你在说哈姆雷特吗?"陷于尴尬境地的我只能回答:

The 冲突的演化：那些心理学研究无法摆平的心理冲突
Conflicted Mind: And Why Psychology Has Failed to Deal With It

"不，不一定要提他。"这就是我怪莎士比亚的原因。哈姆雷特的那句台词实在是太强有力、太戏剧化了，在人们的脑海中挥之不去。我还是想说，这句台词在一般概念和运作机制上都跟心理冲突存在很大的偏差。

我承认，在给这本书命名的时候我想了很多好玩的名字，比如《两面神效应：为什么你爱说一套做一套》，这是基于我的一场非常真实的噩梦，这场梦也许是心理冲突其中一个角度的体现，不过我不想把它的讨论范围限制在"说"和"做"上。我也想过《心理冲突的明暗显晦》，这个标题比较吸引人，因为这和诺贝尔经济学奖获得者丹尼尔·卡尼曼（Daniel Kahneman）提出大脑中的两套系统（系统1和系统2）如出一辙（他很喜欢强调这是一个假设概念）。他提出，系统1的运行是无意识且快速的，不怎么费脑力，没有感觉，完全处于自主控制状态。然而，随着我对这本书的深入研究，我越来越热衷于研究这个学科里这些绝妙现象的潜在缺陷（也许不全是欧内斯特·迪希特的观点，但绝对包含他的观点，因为他的观点对后世影响巨大）。尽管这些判断借助事后经验总是来得更简单些（研究新主题的发展也是），这本书的副书名[①]因此或多或少已经给出了暗示，所以我需要让主书名[②]更精简。

正如我上面所说的，人们对书名中的"心理冲突"的反应很有意思，我可以把它们归结为两类反应，而且有这两类反应的人都对自己的反应颇具自信。他们会说"我明白了"，语气就像这是一场我给他们做的测试。最常见的反应确实还是哈姆雷特内心的矛盾，有时记忆更多地以视

[①] 原书副书名"*And Why Psychology Has Failed to Deal With It*"直译为"以及心理学为何无法解决这个问题"。——译者注

[②] 作者在此指的是原书名"*The Conflicted Mind*"的直译"心理冲突"。——译者注

序言

觉图像的形式呈现出来,人们脑海中呈现的是劳伦斯·奥利弗(Laurence Olivier)[而不是约翰·吉尔古德(John Gielgud)、梅尔·吉普森(Mel Gibson)或是肯尼思·布拉纳(Kenneth Branagh)]①塑造的哈姆雷特形象和他优雅的腔调。在影片中,奥利弗身穿黑白配色的礼服,倚靠在城墙上,凝视着城堡下的波涛汹涌,还有那万丈深渊(真是一种非常直观的隐喻)。

> 生存还是毁灭,这是一个值得考虑的问题;默然忍受命运暴虐的毒箭,或是挺身反抗人世的无涯的苦难,在奋斗中结束了一切,这两种行为,哪一种是更勇敢的?死了,睡着了,什么都完了;要是在这一种睡眠之中,我们心头的创痛,以及其他无数血肉之躯所不能避免的打击,都可以从此消失,那正是我们求之不得的结局。②

人们会告诉我,这就是哈姆雷特的心理冲突,反思生死、思量结束自己的生命,在冲突的两端徘徊权衡。这反映了他对此世的无力感,对此他只能"默然忍受命运的暴虐的毒箭",而他残存的主动权就是结束自己的生命,以求"心头的创痛,以及其他无数血肉之躯所不能避免的打击,都可以从此消失"。哈姆雷特的第一反应便是自杀能给他带来力量,他终于可以掌控自己的命运,用以对抗生活残暴本身。死亡此时投来了橄榄枝,它是一种解脱、一种安睡,在这场安睡里,可以结束"心头的创痛,以及

---

① 这四位演员分别是 1948 年、1964 年、1990 年、1996 年版电影《哈姆雷特》中哈姆雷特的饰演者。——译者注
② 本书中关于《哈姆雷特》的译文,均引自《哈姆雷特(中英双语版)》朱生豪译本。——译者注

The 冲突的演化：那些心理学研究无法摆平的心理冲突
Conflicted Mind: And Why Psychology Has Failed to Deal With It

其他无数血肉之躯所不能避免的打击"。这是人生一切问题的终极解决方案，是一个"求之不得的结局"，当然，这也不是一件容易的事。

> 死了，睡着了；睡着了也许还会做梦；嗯，阻碍就在这儿：因为当我们摆脱了这一具朽腐的皮囊以后，在那死的睡眠里，究竟将要做些什么梦，那不能不使我们踌躇顾虑。

哈姆雷特意识到，每个简单的解决方案都是一个圈套。如果死亡是一场漫无休止的睡眠，那么会发生什么事呢？毕竟，睡眠是死亡最常见的隐喻（那句"睡个好觉吧，我的朋友"），就像所有的隐喻形式一样，根据莱科夫（Lakoff）和约翰逊（Johnson）在1980年的研究，隐喻也会影响我们的认知。梦不是睡眠中不可或缺的一部分吗？那么在死亡睡梦中"可能"会做些什么梦呢？在清醒的时候，我们可以主宰自己的命运，但在梦里可不是这样。我的朋友们解释说，毕竟，我们无法控制在生活中（有时候也无法解释）这场梦中的进程或内容。我跟他们提起前一晚我做过的梦："我在维多利亚书店看我的新书，谁知封面上的金色字掉到了书店的木地板上，转而化为灰烬。"朋友们说："这准是你的重度焦虑又犯了，你又不是不知道，你极度缺乏安全感。"那么在死后，谁又能要求死亡之梦少一点，或者别那么让人费解呢？谁又能保证梦能停下来？即便处在当下的世界，死后的那个陌生而未知的领域里，又有什么样的梦会入侵呢？它们又会有多可怕呢？哈姆雷特苦苦沉思，当下我们无法控制生活，死后亦如此。

> 谁愿意负着这样的重担，在烦劳的生命的迫压下呻吟流汗？倘不是因为惧怕不可知的死后，惧怕那从来不曾有一个旅人回来

序言

过的神秘之国,是它迷惑了我们的意志,使我们宁愿忍受目前的折磨,不敢向我们所不知道的痛苦飞去?

当然,在这一切背后还存在道德考量,贯穿于整个论述之中。自杀是一种无法悔改的罪恶,违背了上帝之爱。值得一提的是,早在1533年,那些被指控犯罪而自杀的人是不允许操办基督教葬礼的。那么对于自杀的人来说,什么样的地狱折磨会像"睡梦将至"般地等待他们呢?这并非唯一的道德考量。哈姆雷特的独白不仅是有关自我毁灭的心理冲突,更是对他要做的其他杀戮行为的深思,这些行为会刺痛良知,更会遭到上帝的惩罚。哈姆雷特必须为父报仇雪恨,杀死弑父凶手克劳狄斯。但在整部戏中,哈姆雷特一直在为不杀仇人寻找借口,他在几次机会来临时也没有动手。"重重的顾虑使我们全变成了懦夫"这句话的适用范围甚广。在独白的最后,他停止了这种沉思,他告诉自己,过多的顾虑会让他错失必要行动。

> 这样,重重的顾虑使我们全变成了懦夫,决心的赤热的光彩,被审慎的思维盖上了一层灰色,伟大的事业在这一种考虑之下,也会逆流而退,失去了行动的意义。

这是一种对心理冲突的恰当描述,心理冲突让我们陷入沉思,让我们权衡利弊,让我们用想象力填满每一个细节。这是一种多层次的思考,潜意识在内心辩论中注入了更多深层次的考量(我们也会去思考在其他领域这件事有多重要)。这些深层次的思考杂乱如麻,需要旁观者抑或足够有见地的主人公自己去梳理,好让这心理冲突被理顺,逐渐变得明朗。哈姆雷特的独白阐述得非常清晰,这是文学的要求。当然,即便这是虚构的

XI

The 冲突的演化：那些心理学研究无法摆平的心理冲突
Conflicted Mind: And Why Psychology Has Failed to Deal With It

作品，大多数人也能立刻看出莎士比亚描述的是我们的现实生活，这就是我们经历冲突过程时的典型。我还记得有一天，我坐在迪夫山（Divis Mountain）上俯瞰北爱尔兰的贝尔法斯特（Belfast），当时细雨温和，而我则对于选择生物学还是初级拉丁语专业犹豫不决（尽管这个范畴和意义都谈不上是莎士比亚式冲突）。我在被雨淋湿的纸上列了两张表格，将利弊都写在了上面，经过权衡与预估后，我最终选择了拉丁语，并将其作为我毕生的事业，这无疑是个错误的决定（后来我因被雨淋得太湿而作罢）。与哈姆雷特相比，我的思考和权衡远不够清晰与细致，显得灰蒙蒙的、更加失焦，而且掺杂了更多的情绪，当时我感觉到这两个选项都给我带来了特定的情绪价值，并且难以名状（对我来说，拉丁语意味着在重点院校学习，那是贝尔法斯特工人阶级家庭出身的我所渴望的）。我们也许认识到了哈姆雷特的思维困境，但心理冲突远不止此，它还在许多方面影响着我们。

当我把书名告诉朋友和身边的人时，他们的其他反应就更具有哲学意味了。"人的内心总是充满冲突的，"有些人会这么说，"你告诉我什么时候人的脑子才不会有冲突？人的决定和行为从来都不是直截了当的。总是会在接近一个选择后又犹豫起来，或多或少都会有些矛盾。只有傻子才不会犹豫吧。"说完，他们心照不宣地看着我。当然，他们说得无不在理（在理的不是他们富有内涵的眼神），但他们的反应的确拓宽了"心理冲突"的话题——宽得离谱。这完全就是精神和行为活动。

我希望把过于沉迷和让人想破头的莎士比亚式心理冲突引导回来 [这不一定会导致什么行为结果，包括一些不会出现大问题（如自杀）的决定]，人们对心理冲突的观点广度非常大，实际上也说明了这一议题无处不在。我想通过社会心理学中的一些重要研究来思考心理冲突，这些研究

序言

通常聚焦于形式各异的心理冲突及其运作方式。

在过去的六七十年里，一些世界上极具影响力的社会心理学家的研究成果塑造甚至定义了我们的社会心理学思维。他们所关注的是在人为或非人为形式的冲突下，会发生的各种情况和人们会表现出的行为特征。研究最核心的内容是，这些冲突是如何形成、持续的，以及如何被解决的，研究也向我们展示了人们在日常生活中是如何看待心理冲突的。而我想知道的就是，这些心理学家们是如何将心理冲突概念化的，以及在其各种形式的外衣下是如何观察心理冲突的运作的。我想过这可能是利昂·费斯廷格的认知失调与认知上的冲突（他的概念最强烈地凸显了心理冲突）；戈登·奥尔波特对于偏见和人们对种族态度的内在冲突；斯坦利·米尔格拉姆对于服从与矛盾心理的角色行为；格雷戈里·贝特森的对相互矛盾的沟通方式以及他提出的双重束缚理论；欧内斯特·迪希特的香烟品牌市场营销和吸烟习惯的冲突；以及弗雷德里克·巴特莱特（Frederic Bartlett）对人类记忆的构建、回忆和复述的矛盾点研究。但詹姆斯·彭尼贝克的研究更贴近我在此的定义，他的研究聚焦于情感表露，我们在重建自传式记忆和表达情感创伤的时候，不免减弱了记忆中一些非常明显的心理冲突的影响，由此，他解释了为什么谈论消极情感活动是有益处的。上述心理学界的理论家形成了社会心理学这门学科，我则想重新审视并重估他们的研究。我发现，上述学者中的大部分人在20世纪50年代至60年代初（有些更早）即完成了颇有影响力的研究，这个时期被视为社会心理学的黄金时代，而这均发生在社会心理学的实验革命之前。实验法占据主流之后，极大地再塑了社会心理学，也限制了这门学科。上述学者的研究对"心理冲突"这一课题的兴起起到了至关重要的作用。

我之所以在序言中以莎士比亚作为开场白，部分原因是当我同别人提

The 冲突的演化：那些心理学研究无法摆平的心理冲突
Conflicted Mind: And Why Psychology Has Failed to Deal With It

起书名时，"哈姆雷特"往往会立刻浮现在人们的脑海中；但另一部分原因是，如果有必要，那么所有人都不要忘了，心理学并不仅仅要解释"心理冲突"这个单独概念。它不属于我们，有时我觉得，作为心理学家，我们需要提醒自己这一点。心理学常热衷于抓住核心概念不放，并以此大做文章。心理冲突无论是在哪种情境下，都是人们在几个世纪以来对自我认知和自我觉察所做的谨慎的整体性探索，而心理学只是给这个问题提供新方法和新途径罢了。关键是这些方法和途径是否真的在这一课题上促成了新发现，或者心理学家们一直没有成功解决。既然没有解决，那他们还能做什么呢？往后我们还能做什么？我们还能从中学到什么？

一旦涉及心理冲突，心理学家们关注的往往就是思想活动或认知，抑或是与行为的关系，而不是单纯对心理作用的（或沉思的内容）的细节进行描述。心理学中的一个核心议题便是认知和行为的冲突，当然，这也不是我们唯一感兴趣的议题；我们所想、所说和所做之中的冲突也非常重要。然而，言行不一被很多人认为是人生之中最大的冲突之一。为什么我们会做出与所说的完全不同的事情？此时，我脑海中蹦出了一个烟鬼在大冷天里吞云吐雾，嘴里却说"这破习惯"的画面。这本书将会探讨为什么有些日常行为反而会吓到我们，但这只是更宏大的问题里的一部分。我们确实会认为自己积极且公正、关心他人、爱护环境、将家庭摆在首位、关系和谐，但我们所做的却一次次让人大跌眼镜。之所以会言行不一，根据丹尼尔·卡尼曼的观点，部分是因为我们确实有两个"自我"，这两个"自我"系统有着实质性的分离——一个富有意识、理性和思考；另一个的动机和本能则根植于无意识，哪怕我们尽最大努力避免，也还是会出现仅做观察而不经思考的情况。当涉及生活的许多方面时，一个系统似乎对另一个系统做出了非常不同的"评判"，还会受到主观明显的、潜在偏见

序言

的影响。这个系统往往会控制我们的行为。本书将在过去一些经典研究的背景下，探索心理冲突的运作方式和原因，以及我们能做些什么。

马尔科姆·格拉德威尔（Malcolm Gladwell）在其2005年出版的畅销书《眨眼之间》（*Blink*）中提到了"适应性潜意识"（adaptive unconscious）和"不假思索的决断力"（the power of thinking without thinking），但在我看来，这不准确。适应性潜意识的方式并不是像格拉德威尔所认为的那样，因此本书将试着告诉你事实上它有多么"不好适应"。我们在生活中做过各种重要决定，小至决定在超市买什么，大至选择我们的工作伙伴，本书也会探索在做决定的最初五秒钟里，意识与潜意识分离这一基本运作方式的本质是什么。它将为我们揭示，为什么我们会遭受潜在的偏见，以及这些偏见如何塑造我们的日常世界。

格拉德威尔的书引起了广泛关注。的确，有人可能会说，在过去这10年里发生了一场新的文化革命，在所谓的"适应性潜意识"指导下所强调的快速认知（rapid cognition）的意义上，革命不仅波及心理学领域，还影响到了整个社会文化领域。格拉德威尔认为，运作的无意识能帮助我们在缺乏意识的思考方式情况下得出所谓"正确"的结论。他试图让我们相信，"与整个月的理性分析相比，眨眼之间的决断也能具备同等价值"。德国马克斯–普朗克研究所（Max Planck Institute）的格尔德·吉仁泽（Gerd Gigerenzer）在他的畅销书《直觉思维》（*Gut Feelings*）中提出"最好的总是最先出现""减少时间和信息的方式能够改善决策，这一惊人的事实经过实验证明"。"毫秒间的决断足具效力"和"适应性潜意识"的概念已经进入我们的文化当中。如今，常有人告诉我们要相信自己的直觉，拥抱那些心血来潮的决定，去做感觉对的事情。整个论调都是为了传达快速认知的艺术。在我看来，这也许犯了根本性的错误。毫无疑问，每个人都会经历无意识过程，但我们经常得出超出适应性潜意识的结论（我们会在第 1 章关于隐性种族态度的研究中继续讨论）。在日常生活中，适应性潜意识甚至可以被视为一个不够妥当且危险的概念，比如种族议题、环境议题、对吸烟这一习惯的看法，或是吸引我们注意的人或事、选择伴侣、处理人际关系、记忆、跟随某个团体或政治领袖——许多事对我们来说都是非常重要的，若放大来看，这也是社会运作的关键因素。在这些领域内，我们可以理性地、有意识地判断什么才是有效的，什么才是应该做的。然而，我们的无意识冲动则毫无自适应性地误导我们做出背道而驰的事。

因此，格拉德威尔和吉仁泽认为，从社会整体角度来说，这一部分所论述的含义并非让人相信直觉或在决策上屈从于适应性潜意识，而是要去理解无意识的运作过程，对其进行识别、认知和控制。这是一个我们都不甚了解的领域，不管我们是否喜欢它，本书将会论述人类的这一阴暗面。我们有时能瞥见它，但随即就忽略它，用一些惯用的话搪塞过去："我刚刚不在状态。""我也不知道为什么会那样做。""我一点也不喜欢美女、美味的汉堡、雪茄……还有那伏特加。""我保证不会再犯了。"不过，它确实影响着我们。这一阴暗面与我们熟知的思考方式不一样。它常做出不一样的判断，遵循着自己的逻辑，与理性的自我相去甚远。我们有时会做一些奇怪的、让人大跌眼镜的事情，但我们不应该感到太惊讶，因为即便是再好的打算，这类怪事也还是会一直发生。

我们认为我们是公平的和体面的，能平等地对待男女两性；我们说我们关心环境和地球的未来。但在内心深处，很可能有一种无意识的运作机制控制着我们的日常行为；无意识有其自己的优先事项和价值观。例如，我们会在第 1 章中看到，有证据表明，无论我们说什么，大多数人确实受明显的种族偏见影响。对于熟悉的事物和自己种族和民族的成员，我们似乎有一种强烈的无意识偏好。这种对自我团体的无意识偏好在很多地方都露出了马脚,包括在考虑工作人选的时候,我们总会最终选择跟自己相似的人,选择与自己同一种族的人。事实上,一直有一种争论认为,作为大脑最原始的部分之一以及大脑的警报系统,杏仁核对不同种族的人所做出的警报和习惯性反应是不一样的。这些反应影响着受意识控制最少的地方(比如各种微妙的身体语言),我们从中得到的反馈微乎其微,这些微妙的身体语言似乎也难以被我们驾驭。

我们说,我们关心环境,已做好准备调整自己的消费习惯,以减少气候变化的影响。然而,到了真正外出购物时,我们的眼睛好像总会无意识地跳过产品碳足迹信息[①],而不去处理这些信息。因此,当我们购物时,也会对商品的环境影响视而不见。实际上,我们之所以没有去注意包装上的碳足迹信息,可能是因为我们的无意识自我并没有觉得这很重要(与此相比,品牌和对应的知名度才是更重要的)。在和同事的合作中,我们详细研究了被试,他们自称非常关心环境,与高碳足迹的商品相比,他们更看好低碳足迹的商品(如节能灯泡)。我们把节能商品和其他商品用投影仪放出来,商品上带有碳足迹信息,并每秒观测记录 25 次被试眼睛的精确注视点。注视点反映了个体的注意焦点,可以反映出人们真正关心的是什么。我们发现,人们更关注商品的许多其他特性,如品牌、价格、是否值得购买、卡路里、脂肪含量,而不是碳足迹信息。尽管他们在实验室里大多在报告说,他们更关心商品的碳足迹信息和对环境的影响,而不是其他方面,甚至吵着要看其相关信息,还通过各种消费者调查去了解他们在超

---

① 碳足迹信息是指企业机构、活动、产品或个人通过交通运输、食品生产和消费以及各类生产过程等引起的温室气体排放的集合。

市买的商品对环境影响有多大。

再想想另外一个领域。尽管我们总说自己向往宁静祥和的生活,为什么又会经常和爱人发生争吵呢?这只是因为夫妻间水火不容、无聊,还是有别的什么原因?这是不是因为我们在无意识地用某种方式考验着对方?争吵到绝望的时候,我们常指责是对方故意挑起的矛盾,但这可能与事实相去甚远。其实,并没有人想操控着什么,或者也许操控着的并不是一个完整的人,而是我们自己的某一部分。还可以以我们的饮食为例。如今,大家都知道健康食品有哪些,那么为什么我们还会在下班路上在麦当劳门店驻足,狼吞虎咽地吃着高脂肪的快餐,吃完又会感到恶心?是因为理性的自我告诉我们"这是不好的"吗?这背后的心理学原理是什么?为什么我们不能更了解自己?是谁在影响着我们总想做好事的心?这内心的黑箱里发生了什么?这些过程从何而来?它们是如何运作的?值得我们留意的是,经典社会心理学会怎么看待这些现象以及由此产生的冲突呢?

我将在第1章谈及关于种族的冲突态度,基于奥尔波特的"内在冲突"概念,每个人内在都可能有两个独立的"心理系统",各自有着不同的运作模式。当我们所说与所做不一致的时候,部分原因就是我们确实拥有的两个心理系统:一个富有意识、理性和思考;另一个的动因则建立在无意识的基础上,其运作根本不会接受意识与反思。在生活的方方面面,两个心理系统都对事物有着不同的反应,并且受到主观明显的、潜在偏见的影响。心理系统常常控制着我们的行为,而种族应该就是其一。无论我们表达出来的观点为何,大部分人似乎都有一种无意识的种族偏见。我们现在可以尝试去客观地衡量这种隐性偏见,我们会用到内隐联想测试(implicit association test,IAT),因为这是一种基于反应速度的人机测试,因而结果和自我报告测验相比,其真实态度没那么容易伪造,也不容易受社会期望的影响（尽管这个测试还是没有摆脱人们对它的批评）。结果，大多数白人都在无意识中有强烈的种族主义倾向，而相当一部分美国的黑人则有一种隐性的种族偏见，但这种偏见指向了他们自己的种族。这种隐性种族偏见对行为有巨大影响。我在与同事进行的一项研究中发现，当白人筛选工作候选人时，他们选两个白人的可能性是选两个非白人的10倍（尽管白人和非白人候选人的简历内容相似，并且简历在人们不会注意到的地方进行了转换）。此外，我们在用远程眼动仪跟踪个人每秒25次的目光注视点后发现，在筛选与自己不同种族的候选人时，筛选人的注视点更多是无意识停留在对方简历的缺陷之处。这种注视点模式的差异足足有24个——换句话说，这都发生在人们看简历的第一秒以内。人们的注意力之所以有选择性，可能是因为受到了无意识系统的控制，而当候选人结果出来的时候，结果看起来会非常合理，由此满足了意识和理性的需要。

"但是你没有注意到……"换句话说，无意识也为我们的理性头脑提供了它所需要的信息，而这些信息却是有高度偏见和偏好选择性的，但这样，理性自我没有办法注意到这一点。有意识和无意识的两种心理系统均在个体内运作着，它们的互动关系既明显又复杂。当然，如果我们想改善种族主义，争取一个更公平的社会，就需要理解这些隐性的、无意识的过程，以及掌握与之斗争的方法。本书将从每个人、每件事上探讨内心这两股巨大矛盾的心理根源和后果。

本书可以帮助我们更好地了解自己和他人，或许还能让我们相信，尽管自己是有缺陷的生物，远不及自己想要的理性状态，但至关重要的是，我们并不孤单。它可以教导我们，不要太过天真地寄希望于乌托邦蓝图和人类大脑，因为人类大脑中存在着更原始的东西犹待发掘。这并不一定要

The 冲突的演化：那些心理学研究无法摆平的心理冲突
Conflicted Mind: And Why Psychology Has Failed to Deal With It

重来一次精神分析学家所研究过的潜意识（尽管有时可能需要）；这是当代心理学的最新发现，人的内心可能都有一个系统，因进化压力而逐渐形成，但这有可知和可了解的可能。

此外，这本书还想将心理学研究的洞见反映在日常生活的观察中，因为这也是社会心理学设立之初想解决的事情（真的是这样吗）。在我看来，社会心理学不可以太抽象、不食人间烟火，它需要与真实的经历结合。我们自身经历与心理学理论有关；当我们思考人类行为时，理论总能提供大背景的解释——当然，有时不太明显。即便当理论不太符合我们的经历和我们所"知道"的世界时，我建议，至少我们可以停下来思考其中的原因。

当然，我们自己的经历也会提醒我们这些理论的重要性。当我思考格雷戈里·贝特森提出的"双重束缚"（double bind）理论，以及我将在第3章讲到的母亲和孩子的"冲突"沟通有可能导致孩子患上精神分裂症时，我想到了我家的沟通方式，当时母亲对我说过的话、这些话的含义，以及现在我对这些话的感悟（尽管是事后诸葛亮）；当我讨论心理学家们是如何"深入"地操纵人们的无意识以让香烟变得性感勾魂，从而让人养成吸烟这种有害且让人感到冲突的习惯（见第2章）时，这又让我追忆在贝尔法斯特废弃加工厂的日子。到了晚上，前厅弥漫着厚重的香烟味，我的母亲和她的朋友们谈论她们所认识的这个世界，同时伴着香烟，吞吐着别处生活的纸醉金迷的幻象与梦想。我们在霍利伍德的生活过得更像好莱坞（大家对霍利伍德可能不甚了解，它只是位于贝尔法斯特郊外的海滨小镇，是个无聊的地方，但对贝尔法斯特的孩子们来说，那里却有着重要的意义——霍利伍德的英文发音和好莱坞一模一样）。随着致癌烟雾从棕色烟头中被深深吸入肺里，我母亲就和朋友们坐在前厅里幻想着另一个好莱

序言

坞（我母亲会说："吸烟对身体好，它能让人不再只会抱怨。"）；当我思考利昂·费斯廷格在认知失调方面的研究时（见第3章），我想起了其他情况——人们被要求公开说出自己不相信的话。

在谢菲尔德温克班的时候，我有几年在健身房里健身、练拳击，还有观察周围的人。我看到年轻的拳击手们参与这项训练，走上了枯燥且前途未卜的格斗之路，有些孩子才七岁，他们围成一个圈进行训练。一天训练下来，他们满身都泛着油光、汗流浃背，和同伴说着自己终有一天会成为世界冠军。比如那个叫纳兹的小伙子，字正腔圆地叫嚣着要干掉自己下一个目标对手，尽管这个对手名不见经传，也没什么存在感，但这就是纳兹试着通往成功的一级级垫脚石。

我真的想看看费斯廷格到底是不是对的，是否有小小的鼓励措施可以换来服从？大声说这些振奋人心的话，只是教练轻微的推动，没有威胁、没有承诺、没有回报，在这种"强迫服从"的情况下，仅是稍微一点赞美，是否就能让态度迅速彻底改变呢？我想把米尔格拉姆提出的服从及角色冲突观点（见第6章）带入小时候贝尔法斯特街头的黑帮团伙之中，去看人们是否经常为了服从命令而做出伤害别人的事情，以及要到什么程度我们才会停下来。在第5章中，我提到了和特蕾西·埃敏（Tracey Emin）关于她生活的交流。她同我分享了在马盖特这座毫无时尚气息的小城里长大的故事，这座小城里各种恶心而残忍的经历塑造了她的艺术气质。我想了解在她进行情感表露这一重要的心理过程时，是如何把前后冲突的童年创伤记忆转化成文字的。我也尝试去确认这种转化过程中经历了哪些流程，詹姆斯·彭尼贝克在他的经典研究里是否抓准了这一点？

The 冲突的演化：那些心理学研究无法摆平的心理冲突
Conflicted Mind: And Why Psychology Has Failed to Deal With It

对我来说，社会心理学中的"心理冲突"这一概念不能悬在空中，不能不聊好莱坞，不能不聊马盖特、谢菲尔德，也不能不聊贝尔法斯特废弃加工厂里令人扫兴的环境——在那里，我们坐在毫无墙纸装饰的潮湿墙边，呼吸着弥漫着烟雾的空气。贝尔法斯特街头总有一种让人紧张恐惧的氛围，心理冲突的原理也需要在这些地方发挥作用。

大约50年前，R.D.莱因（R.D.Laing）出版了《分裂的自我》（The Divided Self）一书。现在我们已经知道，人类有时会以一种非常具体的方式"分离自我"，这种分离比我们之前设想的还要广泛，它更深入我们日常的思维运作中。本书将解释出现这种状况的原因及其可能的后果。如今人们不断地对行为背后的驱动因素做出许多天真的假设，而本书将展示的某些矛盾心理或自我分离，其实就是人之所以为人的核心因素。不过，无意识并不是简单地存在于人的心里，它会引导我们关注和选择某种特定的环境，并相应地调整我们的行为，这导致了人们的日常行为从方向上和运作上都增添了更多层次的复杂性。本书将准确地展示这一切是如何发生的，以及精通人性的市场营销人员是如何掌握了我们的无意识心理，来向我们售卖实际上并不需要的东西（如香烟），并带来不好的后果的。

不过，这里讲的仅是一部分。心理冲突不仅仅是潜在思维系统之间的冲突，还是一个更广泛的概念，因为它在某种形式上搭建起了社会心理学体系的核心支柱。经由费斯廷格认知失调概念衍生的认知冲突，成为我们如今心理和文化认知的核心部分。在米尔格拉姆的服从实验里，普通人被明确要求扮演某种角色，于是他们很快就表现出与自己信仰和态度不一致的行为。据说，这个实验很好地揭示了人类服从的本质，以及受权力和环境影响的作用。贝特森以双重束缚的理论描述了沟通中的冲突，意在彻底改变我们对社会过程和有某些心理障碍的个体产生的思考。

序言

事实上，这的确改变了很多人的想法，包括莱因自己。巴特莱特对人类记忆的构建性本质的探究，提出了"努力追求意义"（effort after meaning）的观点，其中的思维方式和对识记材料的调整贯穿了詹姆斯·彭尼贝克的整个研究和情感表露力量的论文中，甚至在社会文化角度上也让我们明白了倾诉与沟通的意义。究竟哪种表露是有效的呢？为什么它能发挥作用？这种个人叙述究竟是必须符合事实，还是令人信服就可以了？如果说令人信服，那么是要令谁信服呢？

这本书是对社会心理学核心研究中的一个特定主题的探索。我在建立起这门学科的伟大研究中探讨"心理冲突"这个主题，我们对这些先驱所付出的努力感激不尽，但我不确定他们的研究是不是正确的。我试着去检验先驱们的研究结果和理论是否成立，以及这些结论对我们生活经验中的心理冲突、对我们的思考和行动有什么帮助。在这个过程中，我遭受了许多难以忍受的非议与磨难，因此这段经历也是我个人的发现之旅。

总结

- 莎士比亚在《哈姆雷特》中描写过心理冲突；但在日常生活中，许多心理冲突并不需要苦思冥想，也不存在有意识地沉思。
- 心理冲突在许多研究中都是非常重要的主题，比如，戈登·奥尔波特的关于态度的冲突的研究、利昂·费斯廷格的关于认知的冲突的研究、格雷戈里·贝特森的关于表达的冲突的研究、斯坦利·米尔格拉姆的关于角色的冲突的研究，以及对欧内斯特·迪希特的关于习惯的冲突的研究与詹姆斯·彭尼贝克关于记忆的冲突和情感表露的研究。
- 关于心理冲突的观点之一——适应性潜意识，是基于人的两种思维系统的概念，这个概念已成为当今文化中非常重要的文化热词，但这种观点很可能有误导性。

- 我们在生活中会遇到各种吊诡的悖论、前后矛盾和言行不一，这就是人类本该有的心理。而任何对心理冲突的心理学解释，至少都应联系到我们的日常生活。

目录

第 1 章
态度冲突：关于偏见的研究
戈登·奥尔波特和内在冲突 / 5
偏见真的都是有意识的吗 / 16

第 2 章
习惯冲突：关于上瘾的研究
被忽视的健康警告 / 42
欧内斯特·迪希特和精神分析理论对上瘾的应用 / 44
洗去罪恶的沐浴仪式 / 51
为什么要吸烟 / 58
关于冲突的科学证据和研究经费 / 66

第 3 章
认知冲突：关于认知失调的研究
纳兹走上磅秤 / 85
言行一致 / 说到做到的价值 / 87
利昂·费斯廷格和认知失调 / 99
强制服从 / 117

冲突的演化：那些心理学研究无法摆平的心理冲突
Conflicted Mind: And Why Psychology Has Failed to Deal With It

第 4 章

表达的冲突：关于双重束缚的研究

格雷戈里·贝特森和双重束缚理论 / 134

"请不要把这看作惩罚" / 142

语言和非语言沟通 / 144

双重束缚无处不在，又难觅踪迹 / 152

语言和非语言沟通之间的冲突 / 158

误人的心理学 / 173

第 5 章

记忆的冲突：关于情感表露的研究

詹姆斯·彭尼贝克和将创伤化作故事的艺术与科学 / 193

创伤性事件的叙述 / 211

成对的对比 / 219

情感表露中的非语言行为 / 223

情感表露过程中会发生什么 / 234

第 6 章

角色的冲突：关于服从的研究

斯坦利·米尔格拉姆和服从实验中的角色冲突 / 255

服从实验为什么会导致这样的结果 / 266

结语 / 281

第 1 章
THE CONFLICTED MIND

态度冲突

关于偏见的研究

态度冲突：关于偏见的研究　第 1 章

有人说，心理学家有时会与他们的研究课题很相配，正如狗与他们的主人很相配一样：剑桥公爵夫妇所养的皇家可卡猎犬；还有常常被起名为"帕奇"的警觉的公牛猎犬，与之匹配的主人形象是成天身穿泥褐色连帽衫的胖乎乎的年轻人；还有那条叫个不停的西施犬，长长的绒毛常被用粉红色蝴蝶结扎成小辫子，露出尖尖的小牙，舒服地躺在纤瘦女明星挎着的篮子里。人们总能发现事物之间的一一对应性。

一开始，我对心理学家和研究课题的关联性并没有进行系统性的研究，但是当我在剑桥大学读书时，我确实遇到一位来我校访问的美国著名心理学家，他主要研究人类的攻击性。在他的研讨会上和后续在学院的酒吧里与他接触了几次后，我惊觉这个人是我所见过的最有攻击性的人之一。他坐在酒吧凳子上，衬衫的扣子没扣好，皱巴巴的衬衫里露出浓密而蜷曲的胸毛，跟人们讲着笑话。当别人说话时，他使劲地点头，时不时地打断别人说话。他还伸手把掌心对着别人，就像士兵用来挡箭的盾牌一样来阻止别人发言。过了几分钟后，他做了一件不可思议的事：他慢慢地把坐在隔壁长凳上的讲师挥舞的手压了下去。在这家简陋局促的小酒吧里，小桌上摆满了一杯杯满满的啤酒，讲师的手逐渐被压在湿漉漉的桌面上，在场的人无不惊讶不已。虽然只是放了一小会儿，但失礼的画面在大家的记忆中挥之不去。这位年轻的讲师过早秃顶，为人真诚。他立刻闭嘴，让这位美国心理学家发言。获得发言权的心理学家更是提高了音量，更有压制性，还坐得格外笔直，简直想蹲在座位上来增加自己的高度和权威。这时，他的衬衫又爆开了一颗纽扣，露出更多油腻的卷毛。他可能是认为自己的观点刚刚遭到了质疑，所以这只是在反击。一位在场的同学发誓，他目睹这位心理学家伸手去拿温啤酒①时在低声谩骂："你们这帮自以为了不起的剑桥败类，不管你们多努力都比不上我。"在那位年轻的讲师被温啤酒稍稍打断时，轻轻地甩着袖子，但仍保持着英式的礼节，无意惹恼任何人。他看起来有点沮丧，来回抚摸稀疏的头发，仿佛在自我安抚。

我从厕所回来碰到了这位讲师，他冲我笑了笑，礼貌地说："我现在终于明白他为什么要研究人类的侵略本性了。我想他可能有这类问题，而他这么做是在尝试了解自己。即使按照他的文化标准，这种说话的方式也是咄咄逼人的。"怪不得这位美国心理学家会说，那些质疑他的评论是剑桥学者特有的被动攻击（passive-aggressive style）表现。

可事后我也确实想到，这位美国心理学家"高度投入"的风格，可能只是出于热情，而非在谈话中施加控制。毕竟打断别人说话的方式有很多，有些打断方式是出于积极目的，而他打断别人可能只是因为他心血来潮罢了。他去压制讲话者的手势动作也可能是受到其自身文化的影响罢了，而不是我和在场的其他人看到的那样，直截了当地进行攻击。我想这就是人在做判断时最大的特点：一秒做出判断，并把结论从个人扩散至群体。在这里，是从这位美国心理学家扩散至所有美国人。我们还迅速把行为评判转向稳定的性格倾向评判，比如"他总是会打断我""他们一贯盛

---

① 温啤酒，在英国被称为"真正的啤酒"。这是一种回归到原始状态的啤酒，没有经过过滤，没有受过任何化学物质的污染，没有会产生气泡的二氧化碳或氮气，甚至也未经过高温消毒，就在常温下一直在木桶里持续发酵。——译者注

气凌人""美国人都是一帮好斗的家伙"。

有时,心理学家及其研究主题之间的匹配并不是那么明显,但这种现象仍值得我们去思考。为什么要把时间花在这个研究领域而不是其他领域?这其中是否有更深层的联系?有时一项研究主题如此庞大,以及它对研究者影响如此深,让人不禁想问到底是什么让他把这项研究放在首位,更好奇研究者怎样的人生经历造就了这项研究成果,甚至还能在众多研究成果中得出这样的而非其他的观点。

戈登·奥尔波特和内在冲突

研究偏见现象最大的贡献者,莫过于美国心理学家戈登·奥尔波特了。

> 耶鲁大学教授约翰·F. 多维迪奥(John F. Dovidio)研究小组在2005年指出:任何做偏见研究的学生,要是他忽略了奥尔波特的研究,就完全可以被认为不入流……在奥尔波特的著作《偏见的本质》(*The Nature of Prejudice*)出版半个世纪后,这本书在偏见研究中仍被广泛引用。其影响范围之大和持续性之久不言而喻。

问题来了:是什么在引领着奥尔波特?他在关于偏见心理运作研究中有何独特洞察,让他做出了其他人没有做到的非凡成就?我认为,他首次看清了20世纪50年代美国种族歧视现象下,个体的内在冲突以及如何学会处理内在冲突。当然,他在此时也看到了人们对持有种族的观点和表达观点上发生的巨大变化。

然而，当人们怀有偏见的时候，却用完全不同的眼光看待自己，认为自己公正无私、支持男女平等、不受偏见扭曲。偏见的诡秘之处往往就体现在此，偏见也因此难以被消除。该如何治愈偏见（你可以把它想象成一种人们不愿承认患有的癌症）呢？这就是奥尔波特的成就所在，他指出了偏见的狡猾之处，以及人们为掩盖偏见所做的各种防御性手段。

奥尔波特的研究在很多地方都有其时效性，但其影响力还是非常广泛的。毕竟，从种族主义态度表达的可接受性来看，20世纪50年代是美国社会发生巨大变化的时期。1942年，只有35%的美国白人表示与黑人为邻不会不自在，而到了1963年，这一比例增长至64%。1942年，只有42%的美国白人认为可以接受黑人和他们一起坐公共汽车，这一比例在1963年达到78%。公共舆论研究的先驱保罗·希斯利（Paul Sheatsley）在1965年指出："到1963年底，种族融合已有了广泛的接受度。"这是一个非常乐观的结论，是基于人们告知他的信息而得出的。然而，奥尔波特认为，这件事并没有那么简单。种族主义思想不会在一夜之间蒸发，或者至少不会在20年内消失。偏见仍可能存在于独立个体中，现在以各种形式留存在人们的思想之中。

我倾向于认为，奥尔波特早年生活的某些细节是促成他走上这条研究之路的关键。奥尔波特表面上是哈佛优等生——老练、好胜、充满自信，至少表面上是这样。他在维也纳拜访弗洛伊德的时候年仅22岁。奥尔波特后来写道：

> 我写信给弗洛伊德，告知他我也在维也纳，暗示他与我见面必会很高兴。我收到一封他亲笔回信，邀请我在某个时间去他的办公室。

奥尔波特的言下之意是城里来了位重要人物，弗洛伊德应该见见他。不过，奥尔波特在读哈佛大学之前是个来自俄亥俄州克利夫兰的腼腆勤奋的憨憨小伙子。他是家里最小的男孩，父母是乡村医生和学校老师，他从小就受到新教教育和道德准则的束缚，这导致二者成为他的第二天性。尽管家里还有三个哥哥，但奥尔波特的童年很孤独，饱受同学的欺凌嘲笑，因为他天生只有八个脚趾头。进入哈佛大学深造后，尽管他在学业上表现不错，但他仍觉得自己与哈佛文化和道德观格格不入。奥尔波特因为身体的与众不同和新教的道德束缚而备受摧残，还在哈佛大学这所最有声望的院校里与人竞争，而这所院校并不以努力和投入为荣。他深知，要在这里读书太努力或出身比较低等会受到多么残酷的对待，还会因为自身的身材外貌而遭到朋友的挖苦。他亲眼见过在人前表现友善的朋友，背后却是另一副嘴脸，而这里的人却对这种人前人后的变化毫不在意。那么，那些人对奥尔波特持有的看法究竟是怎样？他们是不是真心喜欢他？他们在本质上到底是好人还是坏人？他们又是如何看待这种前后不一的矛盾心理的？这种情况是只在谈论个体时出现，还是在谈论群体和整个种族时同样如此？人们对八个脚趾头的人挖苦嘲笑，那么是不是也会同样嘲笑不同的肤色和口音？不难看出，奥尔波特的个人经历似乎对他研究偏见的本质有很大帮助，更重要的是，了解偏见在日常生活中是如何运作的。

英国伟大的文学评论家、散文家威廉·哈兹里特（William Hazlitt），在1826年发表了一篇文章，被誉为定义偏见的第一作家。他写道：

> 偏见，就其普通意义和字面意义而言，是对任何问题没有经过仔细研究就预先做出判断。即便已有事实证据与持有的观点相反，人们还是愿意做井底之蛙，继续表现得恶毒和顽固不化，坚持自己的观点。

The 冲突的演化：那些心理学研究无法摆平的心理冲突
Conflicted Mind: And Why Psychology Has Failed to Deal With It

他把偏见解释为无知，这或许可以解释故步自封的英国国王威廉四世的种族偏见观点。然而，奥尔波特着手研究的是不同的对象，他的研究聚焦于"日常的预判"。换句话说，他不想把偏见看作病态、无知、恶意或自负的产物，而将其视为人们一项正常的运作过程。这些运作过程通常能得出合理的结论，但有时会得出更有恶意的结论。

奥尔波特从一个简单的问题开始研究："为什么人类会轻易陷入种族偏见的陷阱中？"他是这样回答的：

> 地球上随处可见群体间的分离现象。人类与自己的同类结伴，他们在同质集群中进食、玩耍和居住。他们与同类相互拜访，并且更喜欢与同类共事。这种同类间的自动聚合没什么别的目的，只是为了方便。对他们来说，并没有向外界寻求伙伴的必要。既然身边有很多人可供选择，那么为什么还要大费周章地去适应不同的语言、新的食物、异己的文化和不同教育水平的人呢？相较之下，与有相似背景的人相处更轻松些。
>
> （奥尔波特，1954：18）

换句话说，人们喜欢身处熟悉的领域，因为这既安全又不费劲。同族群的人共享同一段历史，可以产生更多相似的观点，这样的相处才会轻松自在。所有的交流和解释都发生在共同的背景之下。奥尔波特认为，同类人等"自动聚合"的内因就是"便利"罢了。

我们很难忽略奥尔波特有关历史性语言和某些内容与其本人经历的联系，并能看得出其观点确实是有感而发的。当看到他写的"阶级偏见并不是本意，而是人们身处自己的阶级中感觉更舒服自在而已"，人们不禁会想到，他说的其实就是自己感觉到与哈佛大学同学之间的隔阂。他所评论的"假如我们能与同类人团结在一起，就能消除大部分烦心事"，大概就是在透露自己的心声吧，毕竟他在缺乏同类的学术环境中深受其野心和工作道德的双重压迫。他字里行间透露出个人的渴望，这是不容置疑的。根据奥尔波特的说法，偏见就是这样开始的。人们希望与同类在一起。人们面对熟悉的事物可以毫不费力，想必是极好的；而处理异己的事物需要花费更多力气，相较之下并不那么可取。根据这一分析，偏见的根源在于，首先是隔离，然后是带有某种情感推动的分门别类（最基本的分类就如"和我一样"或"和我不一样"）。

奥尔波特非常强调这种初始分类在日常生活中的重要性。他说，人类为了寻求日常决策的指导，他们会无休止地对周围事物分门别类。"当我们在街头见到一只面露凶相的狗横冲直撞时，我们会把它归类为'疯狗'，避而远之。"在建立类别后，我们就能迅速地将事物放入其中，"作为预判解决方案的一种手段"。同样，在奥尔波特看来，"大脑会以行动所需，对周围事物进行'最简单粗暴'的分类"。换句话说，分类以简单粗暴开始并持续如此，直到后来才会逐渐精细化。我们要注意这种分类方式的重要作用，即它能够帮助我们认识任何个体对世界的看法。

> 每个事物都贴有标签，用以提示我们进行分类预判和行动……当我们看到横冲直撞的汽车时，我们会判断其为"醉驾司机"并采取相应行动。而一个棕黑皮肤的人会唤醒"黑人"的概念，并占据我们的脑海。如果这种主流类别带有负面态度和感受，我们就会自然而然地选择避开，或采取我们惯有的方式表示拒绝。
>
> （奥尔波特，1954: 21）

The 冲突的演化：那些心理学研究无法摆平的心理冲突
Conflicted Mind: And Why Psychology Has Failed to Deal With It

分门别类的第二个特征就是人们有一种"与之相关"的感觉。有些类别可能是纯概念性的，却带有感情色彩。奥尔波特以树为例。我们知道树是什么，还可以对树进行辨别和描述，我们能迅速下意识地判断这棵树，同时也知道自己喜不喜欢它。同样，种族类别也是如此。奥尔波特指出分门别类的另外一点："它们或多或少是存有理性的"，因为分类方式往往从"核心真理"发展而来。这在许多类型的类别中都是正确的，但奥尔波特察觉到有些分类是不合理的，而人类总有一套避开逻辑的方法，还会毫无理性地干扰逻辑的形成和留存。举个简单的例子，就是用"例外"来表达偏见的认知方式，诸如"我有几个好朋友就是犹太人，但是呢……"，或者"我承认存在友好的黑人，可是啊……"，奥尔波特称其为"强化防御"，"当事实与认知领域不相符时，例外就被认知，人们则会匆忙地使用防御机制来填塞认知漏洞，不允许危险地开放"。于是，这些类别持续了一段时间，并伴随着一种情感价值。这样的认知会引导我们的行动。

然而，或许想要解释偏见这件重要且持久的事物，用这套心理流程来表达不免太过简单了。我们当然不可能都将其归结为简单的基础心理过程，比如你会因为本能的同类相吸而喜欢和同类在一起吗？谁愿意承认自己是这样做判断的？我想，这就是奥尔波特伟大洞察的开始。他认为我们大多数人都不会承认这一点；相反，我们必须从心理上解决这个问题。我们有五花八门的防御机制来应对这种"例外"情况，而他的贡献就是揭示这些机制，展示它们在个体内运作的过程。

奥尔波特写道：

> 生活中的偏见很少不会遇到阻碍。因为偏见的态度几乎必定会与根深蒂固的价值观发生冲突，而这些价值观往往与人格同等

重要，甚至更为重要。学校的影响可能与家庭的影响相矛盾。宗教教义可能会挑战社会层级。在单一的生活中整合这些对立的力量是很难实现的。

（奥尔波特，1954: 326）

他把不擅长调和冲突态度的人与彻头彻尾的偏执狂做了对比，后者能够很好地调和冲突，看起来并没有整合的困难。奥尔波特举了一个"不带愧疚感的偏见"的例子。1920年，密西西比州长比尔博（Bilbo）给芝加哥市长发了一封电报，用奥尔波特的话说，芝加哥正面临着"第一次世界大战期间来芝加哥务工的黑人移民过剩"问题。市长好像曾请示是否可以把部分黑人遣送回南部。比尔博州长的回答简明扼要，在陈述如下态度的时候，并没看出他在表达基本态度方面有任何困难：

> 你的电报我收到了，你询问密西西比能接收多少黑人，我更想这样回答你：我们有充足的空间来容纳我们所知的"黑鬼"，但我们完全没有空间容纳那些"黑色皮肤的先生和小姐"。如果这些黑人受到过北部社会和政治平等思想的教化，我们就不能好好"善用"他们了，而且我们也不想要这些人。如果这些黑人能对本国与白人的关系有妥当认知，他们就会受到密西西比人的热烈欢迎，因为密西西比非常迫切需要劳动力。

（奥尔波特，1954: 326）

同样，我们可以看看查斯特菲尔德勋爵四世（Lord Chesterfield）说过的话，他喜欢在给儿子写信时给出作为父亲的建议，包括摒除偏见、理性

The 冲突的演化：那些心理学研究无法摆平的心理冲突
Conflicted Mind: And Why Psychology Has Failed to Deal With It

生活。尽管如此，查斯特菲尔德勋爵还会说出这样的有关女性的话来：

> 女人只是个长大了的孩子，她们在闲聊上充分展现了风趣，有时还很口齿伶俐。但我敢说至今我还没见到一个女人具备理智和良好的判断力，或者能够连续一天保持通情达理或是干些好事……明事理的男人就像一个机灵而早熟的男孩，只会和女人聊些琐事、和她们玩、谈笑风生、再哄哄她们；但他既不会征求女人的意见，也不会认真相信女人的话，尽管他也可以对女人的话敷衍过关。这也是男人可以感到自豪的一点……因为与男人相比，女人实在是千篇一律。她们一辈子就只追求两件事：虚荣心和爱情，这就是她们的共性。
>
> （奥尔波特，1954：261）

当然，大多数人不会像比尔博州长或查斯特菲尔德勋爵。可是，究竟有多大比例的人被归为他们这类人（彻头彻尾的偏执狂）里，目前还没有具体数字。奥尔波特在自己的研究中提到，在20世纪40年代末至50年代初的研究里，只有10%的被试能够写下他们对美国少数群体的态度，并且没有内疚感和冲突感地公开表达偏见。不过，这个估值完全是基于大学生团体样本而得出的。奥尔波特所测试的大学生里，绝大多数人都有矛盾的情绪，这可能会带来忧虑感，从而为自己的这种矛盾感而愤怒。他们会给予自己"虚伪""偏执"和"狭隘"等评价。同时，他们也陷入了这种困境，很难改变，没办法面对自己偏狭的一面。他们显示出自身理性和偏见之间的分裂，也尝试过努力避免这种态度，但往往力不从心，他们会写"我的理性和偏见"之间的分歧，他们会说他们"试图向后倾斜以抵消这种态度",但最终他们意识到自己无能为力:"这对我来说是多么强大。"他们可能会在态度上存在冲突,但最终都用雄辩来掩饰掉。"我的强迫性偏见甚至会与对抗它的势力做斗争。"这句描述太雄辩了,以致不能被视为对经历偏见的人的矛盾态度的清晰反映。不过,毕竟这些学生都是心理学专业的大学生,他们努力在文章里传达自己的这段经历,有时还可能太刻意了。尽管如此,他们也用自己的方式为我们提供有用的研究价值。奥尔波特对这些表露的情感经历做出如下的评论:"理智没有发挥作用,偏见却借情感之力久驱不散。"后来他又说:"自省不能自动消除偏见,最好的方法是在个体维度上寻思。"

那么,在经历偏见时所发生的冲突体验能给我们什么启示呢?根据奥尔波特所说:

> 当内在冲突出现的时候,人们会抑制自己的偏见。他们不会表现出偏见,或者不会只在一个点中表现出来。但此时逻辑思维却被阻止,不再发挥作用了。E.B. 怀特(E.B.White)指出,每个种族问题都能爆发愤怒的情绪,但值得注意的不是种族问题,而是显著的控制能力。

(奥尔波特,1954: 332)

奥尔波特认为,这种偏见更多的是在有安全感的家中表达,但不会对目标群体成员表达;偏见往往发生在酒吧或夜总会,但不会出现在大街上或车站。换句话说,这些地方能给人带来心理和身体上的安全感和被保护感。不过,奥尔波特认为:"怀有偏见的人必须具备内在冲突这一前提,否则不同情境所表现的行为不会有这么明显的对比。"

The 冲突的演化：那些心理学研究无法摆平的心理冲突
Conflicted Mind: And Why Psychology Has Failed to Deal With It

因此，奥尔波特主张，大多数人在经历偏见时都会感到矛盾，他们生活中大部分时间都在与这种看似无法控制的偏见做斗争。随后，对于这种不受控制的"相反的冲突"（contrary impulses）心理，奥尔波特识别出人们通常会做出的应对手段：压制（否认）、防卫（合理化）、妥协（部分解决矛盾）和心理融合（完全解决矛盾）。奥尔波特认为，压制的力量之所以如此强大，是因为实际上还有另一种选择：

> 承认偏见的存在的可能性，即怪罪自己既不理性也不道德。没有人愿意违背自己的良心，他得保全自己的脸面。压制的表现有很多，最常见的一种就是"我并没有偏见的意思，但是……"

奥尔波特认为，"从心理上讲，这种机制就是肯定美德的一种机制，这样相应的小错误就不会被追究了"。然而，人们不会单独使出压制这一招，还会用防卫性的合理化解释来作为支撑。

根据奥尔波特的观点，合理化防御就是"选择性知觉"和"选择性遗忘"。这是个体有意识或无意识（但大多情况下是无意识）地抓住某些"证据"，用以支持自己"过度概括的分类方式"，然后清楚地记住，但忘记了反例。个例留存在记忆中，用以支持过度概括，而细节被注意到，否则永远不值得注意。例如，犹太学生向别人借买公交车票的钱却从来不还（一毛不拔），黑人学生走着去上课的时候总是慢吞吞（偎慵堕懒），或者爱尔兰学生喜欢在学生会玩格斗游戏（争强好胜）。报纸和媒体为这一刻板印象提供了强有力的补充，它们总有几套方法来展现偏见，这不仅是因为大量的选择性报道，还因为报道者自身的显性或隐性偏见。

除此之外，奥尔波特还有其他的"防御技巧"可用。比如制造"分歧"，这似乎代表了一个范畴内的分化，但这种差异的识别标准其实是值得商榷的。"我对黑人没有偏见；有些黑人是好人。我不喜欢的是那些坏的黑人。"奥尔波特问，那些"坏的黑人"是什么人？是在白人面前拍马屁的黑人吗？"分类中的个体分歧是基于其是否对自己产生威胁，而不是基于这个个体的优点。"另一个防御技巧便是"通过例外来合理化"，例如"我有些最要好的朋友也是黑人，但其他……"奥尔波特认为，"列举了几个例外后，评价分类中其余所有人就都会变得非常合理了"。从本质来看这一陈述，如果你有好朋友被划入你要做负面评价的分类中，那么只要摆出"但是"一词，就能摆脱"偏见"的罪名了。

奥尔波特认为，在"交替"中有内在冲突的证据。"当一种分类参考框架出现时，随即而来的就是这个标准下的态度和习惯开始产生效用；而当相反的框架出现时，一组相反的倾向就被激活了。"换句话说，人们会通过与自己保持不一致来应对内在冲突。有时他们表现出偏见，有时则不然，这取决于当时的环境和环境中的人。不仅能从他们的话语中看到这种不一致，从他们的行动中也可以看到。奥尔波特写道："这种情况非常正常，也情有可原；相反，极端分子（无论是顽固派还是争取平等权利的斗士）的一致性在社会中才会被认为是病态。"

奥尔波特认为，我们生活中的角色多样性也助长了这种矛盾状态的存在。不同的角色要求不同的行为，比如在工作中永远不会说的话，可以在足球场上说。奥尔波特用堂吉诃德式的话来结束对交替的评价："生而为人，要在各种情况下做一名随波逐流者，就不可避免地在人品上做出些妥协。"在这里，他阐明了在生活中一定程度的态度变化在逻辑上是有必要的，但关键是这种反复的程度能有多大。如果人们意识到自身内在价值观的不一致，那就可能会感到非常困扰，也许还需要经过一段心理和情感过程，通过摆脱"种族偏见"和"传统的替罪羊"来解决价值观的不一致。然而，奥尔波特对其成功的可能性并不那么乐观：

> 也许没多少人能实现价值矛盾的重新融合；但是仍有许多人已经走得相当远了……这些怨恨和仇恨只存在于那些实际上威胁到基本价值体系的人身上。只有以这种方式组建起来的人格才能完全融合。
>
> （奥尔波特，1954: 339）

于是，奥尔波特完成了他关于内在冲突的论文。这项结果非常具有开创性，它解释了人们经历偏见心理时的应对方式，他们是如何让自己感觉良好的。当然，这也留下了许多未解之谜。他认为，人类内心的不一致性似乎是在所难免的，而人们又常常将其压制或者合理化。一部分人最终能达到内心一致，但尚不清楚他们成功的奥秘所在。经历内在冲突的时候，人的实际感受是什么样的？它是如何运作的？我们是否有必要重视内心所有的不一致性？改变不一致性的机制是怎样的？不一致性在人类思维中是如何表现的？实际上，奥尔波特最特别的一点在于，对于偏见的主要成分是否完全存在于无意识当中，他甚至完全避开了这方面的思考。他是否只处理日常生活中的有意识认知，而不是最初激发的人们的无意识情感？

偏见真的都是有意识的吗

要了解他忽略或有意回避无意识角度的原因，我们可能需要再次回顾奥尔波特的生活经历，特别是他毕业以后那场众所周知的维也纳之行（就像我在2013年的研究分析一样）。当时弗洛伊德早已名声显赫，而奥尔波特刚从哈佛大学本科毕业,他却信心十足地给这位伟人写信邀请。一走进弗洛伊德的办公室,奥尔波特就受到宾至如归的接待,就在这时,一阵意料之中却尴尬的沉默油然升起,似乎要淹没掉在场的两位。奥尔波特想,此时他终于能站在弗洛伊德面前了,但他此时此刻却将注意力放在了这位名人的办公室里,他低头目不转睛地看着脚下带有红色图案的柏柏尔地毯,刷有红漆的哑光墙面上贴满了图片,图片上是各种梦境符号以及带有煽动性的象征主义标识。整个办公室里缭绕着腐烂的雪茄烟味。令人头晕目眩的臭味几乎让奥尔波特窒息。

奥尔波特轻轻地咳了两声。弗洛伊德办公桌后的书架似乎在提醒所有进入他的房间的人,一旦进入他的房间,就意味着将开启一场浩瀚的学识之旅。书架上摆着歌德、莎士比亚、海涅、穆尔塔图里(Multatuli)和阿纳托尔·法朗士(Anatole France)的著作,他们中有剧作家、哲学家和诗人,都非常认可潜意识的力量。奥尔波特留意这些书名,他对其中许多作者都感到很陌生。他有点怯场,沉默良久后好不容易才敢抬起头来,有机会细看房间里的画作,比如《俄狄浦斯和狮身人面像之谜》(*Oedipus and the Riddle of the Sphinx*)。他看到了那张著名的沙发上面铺着天鹅绒坐垫,还有一张印有三个相连八边形图案的地毯,至少对弗洛伊德的部分追随者来说,它象征着分娩时子宫收缩。然而,这三个相连的八边形对奥尔波特来说只是本我、自我和超我的标志,以及带有宗教意味的三位一体,或是将某个精神分析思想一分为三。奥尔波特还看到了弗洛伊德的那把豪华的绿色扶手椅,当患者自由联想时,他就坐在患者后面。随后,奥尔波特被另一幅名画吸引,那是安德烈·布鲁耶(André Brouillé)所画的《沙尔科医生在工作时》(*Doctor Charcot at work at the Salpetriere*),画中是一位歇斯底里的女病人癫痫病发,医护人员和医学生们则在一旁观看。弗洛伊德

The 冲突的演化：那些心理学研究无法摆平的心理冲突
Conflicted Mind: And Why Psychology Has Failed to Deal With It

本人就曾是站在其中观看的学生之一，也许是这幅画让他想起了那段快乐而无忧无虑的日子，又或许它象征着催眠师的力量，目不转睛的一行心理学家、众目睽睽下被控制的可怜癫痫患者，而只有沙尔科医生或弗洛伊德才有能力诊断她的疾病。这让奥尔波特非常不适，在他看来这一切都太浮夸了，因为这有悖于他的内在信念。

奥尔波特表面上有着哈佛大学的文雅包装，身处国际性新兴的研究领域，但像这样的沉默让他不太舒服。这可能使他想起过去的自己，以及他本来的样子。他比大多数人都清楚，人的性格是不会有真正的改变的。他需要说些什么，所以他想他会对他刚刚目睹的事情做心理观察。他描述了在前往弗洛伊德办公室的路上，在有轨电车上看到的事情。他看到一个大约四岁的小男孩，非常害怕接触脏东西。无论他母亲如何哄骗安慰他，他都不许一个男人坐在他旁边，因为他觉得这个男人看起来很脏。奥尔波特仔细观察这位女士，发现这位女士衣着整洁，对儿子却是一副盛气凌人的样子。奥尔波特猜测，这个男孩的洁癖源自他母亲，他的母亲想要所有东西都保持整洁，并摆放在正确的位置。"对他（这个男孩）来说，所有东西都是脏的。他的母亲是一位完美主义的家庭主妇，她非常强势、目的明确，我觉得因果关系很明显。"

弗洛伊德第一次认真地看着奥尔波特，用他那"治疗师特有的善意眼神"注视着奥尔波特，问道："你觉得自己是那个小男孩吗？"奥尔波特不安地眨了眨眼睛，什么也没说，对弗洛伊德想要当场把自己作为精神分析对象感到震惊。奥尔波特深知他谈起这个观察只是为打破沉默或是向弗洛伊德展示自己作为心理学研究者，他从哈佛毕业后从未停止过对身边事物的观察，以及自己渴望与这位伟人产生联系，甚至可能通过这段联系让他步入弗洛伊德的研究殿堂。这些动机在奥尔波特的意识中非常明晰，而在有意识的状态下都是能被发现的。不过,这并不是他潜意识中透露出的内心深处的不确定感和焦虑感,这份焦虑源自他儿时在印第安纳蒙特祖玛做如厕训练时产生的心理问题。奥尔波特试图转移话题,但损害已经造成了。

> 我意识到他早已习惯各种神经病患的防御机制,而我表现出来的动机(一种不太礼貌的好奇心和年轻气盛)却被他的注意力遗漏了。为了治疗,他得切断我心里的防御机制,但碰巧治疗的进展在这里不是一个问题。

奥尔波特后来写道:"这次经历让我认识到,尽管心理学的深度有其优点,但它可能会陷得太深,而心理学者在探究潜意识之前,最好先充分了解显现的动机。"这段关键的探访经历为奥尔波特心理学研究提供了指导,他回避了各种潜意识理论的引入。在他看来,这就是"过度精神分析"的明显例子。尽管如此,从那以后的精神分析学家并没有被他的论点说服。费伯(Faber)在1970年的著作中指出:

> 弗洛伊德说得很对,奥尔波特为了能进弗洛伊德的办公室而努力表现自己。这些表现言下之意就是告知弗洛伊德:(1)他真心想见弗洛伊德,以平等的知识分子的身份而不是研究对象来与弗洛伊德见面;(2)他(奥尔波特)作为一个平等的人和一名"才智过人"的研究者是值得相见的。

费伯相信弗洛伊德早就识破了奥尔波特的表现欲,他问奥尔波特是否就是故事中的小男孩,实际上是在告诉他,自己知道"他就是个脏兮兮的小男孩",而提起这个问题,弗洛伊德只是试图以一个诚实和直截了当的

The 冲突的演化：那些心理学研究无法摆平的心理冲突
Conflicted Mind: And Why Psychology Has Failed to Deal With It

方式重新开始谈话。而埃尔姆斯（Elms）于1993年在学术会议中把更强的分析能力和思维的清晰性归功于弗洛伊德。奥尔波特的童年用他自己的话说是"一个普通的虔诚新教徒"，他的成长环境既是家庭又是医院，医院就由作为内科医生的爸爸经营。

据埃尔姆斯说，这个问题对奥尔波特的影响很大，因为他"仍然把自己视为超级干净的小男孩"，无论是字面上还是隐喻上，他都是在无菌的环境中长大——新教的家庭环境，以及远离患者，因为这些患者代表着感染源和未知的危险。

奥尔波特深信自己的一套解释，因此他必须回应这次过度的精神分析。这次与弗洛伊德的会面让他开发出一套研究人类思维的新方法，这套方法持续了60年才有新生代敢真正提出质疑。他的新方法是基于意识层面的反射和语言的力量来揭示和阐明潜在的态度，他把潜在的态度公开化，从而能够客观和科学地研究分析。这套新方法回避了无意识。奥尔波特的理论描述新的社会心理学，在接下来的半个多世纪甚至更长的时间中占据着主导地位，并为我们提供了社会心理学的核心方法和技巧。然而，事实真的是这样吗？

答案绝对不是这样的。事实上，我们现在知道，致使同类相吸的肯定不仅仅是便利。奥尔波特在这段话里给了我们一些暗示：

> 从心理学角度看，问题的关键在于，熟悉的事物为我们的生存提供了不可或缺的基础。既然生存是件好事，那么随它而存在的基础就也是好的、称心如意的。
>
> （奥尔波特，1954：44）

显然，熟悉的事物在心理上对我们有很大的影响，我们从奥尔波特之后几十年的研究中了解到这点，而现在我们也稍微知道熟悉感对其他领域思维运作的影响，以及其在深层潜意识范围内的运作过程。即便是三个月大的婴儿，在注视面部的持续时间上貌似也表现出了明显的偏好。如此看来，人类同类相吸的偏好似乎不需要多年的文化经验。我们还知道，当第一次与人见面时，人们会多么"信任"自己的第一判断。威利斯（Willis）和托多罗夫（Todorov）向被试展示了一些人的照片，并让其判断其是否"有魅力""惹人喜爱""能干""可靠"和"争强好胜"。他们在部分实验设置人脸图像只展示 100 毫秒，在另一些实验中展示 500 毫秒，其余的实验则展现 1 秒。即便只看了十分之一秒的人脸图片，被试也会根据人脸判断人的性格，而这些判断和有更充足时间看图的被试的判断结果是相关的。与相关性最吻合的是关于可信度的判断。换句话说，用十分之一秒看完一张人脸图片以后，人们已经判断出一个人是否值得信任，而且这种判断往往不会改变。

可信度判断比魅力值的判断还要快，这可能会让不少人大跌眼镜，因为人们常说，性是所有动物最基本的驱动因素。性让我们的基因得以延续，对可信度的即时判断目的是保证我们的生存，以便有更多的机会生育。人类对可信度的判断非常迅速，而大脑中负责情感处理的最原始部分之一的杏仁核，在这个过程中发挥着至关重要的作用。有趣的是，杏仁核对于不同种族或民族的人的视觉形象的不同反应似乎也非常关键。它的活跃度和反应习惯对本族人和异族人也不一样。

根据威利斯和托多罗夫的说法，为什么可信度这种关键的问题从进化角度来解释是合理的？

The 冲突的演化：那些心理学研究无法摆平的心理冲突
Conflicted Mind: And Why Psychology Has Failed to Deal With It

我们一路进化而来，需要知道陌生人是敌是友，他们的意图是好是坏，以及是否可以信任他们，个人生存就依赖于此。脑成像研究表明，可信度检测是一个自发和自动的过程，与杏仁核的活动有关。研究人员接着指出，无意识的判断实际上并不需要十分之一秒，可能比这更快。而对事物的检测研究似乎表明，事物能被快速分类和快速检测的效率一样高。换句话说，"一旦知道了它的存在，你就知道那是什么了"。用威利斯和托多罗夫的话来说就是，"也许只要一张脸摆在那儿，你就知道是否相信它了"。

杏仁核还与种族差异的知觉有关。哈佛大学的艾伦·哈特（Allen Hart）及其团队通过脑成像发现，无论是白人还是黑人被试，他们的杏仁核在看异族人脸时比看同族人脸时更活跃。由此我们很容易想象到，人脑已经进化至拥有识别任意个体的能力了：这个个体是否值得信任，是否属于我们的社会群体，或者是否有威胁，抑或是一个不那么严重的威胁。这就是大脑开始知觉差异的过程，以及随之而来的分类行为。这其中很重要的一点就是，杏仁核遇到不熟悉的事物时会产生与恐惧相关的应对过程。

事实上，德国曼海姆中央精神卫生研究所（Central Institute of Mental Health in Mannheim）负责人安德烈埃·迈尔-林登贝格（Andrea Meyer-Lindenberg）教授在2005年报告称，患有威廉斯综合征（Williams Syndrome，一种神经发育障碍疾病）的儿童，其杏仁核部分活动会出现障碍，他们会表现得过分爱交际，因为他们无法知觉到面对陌生人时的恐惧。他们也不会对其他种族群体产生负面的刻板印象。在一场实验中，以一些5~16岁的孩子为被试，他们将在实验中听一些关于"好人"或"坏人"的故事，然后从给出的两幅画像中与故事中的人匹配。没有威廉斯综合征的孩子趋向于把浅色皮肤的人与故事里的正面人物相匹配，并将深色皮肤的人与故事里的反面人物相匹配；而患威廉斯综合征的孩子则没有这种偏见倾向。实验结果表明,患威廉斯综合征的孩子不具有的社交恐惧心理,是种族刻板印象的一大先决条件。换言之,对陌生事物的恐惧激发了偏见的产生,并在无意识状态下发生。

回到奥尔波特所说的:"因此,如果能在同类人之间互动生活,我们就能去掉大部分烦心事……阶级偏见并不是本意,只是人们身处自己的阶级中感觉更舒服自在而已。"但我们必须知道,某些非常原始的、无意识的过程,可能正在驱动着人们坚持自己同类的基本愿望,这些过程的细节和范围可能是奥尔波特所不知道的。

这种看待偏见的新视角意味着潜意识不再被列在考虑范围之外。

因此,在过去的几年里,我和同事们一直在研究测量偏见的新方法,即在人们的行为中做观察。现在有许多测量"内隐"或无意识的态度的方式,而这种测量需要排除一切有意识的参与。其中一种方法是内隐联想测试(IAT),它由安东尼·格林沃尔德(Anthony Greenwald)首先开发,要求人们在屏幕上见到一张面孔、一个名字或是一个单词时,要在第一时间按下选项。格林沃尔德发现,白人在把白人的脸、名字和"好"这个概念联系起来的速度,会比把黑人信息联系到"好"的概念时快;同样,白人在把白人的面孔、名字和"坏"这个概念联系起来的速度,会比把黑人与"坏"联系起来时慢。第一次网络测试被称为"内隐项目"(project implicit)实验,自1998年10月至2000年12月间,研究者共收集了60万份测试结果。结果表明,与黑人被试相比,白人被试对白人表现出显性偏好,而基于IAT分数,他们更倾向于白人面孔和名字(比如,他们对白人名字和面孔与"好"的概念有更快的反应力,这是个非常明显的效果)。另一方面,与白人被试相比,黑人被试则在显性偏好中更偏好黑人,但意

The 冲突的演化：那些心理学研究无法摆平的心理冲突
Conflicted Mind: And Why Psychology Has Failed to Deal With It

外的是，在IAT测试里，黑人被试却对白人有微弱的隐性偏好（比如，他们会更快地把黑人与"坏"的概念联系起来）。

我们还在研究中发现，与非白人被试相比，白人被试在将白人面孔与"好"的概念联系起来时速度更快，而在将白人面孔与"坏"的概念联系起来时则速度更慢。

这项IAT主要测量两组概念间的联系：种族背景和"好"与"坏"的概念，以及平时大家容易忽略的其他关联现象。与"非白人"相比，"白人"与"好"的概念间似乎更有强关联性，而对于陷入更广泛的文化刻板印象的"非白人"来说，这一观念早已被他们的大脑自动接受，变得不假思索了。这种比较负面的内隐态度似乎和常人对种族所表达的态度不同，这也是我们第一次以更客观的角度测量每个人身上的内在冲突，并找出其中的含义。事实上，在我们的研究中，超过40%的明显中立被试，其隐形态度非常强烈，在绝大多数情况下，他们更喜欢白人而不是非白人。

在过去几年的研究里，我一直在一种常见的情境下思考潜意识态度的重要性：筛选特定职位候选人，尤其是大学职位的候选人。我这么做有一个很好的理由，那就是如果我们要深入了解就业机会和阶层流动中可能存在的种族歧视，而很明显这种现象是存在的，就要聚焦于筛选的过程。《卫报》（The Guardian）于2011年刊登的一篇文章突出了在自由氛围浓重的精英大学也可能存在种族偏见问题。这篇文章题为《14 000名英国教授——实际上只有50名是黑人》，文章写道：

> 根据英国高等教育统计局（Higher Education Statistics Agency）的统计数据，在逾14 000万名教授中，只有50名是黑人教授，而

且这一数字八年来几乎没有变化。因此，一流的黑人学术团队呼吁英国大学能够改变其学术文化。

只有伯明翰大学（University of Birmingham）有两名以上英国黑人教授，而133所大学中只有六所拥有两名以上来自英国或海外的黑人教授。文章陈述了正在发生的极度严峻的事实，以及进行纠正的方法。其中，里面有一张伦敦南岸大学（London South Bank University）的社会学教授哈里·古尔布内（Harry Goulbourne）的照片，他是一名黑人。他的一句话被文章引用："如今大学里仍然充斥着'被动种族主义'（passive racism）。"英国大学的首席执行官、英国大学组织的副校长在文章中指出："黑人在大学高级职员中的缺位，让我们认识到这一问题的严重性。虽然这对大学科研来说并没有太大影响，但对整个社会来说则影响巨大。"这是一个国际性问题，美国也出现了类似的情况。据美国教育部2007年的统计，在美国，大学全职科研人员中，只有5.4%的人是黑人和少数民族背景。《黑人高等教育杂志》（Journal of Blacks in Higher Education）也有这样的报道：

> 假如依据过去26年里以线性方式预测黑人加入教职员工队伍的进程，我们会发现，在接下来的140年里，教职员工中的黑人比例将不及美国总体劳动力中的黑人比例。

因此，我们在一项实验中给被试看求职者的简历。这些被试不知道求职者的表面种族特征被系统调换，其他信息保持不变。我们想看看被试最终会让哪些求职者入围，但在他们做决定前，会有远程眼动仪来监测他们看了简历的哪些内容。除此之外，实验还测试了被试的内隐态度和自我报告的态度。结果实在让人震惊。白人被试（主要是一些来自英国某大学的

The 冲突的演化：那些心理学研究无法摆平的心理冲突
Conflicted Mind: And Why Psychology Has Failed to Deal With It

年轻、思想开明的大学生，以及同所大学中的工作人员，他们不支持有任何负面的种族态度）选择两名白人候选人的可能性，是简历完全相同的两名非白人候选人的 10 倍。白人被试的内隐态度预测了入围学术职位的候选人的种族。那些入围讲师的两名白人候选人（相比一名白人和一名非白人或两名非白人候选人的选项），其 IAT 得分显示出强烈的亲白人偏见。换句话说，人们对其他种族态度的自我报告，对于选出白人候选人和非白人候选人的行为偏好没有显著影响。

被试的种族身份也影响了他们在做出入围决定前一分钟在白人和非白人候选人简历所看到的内容。白人被试趋向花更多时间留意白人候选人的正面信息，同时也花更多时间留意非白人候选人的负面信息。非白人被试用于关注白人负面信息上的时间略多于其正面信息，但他们对非白人候选人的正面和负面信息的关注程度是一样的。此外，在 IAT 的测量结果上，被试的亲白人偏见越强，他们在做出决定时就越可能关注非白人候选人简历中的负面部分。

人们或许认为自己在筛选高等学校职员候选人时做出的决定是理性的，但他们在看简历时所关注的内容却会受到自身和候选人种族的影响。IAT 得分高者（即内隐态度有强烈的亲白人偏见）与较低的被试相比，会花更多时间留意白人候选人简历上的正面信息。

换言之，在我们考虑不同种族背景的人的简历时，内隐态度（大部分是无意识的）似乎在引导我们无意识的眼球运动。我们对候选人合适程度的"理性"判断基于这种有偏见化的固定模式。我不得不说，这项结果很有突破性。奥尔波特已经揭示偏见的内在冲突在意识层面是如何运作的，但这项新研究显示了潜在的无意识态度是如何影响行为的，比如注视。

通过这些注视，我们可以根据种族背景和与自己的匹配程度来获取他人不同的信息。人们认为自己在职位筛选中做出了"理性"的决定。事实上，这些理性的决策过程和对简历的审视都由潜意识主导。这就是偏见在实际行为中的现实：在意识水平之下工作，无意识的态度影响无意识的行为，从而收集意识层面大脑需要的信息，使其显得理性、有序和公平。这就是奥尔波特所忽略的。

实验研究完成一周后，我遇见了建议我去做这项研究的人，我们握手示好。帕特里克·约翰逊（Patrick Johnson）看了我的初步报告，对我表示了感谢。但我其实想说，我们之间的问候在一开始突然变得非常奇怪。握手时的某种气氛让我紧张，我猜他也是。我能从他的眼睛里看到这一点，这双眼睛的主人是这所大学平等与多样性机构的领导人，他又恰好是黑人。我们站在这条安静的走廊上的一些冰冷的石阶上，走廊上有曼彻斯特大学的高大的哥特式拱门。这所大学是由19世纪的棉花商建立的，他们的棉花出口至世界各地，而棉花是由奴隶们采摘的。我俩都知道其内涵对校园环境的影响。我紧紧地握住他的手，也许握得太紧了，我就像是要证明一个观点。其实，我只是想让这次握手能够得体且自然，正如其他非种族歧视性的握手一样。然而，这次我努力过头了。现在我想明白了，在内心深处的无意识层面上，许多人都对异族人有偏见，这也许根源于人类的进化历史。从根本上说，人类只相信自己。异己代表了陌生、不确定性和危险。假若再往下追究，种族主义可能植根于我们的内心。我们要意识到这一点并加以处理，以免这种诡谲的影响波及我们的周围环境。不过，就像生活中的许多事情一样，它可能随着正面的经历和一些谨慎的思考而改变，以确保我们和其他人从童年起就能经历正面的事物。

The 冲突的演化：那些心理学研究无法摆平的心理冲突
Conflicted Mind: And Why Psychology Has Failed to Deal With It

帕特里克冲我笑了笑。我觉得没有什么危机感，是因为刚刚的握手吗？无意识的偏见恰恰在我们最无法控制的行为中暴露。与言语相比，它更容易在非语言沟通中露出马脚，它还会在一些特定的、我们通常没法控制的非语言交流中展现出来，即无意识的手势、多功能的触碰或一些急躁的脚部运动，而不是在我和帕特里克都知道的面部不明确表态和受控制的表情上，我们的表情都再得体不过了。

刚才我们只思考了一大领域可能存在的无意识偏见，即选择不同的大学职位。然而，这是一个对社会如何运作至关重要的领域（毕竟，得到好工作的平等机会是社会流动和选择最佳候选人的重要推动力，不论是人种还是性别，对于组织获得长期成功都至关重要），但我们都知道这项工作有着非常广泛的意义。总的教训就是，人们在面对种族问题时需要克制自己的无意识冲动；这种冲动除了有远古进化的意义，在其他领域并不一定有可取之处。为了创建一个更公平的社会，我们必须超越大脑察觉种族差异时被点燃的原始冲动。

在特定领域，其实际意义是非常明确的。现在我们知道，甄选小组的中心任务必须是从具体标准来匹配候选人的特征，而不是对候选人进行全面概览来考量。整体的考量范围总会模糊，因此更有可能产生偏见，而且借鉴了内隐层面的心理过程。现在我们还知道，不要询问任何一个评委小组对候选人是否合适的"第一感觉"，因为这在很大程度上依赖于内隐心理系统。同样，我们不应该把直觉作为筛选的基础，也不应该在非常严格的时间压力下做出筛选决策。时间压力越大，内隐过程的影响就会越大。

在谈及"适应性潜意识"的快速性和即时性时，马尔科姆·格拉德威尔的判断是不正确的，这个概念很危险。无意识往往具有较大偏见，人们往往需要控制住它。有时我们得用执行意向的方法避免适应性潜意识过程，用有意识的计划代替无意识的本能，比如："当我看到黑人或少数民族的候选人申请时，如果我是白人，就该详读申请书里最正面的内容，然后再做决定。"这听起来非常怪异且反常，但确实有效。它能让你深思熟虑地思考，特别是当大脑不惜代价地阻止你这么做的时候。一部分大脑想立即得出结论，这些执行意向方法能够阻止无意识判断的发生，而暂时的不适应是值得的。

这个研究项目从其开始到结束都对我和帕特里克产生了不少冲击，或许这是我们第一次对埋藏在人们心中的隐性种族主义力量有了较完整的理解。我们都清楚这些发现就是我俩想弄明白的，即为什么会有这场长时间而奇怪的握手，尽管我们双方都心怀好意？我俩都没有对此发表任何评论，知道总比不知道好。不过，我认为，这就是新知识的意义所在：它能产生一种即时的情感效果，而且它能及时改变我们，使我们变得更好，有时甚至不需要经过思考。

当我那天离开大学时，我不禁想到，戈登·奥尔波特也许会嘲笑这现代人的窘迫——他在半个世纪前清楚定义的"内在冲突"，就在刚刚发生了几个层面的转变。如果他有机会探索人们是如何解释这场现代的内在冲突的，这种冲突来源于他们潜意识的深处，影响着他们的日常生活，包括选择工作、对他人的第一印象，甚至是问候老同事，那真的会很有趣。我想，在许多方面，"种族主义"这整个议题突然变得比我初次预想的还要险恶，或许奥尔波特要是多年前没在维也纳和弗洛伊德见面，那么他和我们其他人现在对种族主义会有更好的理解吧。也许，他不会因为弗洛伊德对其进行简单粗暴的心理分析而让无意识研究拖了这么久吧。

不过，我认为，这就是像戈登·奥尔波特这样真正的先驱的意义所在：当他们开始踏上新鲜的、洁白、纯净的新知识之路时，会不可避免地留下很多东西给那些追随者去发现。

总结

- 威廉·哈兹里特是第一个将偏见定义为"对任何问题没有经过仔细研究就预先做出判断"的人。他认为偏见是"无知之子"。
- 戈登·奥尔波特强调，偏见包括"毫无根据的判断"和"情绪基调"。
- 奥尔波特认为，偏见是预判的结果，来源于"与'像自己一样的人'相处才更舒服自在"这一观念。
- 奥尔波特认为，分类和分离是偏见形成的两个重要元素。有些分类方式随着"核心真理"而形成，但有些则是非理性的。面对任何非理性的言论，人们都有非常简单的策略来坚持自己的分类，"当事实与认知领域不相符时，例外就被认知，人们则会慌忙地使出防御机制来填塞认知漏洞，不允许危险地开放"。
- 人们常说"有好的黑人，可是啊……"这样的论调，就是强化防御心理的一个例子。
- 奥尔波特根本没有考虑，偏见的主要成分是否完全存在于潜意识中。
- 当涉及种族偏见时，奥尔波特只处理日常生活中的意识范围内的认知，而不是最初激发它们的无意识情感。
- 一些心理学家从进化角度看，人们了解他人的首要判断就是此人是敌是友，他们是否有能力（即他们实际上的威胁有多大）。这两个由"友善度"（朋友/敌人）的判断和"能力"（大威胁/小威胁）定义的维度非常重要，有助于理解我们对其他社会群体的情感和认知反应。

态度冲突：关于偏见的研究　第 1 章

- 杏仁核似乎对不同种族群体的人的形象做出反应时至关重要。它面对不同种族的人会被触发的方式和习惯也不同。
- 患有威廉斯综合征孩子不存在社交恐惧，而社交恐惧似乎是种族刻板印象的基本前提。
- 对陌生事物的恐惧可能会激发偏见，而这会在无意识层面发生。
- 情感往往先于认知。我们可能会先有一种情绪状态，并倾向于在这种情绪状态下行动。认知有时则可能允许我们用理性或看似理性的方式来处理这些情感。
- 戈登·奥尔波特曾写道："生活中的偏见很少能一帆风顺……这种对立的力量很难在一个人的一生中融合。"
- 当我们在筛选简历时，对来自不同种族背景的人的内隐（无意识）态度有可能会引导我们下意识的眼球运动。我们对合适候选人的"理性"判断是基于带有偏见化的固定模式。
- 这些更有意识和无意识的过程在个体中的相互作用，有可能是"对立力量"存在于个人内部的一种现象。

第 2 章
THE CONFLICTED MIND

习惯冲突

关于上瘾的研究

第 2 章　习惯冲突：关于上瘾的研究

在我的成长过程中，始终有香烟的陪伴，这也许就是20世纪六七十年代生活的模样吧。我周围随处可见香烟的踪影，使得我穿着的衣服上满是这股味道。我的父母都喜欢吸烟，每到星期六晚上，烟就像黑云压城般笼罩着我家的前厅。我的父亲会跑去巴金尼斯街尽头的帕迪酒吧，而我的母亲、艾格尼斯姨妈，还有她们的几个闺密则坐在家里的前厅，喝着各种雪利酒、波特酒和伏特加，再吸几口烟。在当时的周末，只有男人们才能去公共酒吧，而女人们的小酒则往往被限制在家里。她们会在前厅抿一口小酒，调成静音的电视里播放着电视剧《77号日落大道》(77 Sunset Strip)，这部剧演绎着光彩夺目的洛杉矶梦幻生活。她们吞云吐雾，沉浸在斯图·贝利（Stu Bailey）和杰夫·史班瑟（Jeff Spencer）以及剧中私家侦探的梦里。

而我会坐在楼梯顶上等着父亲回家，因为我想从后院上厕所，这会打破一群母亲们的纸醉金迷梦。"我想到院子里去。"我不断地重复这一诉求。直到母亲受不了我的软磨硬泡，说："你去吧，然后回床上睡觉去。"

如果你此时走进我家，你就会感觉到自己如堕烟海，缭绕的烟云甚至有清晰可见的形状，你可以用手指勾画出它们的边界，犹如走进了一团辛辣的气体中。当我从前厅经过时，酒杯都被她们藏到了长靠椅后，香烟也被藏起来了。她们把烟从我身边扇开，好像感到有些羞愧似的。"如果你不喜欢这味道就别呼吸，"母亲会说，"如果你觉得烟味很难闻，就屏息一

The 冲突的演化：那些心理学研究无法摆平的心理冲突
Conflicted Mind: And Why Psychology Has Failed to Deal With It

会儿。"

在我仅有的几张关于父亲的照片中，有一张是他在家门口弯着腰喂路上的鸽子，嘴里叼着烟。在我们这条街上，他已经不算是个烟鬼了。我母亲喜欢电影《卡萨布兰卡》(*Casablanca*) 中的亨弗莱·鲍嘉 (Humphrey Bogart) [她经常喜欢亲切地叫他"小亨"(Humph)，叫的时候，她眼里满是少女梦幻]，喜欢他嘴里叼着烟说话的样子。她也喜欢我父亲嘴里叼着一支烟的样子——这是我猜的，好像他也不介意。有时候，我觉得父亲只是想在母亲面前看起来酷一点、成熟一点。在我13岁的时候，父亲突然去世了，当时他51岁。这突如其来的失去让我感到茫然失措。我很愤怒，也很迷茫绝望，但那是一种无法表达的对死亡深渊的愤怒。特伦斯姨夫说，他从没见过哪个男孩能和父亲如此亲密无间，但自从他去世后，我就把他埋在心底，不再提起他。我没办法提起他，因为这对我来说太痛苦了。但有一天晚上，我鼓起勇气对母亲说，也许父亲不应该吸烟，也许，只是也许，他还应该多多锻炼。母亲却悲痛欲绝，完全听不进我的话。她说我根本不知道自己在说什么，她说他小时候得过风湿热，还有心脏杂音。她还说我自他去世那年就开始强迫自己天天跑步锻炼，这样锻炼带来的伤害远远大于让人放松的香烟。"整天搞得满头大汗，你觉得这对你有什么好处吗？"她边说边哭，"流这么多汗会让你得风湿热的。"

在我成长的环境里，吸烟就好像呼吸一样"自然"，它已成为人们生活中自带的节奏和模式。人们在失业的时候会吸烟；人们在造船厂或工厂辛苦劳作了一天后，坐在回家的公交车上会吸烟（但只能在二层露天的座位上吸烟）；人们非常忙碌的时候会吸烟，没事做的时候也会吸烟。递烟这一习惯突然在朋友之间流行起来，已成为一种社交开场白了。

在各家各户，长沙发旁边总会有个烟灰缸，厨房里以及卧室的窗边也有。烟灰缸必须触手可及，房内也都是围绕着吸烟这件事布置的。在我朋友家里，有像酒瓶一样厚的玻璃烟灰缸，厚重的玻璃早已熏上了一层烟渍，这个烟灰缸很可能是晚上从酒吧里拿出来的（"酒吧不缺烟灰缸"）。有些烟灰缸还颇具产地特色——颜色鲜艳、凹陷的烟灰缸侧面有黑体粗体的"吉尼斯"（Guinness）字样，或是非常普通的绿色"竖琴"（Harp）字样。然而，这些烟灰缸并没有什么档次，既表现不出吸烟的高贵格调，也丝毫看不出母亲和她闺密们所渴望的《77号日落大道》的魅力。她们都想成为大人物，这是当时人们的诉求，或至少是她及其女伴们的诉求。

20世纪60年代，我母亲曾在阿尔斯特塑料厂工作过一段时间，所以我们家有漂亮的铬合金和透明的红色塑料做成的烟灰缸，你可以把烟头从盖子里塞进下面正在冒烟的缸体里。燃烧的烟灰看起来像一座火山，因为厚厚的红色硬塑料会发出火神一样的光芒，然后在你把烟头塞进去之后，铬合金盖子会弹回原来的位置，发出尖锐的声音，让香烟缺氧烧尽。它既像一个器皿，又像一个玩具。我会请求帮母亲掐灭香烟，因为烟灰缸上面的提示写着"小心烟灰缸盖切伤手指"，并且盼着自己长大了可以用这种方式熄灭香烟。

我们社区的妇女大多在家里吸烟，当然不会在大街上或公共汽车上吸烟（"这种现象其实非常普遍"）。然后，大家会把漂亮的烟灰缸拿出来，这样，姐妹们就有了谈资。阿尔斯特塑料厂制造的烟灰缸从来不缺话题，这是所有人吸烟小聚时最具仪式感的部分。比如，有人会说："艾琳，麻烦把那些漂亮的烟灰缸递给我看看。我打赌它们一定很贵吧。"

我的朋友们在十一二岁刚上初中的时候就学会吸烟了，这成了一种成

The 冲突的演化：那些心理学研究无法摆平的心理冲突
Conflicted Mind: And Why Psychology Has Failed to Deal With It

年仪式，就像跑去踢那些住在莱根街（Legann Street）的退休老人家的门一样（但只有找腿脚灵便的老人才算数），然后再跑回我们的街上。或者从和谐山（Harmony Hill）上九英尺①高的悬崖跳下，跳到米尔斯溪另一头湿漉漉的地面上，脚却没有弄湿，腿也没有摔断。他们会问："你做过吗？""你跳过和谐山吗？""你吸过第一支烟了吗？"

我一直都不喜欢吸烟，但我还记得我在街上潮湿的小茅屋里第一次吸烟的滋味，我被茅屋里看守着新柏油路的守夜老人怂恿着吸了烟。我的朋友们——达克、杰基和金戈，挤成一团坐在煤油灯光下的木凳上，老人脏兮兮的烟头就在这些年轻人手里传递。"吸了它就不怕冷了，"他对大家说，"把烟直接吸进你的肺里就能让身子暖和起来。吸了保准你容光焕发。"湿漉漉的小烟头轮到了我手上，我试着吸了吸。结果，烟的味道以及烟屁股上湿漉漉的唾沫都让我厌恶。他们都在嘲笑我，满嘴黄牙的守夜老人怂恿着我。

我的朋友们还太小，没钱买烟，他们只能向大一点的男孩要烟头，或者从厨房桌子上偷拿父母打开的烟盒里的烟。那天晚上，大家看到了一个要被扔掉的小烟头。这些年轻人的手指掐着被尼古丁熏黄的烟蒂，无论是看起来还是尝起来，它都让人恶心至极。无论它有什么吸引人的地方，我都克服不了最本能的恶心感。

我母亲用过滤嘴吸烟。从某种意义上说，这么吸能显得更淑女些，因为你不必把烟一直吸到最后，然后再小气得像男人一样捏着烟头，吸得双颊凹陷。她总是这样说："我准备吸一口小烟。""我准备喝一口小酒。"只要在前面加个"小"字，就不会显得那么有损健康。不过，我非常不喜欢

---

① 1英尺=0.3048米。——译者注

烟的味道，即使星期六晚上屋里都是她来吸烟喝酒的朋友，我也会用手小幅度、高频地把烟扇走。我母亲会这样责备我："我们的杰弗里又在这小题大做了。天哪！那又不会要你的命，只有那么一点烟而已。"不过，我一直坚信这些烟会让我咳嗽，也会让我的胸感到不舒服，但如果不和她吵起来，我就很难有机会表达我的不满。她总说："这对你没有任何害处，否则它怎么没像其他有害的东西一样被禁呢？"

我在上小学时，午休时间会被送到小卖店去找艾格尼斯阿姨，她那时会从利戈尼尔亚麻加工厂出来休息。她在梳棉室工作，那里的亚麻被梳理好拿去准备纺纱，空气中飞扬着亚麻上的灰尘。我母亲会说："要是你在那里上班，你就会抱怨，那里的灰尘才会让你犯咳嗽。"艾格尼斯阿姨是个大烟鬼。每天午餐时间，她点的菜都不会变；特伦斯姨夫则是吃半磅①烤牛排，他总是在节食。还有给家里斑点狗的大骨头，他们家的狗才应该节食，但它并没有。午饭后，阿姨就会去小卖店，在那儿买40支香烟（"如果你也在，就多买一包烟，剩下的零钱就归你了。"）。再往后几年，她收集了很多大使馆的香烟优惠券，但是这些优惠券都是为别人收集的，主要是为我。艾格尼斯阿姨会说她一天吸40支烟，但实际上可能吸了60支，甚至更多（晚上不知道又会从哪里冒出来第三包烟）。我母亲会说："这种东西谁会专门去数呢？"我阿姨咳嗽声音非常大，还带有特别的咳痰的声音，她咳得直不起腰来，而且持续了很长时间。不过，这绝不能怪烟本身，而是要怪梳棉室和加工厂的工作环境。母亲说："梳棉室里的姑娘都是那样咳嗽的好吧！灰尘会跑进肺里，很多人说吸烟可以清洁肺部，尤其是薄荷脑。很明显，它们对净化空气很有好处。"特伦斯姨夫

---

① 1磅≈0.45千克。——译者注

The 冲突的演化：那些心理学研究无法摆平的心理冲突
Conflicted Mind: And Why Psychology Has Failed to Deal With It

几乎不吸烟，艾格尼斯阿姨不得不向他隐瞒自己的烟瘾。到了最后，她也不会对薄荷脑有什么担心了。

艾格尼斯阿姨是母亲的妹妹，而特伦斯姨夫是父亲最好的朋友。他们不只是我的姨父姨母，更像是我的第二父母。从地图上看，他们住在贝尔法斯特的利戈尼尔的顶部，我们住在底部。星期六晚上，我可以跑去他们家，并睡在他俩中间。她的咳嗽声会把我吵醒。这么多年过去了，我闭上眼睛就能想到她弯腰咳嗽的样子，甚至可以回想起她的咳嗽声。

阿姨的梳棉工作是厂里最脏的工作之一；而我母亲在加捻室工作——这是一份比较干净的工作。我姨夫总是说母亲很适合这种风格，从她的衣服和滤嘴香烟都能看得出来。她在加捻室工作，看起来就像个电影明星，我父亲总说："她是利戈尼尔最好看的姑娘。"多年后的今天，我正坐着阅读一些英国议会文件，内容是关于贝尔法斯特亚麻加工厂工作条件对工人健康的影响。文件中提到了安特令医院外科医生圣乔治（St George）的专业观点："研究发现，大量男性梳麻工和干粗活的工人以及女性梳棉工由于亚麻灰尘粒子进入肺部导致机体受到刺激而过敏，因此容易患肺结核、支气管炎和哮喘。"加工厂的房间又热又潮湿，使得许多人过早死去，而梳棉室又满是灰尘。1913年，爱尔兰社会党领袖詹姆斯·康诺利（James Connolly）为"贝尔法斯特的亚麻奴隶"写了一份强有力的宣言，谴责"贝尔法斯特所有劳动阶层的辛劳妇女的环境恶劣的生存状况"。1916年，他因参与复活节起义而被英国政府处决，那场处决非常有名。坊间有很多传说能帮助这些辛劳妇女的偏方，比如通过喝威士忌来清理血管并让呼吸更顺畅，但香烟对我来说是最不可能成为解毒剂的东西，尤其是在更现代的时代。

"你母亲很喜欢打扮,"我姨夫说,"她能穿得漂漂亮亮地去上班,而你阿姨就不能。她每天午饭都会准备相同的东西——香蕉、三明治和一根烟。"父亲去世后不久,我的阿姨和姨夫就搬到了巴斯,他们随后的生活就不太顺了。姨夫在皇家海军商店工作,不久就被调职了,因为他是罗马天主教徒,所以他觉得自己受到了歧视而得不到升职。上学时,每到漫长的假期,我就和他们一起过。我阿姨当时53岁,在巴斯那些闯入泵房的外国学生、法国学童和中产阶级家庭主妇中间,她看起来格格不入。姨夫工作的第一年,她就在巴斯闲逛,主要是逛伍尔沃斯(Woolworths)平价超市和利特沃斯(Littlewoods)商店。她不太喜欢乔治王时代①的别墅,而且,不管怎么说,大多数别墅都在山顶上。常年吸烟和大使馆发放的香烟优惠券使她有了烟瘾,让她连山都爬不动。吸了28年亚麻粉尘后,阿姨在姨夫工作的海军商店找到了一份工作。"她觉得这份工作好得不像话,"我姨夫说,"你想什么时候上厕所就什么时候上,想吸支烟就吸。如果你在加工厂里这么做,你的小命早就没了。"

他们只因为假期回过一次家,我想这对他们来说太痛苦了,因为他们非常想家。然而,剩下的假期不多了。阿姨的健康状况急转直下。她一次只能走几步路,这种状况已经持续了两年。吸气的时候,她的胸部会发出非常响的口哨声。梳棉室的工作以及存了很久的大使馆香烟优惠券(还都是给别人的)都让她付出了代价。她在巴斯去世了,心脏骤停、呼吸衰竭,还有肺炎,死神在这一点上没有犯错误。在她临去世时发生了一件怪事:姨夫和阿姨越来越像了。他们的头发都变得灰白,姨夫上了年纪,变得佝偻、变矮,而且更瘦了,就算他吃再多烤牛排也没有用了。久病让阿

---

① 乔治王时代指的是英国乔治一世至四世在位的时间(1714—1930年)。——译者注

The 冲突的演化：那些心理学研究无法摆平的心理冲突
Conflicted Mind: And Why Psychology Has Failed to Deal With It

姨变得更胖了，她的身体充满了积水，她的腹部也胀大了。她的腿和姨夫一样干瘦，但躯干壮硕。她去世的时候就像一只麻雀。

丧礼结束后，我们去了酒吧，姨夫告诉所有等待消息的人，他今天埋葬了他的妻子，尽管她刚刚才被火化。然而，吸烟到最后也从没被承认是造成阿姨英年早逝的祸根。即便是当时的我也对此感到奇怪。姨夫和阿姨因为吸烟吵了很多次架，但从来都没谈到健康方面，更多的是关于浪费钱和意志力差。"这哪里浪费钱了？"阿姨说，"难道我没用那些香烟优惠券吗？"有时，争吵的主题还会变成"谁能暂时戒烟，谁才是一家之主"，即转为关于人性弱点的争吵。然而，这中间总有一种强大而坚决的防御机制，即"这是我唯一的乐趣啊！"这种争吵重复了一次又一次。"他们说吸烟没你说得那么不好，如果现在要我戒烟，就真会要我的命！"多年后，这句话也成了我母亲的口头禅，最后她把烟都塞进裤袋，说："世界上没什么事比戒烟更痛苦了。"

被忽视的健康警告

当然，以上只是一个关于普通吸烟家庭的故事。吸烟是生活的一部分，世界上肯定还有数百万个这样的故事。然而，为什么这种有害的行为在日常生活中会如此根深蒂固，被大家接受，而没有人提出异议呢？即使是在那个时候，也不是没有科学证据。早在1959年，美国公共卫生局（US Public Health Service）局长勒罗伊·E.伯尼（Leroy E. Burney）就曾警告公众："已有大量证据表明，吸烟是导致肺癌发病率上升的主要因素。"可是，公众对此几乎没怎么上心。1963年，博伊德（Boyd）和利维（Levy）报告说，在美国，有78%的男性吸烟，而女性吸烟的比例显著提高。他们还报告称，自 1935 年以来，美国死于肺癌的人数增加了 600%，与吸烟人数同步增长。他们对公众不知道吸烟和肺癌之间的关联表示相当惊讶。事实上，美国癌症协会（American Cancer Society）的报告显示，只有 16% 的美国公众认为这两者是相关的。博伊德和利维说：

> 这可能是一种选择性知觉的运作原理。也就是说，由于吸烟的实际结果是让人不愉快的，并且会影响人们的基本生活习惯，因此大脑会拒绝接受这个信息，甚至是永远屏蔽它。1963 年，美国国内香烟销量创下纪录，达到 5120 亿支。

他们还指出，自 1935 年以来，吸烟人数仅在两年内有所减少，分别是 1953 年和 1954 年，而这恰好发生在发现吸烟与癌症相关性的第一项研究后，公开宣传其负面影响后的两年。但从 1954 年起，这一数字又开始上升，部分原因是滤嘴的发明，现在滤嘴的销售量占全部香烟总销量的 50% 以上。对博伊德和利维来说，这一变化的原因并不是吸烟滤嘴的"技术"层面，而是心理层面。他们认为，滤嘴让吸烟者，尤其是女性吸烟者，对吸烟的喜欢变得合理化，获得了安全感。当我看到母亲和阿姨不愿意吸不带滤嘴的大使馆牌香烟时，我就确切地知道她们在想什么了。烟草公司洞察到女性更为谨慎。

博伊德和利维想把问题的重点放在如何阻止年轻人吸第一口烟上。20 世纪 60 年代早期，有证据表明儿童开始吸烟的年龄越来越小，且男孩吸烟的年龄比女孩更小。博伊德和利维建议，我们必须跳出"吸烟是一种根深蒂固的生物成瘾习惯"这一基本事实来思考。这些都是非常关键的因素，但它们都只是一小部分事实。他们认为，我们更需要很好地去了解人们吸烟的心理，于是他们把注意力转向了烟草业的权威——欧内斯特·迪希特博士。早在20世纪40年代，迪希特就作为动机研究协会的负责人，进行了有关吸烟的"强大心理动机"的开创性研究。然而，最初他进行这项开创性研究并不是为了阻止人们吸烟，而是让他们上瘾。考虑到迪希特研究成果的有效性，博伊德和利维认为，从他开始也许会是个好开始。他们问道："既然这么多烟民会把吸烟定义为有害健康、浪费金钱、滋生细菌又不道德的行为，那么这种习惯又怎么可能继续存在呢？当然，人们戒烟的态度如此消极，那么这里一定存在着强大的持续吸烟的动机。"实际上，迪希特和其他心理学家现在不仅能做出评估，甚至还能操控这一强大的动机。他们利用更有"深度"的技术来探测人类思维，揭示无意识动机，然后用某种特定方式引导人们的行为。

欧内斯特·迪希特和精神分析理论对上瘾的应用

欧内斯特·迪希特是一名接受过职业训练的精神分析学家，是20世纪30年代末从纳粹德国涌入美国的犹太难民中的一员。显然，他被这个国家的企业家精神吸引。他有一个简单的想法，那就是深刻影响大家的生活。精神分析为了解大脑工作原理提供了新的见解，一个新兴的（现在已变成陈词滥调了）隐喻是，人类的思维就像一座冰山，即大部分都是我们看不见的。你可以说人类是理性的生物，但不会总能保持理性，而且有很多无意识的力量经常支配着我们的生活。那么，市场营销能利用这些无意识的强大力量吗？迪希特决定把注意力从精神分析疗法治疗神经症转移到市场营销上。他认为，精神分析和营销的相似之处多于不同之处。人们总认为自己既不会受到复杂的神经支配，也不会被广告所操控。然而，人们嘴上说的事放在现实中可能会大不一样。精神分析和营销两大领域都需要为人脑建立清晰的思维模型。你需要看穿表象,进入潜意识来治疗神经症,并利用潜意识来推销品牌。如果想了解人们对产品的想法和感受,那么你可不能直接问他们。精神分析学家永远都不会这么做,因为太荒唐了("请告诉我你的神经症是什么");相反,你需要使用更间接或是能激起更强烈情绪的方法。用这种方法做营销,你需要站在精神分析师的角度,但要用营销行业的尺度来分析。

迪希特的第一个商业项目是牛奶营销。他建议使用间接的方法进行市场调查,在采访消费者时从来不直接谈论牛奶。这种方法并没有给他的雇主公司留下深刻印象(雇主会产生这样的疑惑:"为什么要这样问呢?")。然而,这既没有削弱他的自信,也没有削弱他对精神分析强调的真理的信念。他写了一封信投给美国最大的六家营销公司,介绍自己"是一位来自维也纳的年轻心理学家,有一些有趣的想法,可以帮你们做更成功、更有效的营销,提高销售量,与消费者更好地沟通"。他着重强调了自己与弗洛伊德的关系,因为弗洛伊德关于潜意识重要性的观点在当时通过美国大众媒体传播,变得越来越为人熟知(尽管当时的媒体经常对弗洛伊德进行恶搞)。迪希特在维也纳接受过精神分析训练,但老师不是弗洛伊德本人。然而,他和弗洛伊德住在维也纳的同一条街道上,只要有机会,他就喜欢在谈话里加上这一点。迪希特喜欢以精神分析师的角色告诫市场营销人员几点简单的事实。他会说,人们并不了解自己,所以问他们真的没有意义。你不能问别人为什么会患上神经症,他们只能一遍又一遍地说自己不知道。其实,人的生命中大部分时间都是被无意识占据的。同理,他觉得去问人们为什么选择一个品牌也是没有意义的。这些都是无意识的联想和潜意识的冲动、被压抑的欲望、防御机制和愧疚感。这就是神经症和日常消费欲望的产物,包括对品牌的追求欲。弗洛伊德专注于精神分析的一

The 冲突的演化：那些心理学研究无法摆平的心理冲突
Conflicted Mind: And Why Psychology Has Failed to Deal With It

套应用；而迪希特则专注于将其应用在另一领域。他将这视为使命，这也是他无意识的驱动力。

其中很重要的一点是把研究对象放在自然环境中。这在当时是对思维驱动市场研究更为简单的一种认识方法。传统的观点认为，人们能主动告知自己喜欢这款产品而非其他产品的原因，他们知道自己喜欢什么、不喜欢什么。当时的大型市场调查委托公司做的数百项调查问卷都只是简单地询问受访者为什么购买此产品而非其他。万斯·帕卡德（Vance Packard）在其1957年出版的经典著作《隐形的说客》（*The Hidden Persuaders*）中将这些方法称为"清点人数"。帕卡德认为，问题在于，受访者希望对面试官有所帮助，在这种情境下，人们的回溯性回答往往与实际行为没有多大关系。帕卡德说，这些提供信息的受访者想呈现出懂事、聪明、理性的形象，但人们在做决定时能有多理性呢？这是个大问题。迪希特说，基于他的精神分析训练，这个问题已经有了答案，真的很简单。他得出的结论是"不太理性"。此外，当时美国色彩研究所（Color Research Institute of America）的新研究也支持了他的观点。

美国色彩研究所是反思人类思维原理并将其应用于商业世界的又一项新进展。这个机构是由另一位接受过临床训练的心理学家路易斯·切斯金（Louis Cheskin）于20世纪30年代创立的。切斯金被誉为20世纪30年代发起市场"深度"的先驱。他指出，消费者会在无意识状态下对产品进行评估，这些评估不仅来自产品本身，而且来自产品的所有相关特性，包括人们对产品的感官输入，而这些过程都是在自动和无意识的情况下发生的。其中一个主要的感官特性是产品颜色。颜色不仅富含生物学意义（比如，红色常会让人们无意识地将其与嘴唇、血、性等结合在一起），而且含有象征性意义（红色同样给人以喜庆、危险以及性的联想）。在切斯金看来，产品（或包装）无意识的感官印象能直接转化成我们对产品本身的印象，包括产品的知觉价值、价格和质量。它还会影响我们对产品的情感反应。在一项市场调查研究中，美国色彩研究所对一款新型去污剂的包装设计进行测试，让参与测试的家庭主妇们每个星期轮换试用三种不同包装（有黄色、蓝色，以及蓝色上有黄色泼溅的图案）的去污剂。实验得出的结论是，黄色包装去污剂对衣服刺激性太强，很多参与测试的家庭主妇们都说"容易伤衣服"；而蓝色包装则被反馈去污力不强，衣服好像没洗干净；关于蓝色上有黄色泼溅图案的包装，她们则反馈说刚刚好，"既洗干净了衣服，又不伤衣服"。事实上，这三种包装盒子里装的都是一样的去污剂。包装的颜色影响了被试对产品效果的知觉，而掌控在营销人员手里的无意识联想能决定消费者的偏好。

切斯金得出这样的结论：直接询问消费者产品或选择偏好的影响因素，并不能得到太多准确的信息。与消费者所说的相比，他们所做的才更重要，我们决不能低估无意识在其中发挥的作用。切斯金所在的咨询公司建议把德尔蒙（Del Monte）桃肉罐头放在玻璃罐里，而不是放在一般的金属罐里（原因是"这能让消费者潜意识联想起祖母做的手工果脯玻璃罐"）。他还建议在罐头午餐肉上放一棵欧芹来展现"新鲜"。这家公司的一项研究发现，当改变七喜易拉罐的颜色时，如果罐身的黄色面积增加15%，就会引起消费者对口味变化的严重投诉。消费者会反映这饮料柠檬味道太重了，当然，他们其实是还没尝过这罐饮料的味道就下了结论。此时，饮料的包装给人感觉它是柠檬味的，因为消费者已经无意识地通过罐身颜色联想到了柠檬。这项研究让人们开始质疑更为理性的消费者模式，并且怀疑人类的思维运作方式。

当时，欧内斯特·迪希特站在了心理学和市场营销最前沿，开发出

The 冲突的演化：那些心理学研究无法摆平的心理冲突
Conflicted Mind: And Why Psychology Has Failed to Deal With It

了一种全新方法来探索消费者行为中非理性和无意识的一面。迪希特认为，消费者调查需要从头开始，确切地说，是从我们接触到消费者的第一时间开始。他认为，面对面地采访可以为市场研究提供启示，但这些采访需要从根本上改变。他建议，受访者的数量越少越好（毕竟，许多伟大的精神分析见解都是基于单个案例研究的）。不过，这样的采访应该持续时间更长、更加深入，倘若能让人们有足够多的时间表达，那当他们开始自发地侃侃而谈的时候（通常是自我控制力较弱的时候），研究者就有机会从不同概念的联系中得到有意思的发现。研究者还得让受访者间接地（而不是直接地）谈论产品，让他们说出自己的感受，研究者还需要仔细倾听、检查与核对，更要留意受访者说话的矛盾之处。研究者不能从表面上理解他们所说的，而要了解产品在受访者生活中的象征意义，从而诠释他们的想法。此外，研究者还要注意受访者的防御机制和投射心理。显然，迪希特的方法在很大程度上归功于精神分析的一些基本过程，并且在很大程度上依赖于精神分析的众多核心概念。

在回顾他最初的职业生涯时，迪希特概述了支撑他了解和测量人类动机的方法论原则框架。他在1960年出版的一本回顾性著作中有着明确的目标，即要澄清问题事实（这对他来说是个很有意思的自白）。他认为像他这样的"心理医生"遭受了很多误解，比如他们操纵美国公众。他在书中写道："我认为，现在是时候在事实和非情感上为心理医生澄清了。"为了这个目标，他认为需要从他对人类动机的基本理解开始解释。

他指出："人们的大多数行为都是由紧张造成的。只要张力差变得足够强，就会导致行为改变。"他举了一个买新车的例子。家庭中一个典型的紧张关系可以来自孩子对旧车的抱怨、朋友们爸爸的车更好，广告则不断告诉你其他车有多好、旧车却常常年久失修等。他说：

> 面对生活，我们一直在处理一系列的事件，有些事件来自内部，有些则来自外部；有些是技术层面的原因，有些则是心理层面的原因。这些事件都在积累一种紧张局势，届时将会促成行为发生。当张力差变得足够大时，最终就会触发行为。
>
> （迪希特，1960: 38）

值得注意的是，他强调儿童在家庭中所起的重要作用。事实上，儿童是产生这种紧张关系不可忽视的关键要素，从而成为行为改变的主要原因。

迪希特认为，有三项基本原则支撑起这套方法论。第一是功能原则。在他看来，除非我们一开始就知道人们吸烟或买车的原因，否则我们就没办法解释为什么有些人每次都买同样牌子的汽车或选择特定品牌的香烟。研究者需要深入挖掘人们在日常环境中的汽车购买和吸烟行为。他举了一个例子，就吸烟而言，需要"以一种不会干扰吸烟与其相关活动和现象间的自然联系（如工作习惯、闲暇时间、职业、健康等）的方式来分析吸烟"。他觉得这并不是新提出的方法论，只是运用文化人类学实践罢了（而不主要是精神分析）。他引用了玛格丽特·米德（Margaret Mead）的观点："人类科学的重要性在于，它试图看到在自然环境中共享所拥有的文化的每一个个体。"

第二是动态原则。迪希特认为，人的动机在一生中会随着个人目标的变化而变化，消费者的动机和选择会受到以往经验和个人期望的影响。换句话说，不同行为的本质需要从纵向的角度来分析。迪希特将产品的初体验作为研究的一个主要焦点，比如，第一辆车（总是具备最重要的象征性意义）、第一根香烟（比如我，在守夜老人的小茅屋里吸了第一根香烟）、

The 冲突的演化：那些心理学研究无法摆平的心理冲突
Conflicted Mind: And Why Psychology Has Failed to Deal With It

第一件裘皮大衣（毕竟它们都是不同年代的时兴物）。他会让受访者详细讲述最初体验这些产品的经历，以便了解他们当前的动机，以及这些动机是如何随时间发生变化的。当我想到他可能会询问我第一次吸烟的感受时，我肯定会笑死，叼着守夜老人那又脏又旧的烟蒂时，除了恶心我没有其他感受。不过，至少它让我戒了烟，我对此表示感谢。他还能从中联想到其他什么呢？

第三是基本洞察原则。迪希特说，人类动机的关键在于，作为行为的主人，我们或许真的不知道自己为什么会在众多选择中去做特定的这件事。

> 在研究人类动机的实践中，我们感到我们有责任深入到基本的见解中，我们必须毫无恐惧或尴尬地坦然接受这样一个事实：相当多的人类动机是非理性的、无意识的，甚至是连人们自己也不知道自己为什么会做这件事。这一原则意味着，与表象层面的动机相比，大多数人类行为都有更深层的动机，如果用对方法，我们就可以发现这些动机。
>
> （迪希特，1960: 45）

当然，如果去问人们做某件事的原因，他们总会给你一个答案（如"我们的文化不允许我们承认把真正的非理性作为我们行为的一个理由"），所以迪希特不会直接去问他们这个问题；相反，他会让人们间接而深入地谈论自己（如"告诉我你吸的第一根烟是什么烟"）。他会鼓励人们表达自己的情绪，谈论极端的情况（如"告诉我你喝过的最好的啤酒和最难喝的啤酒"），其理由是调动"真实情感"和"真实经历"，避免"经过深思熟虑的观点"。他鼓励人们更具体地描述，因为在用概括性的语言谈论时，人们更容易对事物提出"理性"和经过深思熟虑的观点。然而，或许最重要的是，他鼓励人们自然流露，然后去仔细分析他们，找出他们的真实感受和意图。换言之，这是一种避开分析人们观点中的表面含义的方法。

> 从多种角度来看，深度访谈都借鉴了精神病学中使用的方法，它的问题核心通常是弄清人们行为背后的真正原因。我们在日常生活中都会不断使用这些方法。比如，当女主人一直让我们多待一会儿，同时又在打着呵欠的时候，大多数人都无须使用任何深度访谈或心理学知识，就能发现她所说的与实际感受之间的不同，就知道要离开了。
>
> （迪希特，1960: 285）

迪希特会录下受访者和产品的互动（当女性看到自己花大量时间通过滑动手指测试香皂平滑度时，她们往往会感到惊讶）；他也会借助心理剧将用户和产品间的关系表演出来（对棒球手套而言，握拳时手套发出的声音是个非常重要的分析维度）；他还会使用各种投射技巧（"想象一下，如果你还是个喜欢从钥匙孔偷看厨房的小孩，要是这个厨房是10年后的厨房，你会看到什么？"）。

洗去罪恶的沐浴仪式

迪希特第一个大型成功案例是为康普顿广告公司推广象牙牌（Ivory）香皂，推广前的象牙牌香皂销量出现了大大幅下滑。自1879年人们偶然发现这个"会浮起来的香皂"后，多年来其销售情况一直不错。当时标准的市场调查方法是询问消费者为什么选择这种产品，或者为什么

The 冲突的演化：那些心理学研究无法摆平的心理冲突
Conflicted Mind: And Why Psychology Has Failed to Deal With It

不选择。迪希特决定利用功能原则。他说，在弄清楚人们的沐浴心理之前，无论是推广什么香皂品牌都是没有意义的，因此他以其惯用的非指导性方法，在全国各地的基督教青年会采访了100人。"我同人们讨论他们生活中泡澡和淋浴这两件事，而不会问他们用什么洗澡或为什么使用或不用象牙牌香皂洗澡。"他发现，洗澡有着各种隐含的心理意义。洗澡不仅能洗去身上的污垢，还是一个净化身心的过程。正如他所说，洗澡时"你不仅能洗净污垢，还能洗去罪恶感"。他提出了这样的宣传口号："明智点，用象牙牌香皂重新开始……把所有的烦恼都洗掉。"在这里，"烦恼"用来含蓄地表达如果用对了香皂，心中那些不能说的罪恶感就都能一洗而净。这听起来也许又假又牵强，香皂怎么能洗去罪恶感呢？然而，象牙牌香皂的纯白色有许多内涵，如帮你洗干净身体，让你心生期待，洗净后能穿上漂亮衣服出门，引导你放眼明天而非关注过往。这代表着把认知关注点放在未来而非过去。如果能通过沐浴这一种仪式重塑自己的认知关注点，你就能应对那些过多反刍的情绪，比如罪恶感。这些对欧内斯特·迪希特来说再直观不过了。更重要的是，这场推广活动成绩斐然。

然而，沐浴不仅仅是为了让自己摆脱罪恶感，那样会让人感觉非常奇怪。这就如同不管将一支雪茄放在哪种语境，都必定带有性的含义。毕竟，弗洛伊德不也曾说过雪茄有时只是一支雪茄吗？（有意思的是，这句话经常被认为出自弗洛伊德之口，但事实证明他自己好像从没说过这句话，但这种观点还是继续存在。）其实，并不是每一次沐浴都代表洗清罪恶感（世界上哪有那么多罪恶感），因此，迪希特认为沐浴还有其他不同的心理功能。他说："在美国的清教徒群体中，沐浴是少数几个允许他们在擦香皂时抚摸自己的场合之一。"这不再是为了摆脱罪恶，而是为了享受肉体的罪恶。迪希特认为，如果你打算推销香皂，那么这种毫无负罪感的爱抚就可能是一个沟通重点。这让他开始思考另一件事,于是接受过精神分析训练的他又动起了营销的脑筋。世界上有很多种爱抚,取决于谁在爱抚以及谁在被爱抚。毕竟,触摸是一种最强大也是最暧昧的交流方式,需要仔细思考其内涵,比如,母亲的爱抚和爱人的爱抚有着天差地别。迪希特认为在市场营销过程中,这种区别需要经过慎重思考。因为有些香皂[如卡玫尔(Camay)]可能会被建构为肉欲的象征,是一个放纵的"诱惑者"的形象。而其他香皂,比如象牙牌香皂,其爱抚代表母爱和关怀。因此,早在1939年,他就提出了产品的"人格化"或"形象"概念。现在看来,我们或多或少认为这是理所当然的事,在当时却是非常新颖的,甚至是开创性的。迪希特认为,营销活动可以围绕产品的个性展开。人格设定可最先从深度访谈中挖掘,然后在营销活动中系统性地开展。迪希特最初定义过"个性"的产品,这些产品在随后的几十年里一直存在着,且成为大家今天所熟知并认可的产品。

20世纪50年代的一则卡玫尔广告是这样的:年轻的新郎抱着青春靓丽的新娘穿过门槛。她娇艳欲滴的唇色引人注目。新娘的嘴唇微微分开,露出洁白的牙齿。新郎紧紧地搂着她的腰,新娘则把新郎拉向自己。广告语写着:"第一块卡玫尔蛋糕,让你的肌肤更加清新而明亮。""第一块蛋糕"是用英文大写字母标注的,还有一条红色下划线,在红线和红唇之间画着一双眼睛。卡玫尔香皂被描述为"蛋糕"(和其他香皂一样),让人放纵而享受;这是感性层面的而不是功能性的。"第一块"蛋糕意味着第一次,暗示着这是年轻健康的新娘保有贞操的第一次,换言之,她还是个处女。在主画面下方的图像中有一块裸露的香皂,四周环绕着玫瑰,这便是红色在广告中的第三个用途。当然,红玫瑰象征着浪漫,同时也与求爱的过程联系在一起。男人在约会前送女人红玫瑰,这是愿意与她相守和等待

The 冲突的演化：那些心理学研究无法摆平的心理冲突
Conflicted Mind: And Why Psychology Has Failed to Deal With It

的标志。而今晚，他终于结束了漫长的等待。这种爱抚是性感的，就像这块香皂的爱抚一样。

在同时代的另一则广告中，一个女人正在洗澡，泡沫掩盖住了她的私密部位。同时，她还化了浓妆，烈焰般的口红精致无暇，朱唇微启，她双手握着白色卡玫尔香皂愉快地揉搓着。她好像沉浸在美梦之中，眼睛半闭着，但在浴室旁边的镜子里，她的眼睛看起来是完全闭着的。她像是刚刚得到了性满足。这条广告的文案是这样的："有了这块粉嫩的卡玫尔香皂，你每天都会变得越发可爱。"这条广告还有一句话，这句话几乎没有歧义。"当你屈服于这绝妙的爱抚……请你感受被卡玫尔温柔泡沫包围着的感觉。"这是一种诱惑，甚至超越了性诱惑，它让你屈服于诱惑者的爱抚，在洗澡时用一块香皂享受无负罪感的性爱。

象牙牌香皂则不同，它从来都不是一个引诱者。它是纯白色的，"纯洁"是它主要想传达的联想。因此，它需要不同的营销方式。纯白色香皂更具有母性，更让人感到安慰，这是另一种不同的爱抚。"把你的烦恼洗掉"，就像母亲安慰你的方式（原谅你的过错，从而消除负罪感）。因此，象牙牌广告建立在其母性形象上。广告中经常展示一个纯洁的有着"象牙色脸庞"的宝宝形象（当听到"母亲""宝贝"这些词的时候，你脑海里的第一幅画面是什么）。广告文案是这样的："宝宝有着象牙般洁白的小脸……你为什么不能拥有呢？相比其他香皂，医生优先选择了这款象牙牌香皂，适合您的肤色。"另一条文案是这样的："想象一下！全场最高性价比！"外加一张宝宝照片。这将是家庭主妇们的选择，为了家人有更好的生活，她们精打细算、遵守医生的建议、保养好自己来让丈夫更加忠贞，她们能在沐浴时把这些烦恼都洗掉（这款香皂还能让你重获娃娃般的瓷肌），把罪恶感一洗而光。这两款香皂的"人格"原型都来源于精神分析理论——荡妇般的妻子和母亲般的妻子。你可不能直接这样问消费者（"你再说一遍，谁是荡妇？"），否则她们对你不是嗤之以鼻就是大打出手。

当然，这种方法很容易被人质疑，因为这是利用消费者的无意识并试图操纵它，但迪希特则辩护说，有确凿的数据来评估这种假设。当然，不一定是科学数据本身，而是用白纸黑字的销售数据来证实这套想法的可行性（迪希特说这"比在实验室的任何实验都有用"）。其结果是，象牙牌香皂销量猛增。根据《广告时代》（Advertising Age）的数据，到1979年，象牙牌香皂已经售出了300多亿块。我确实记得，20世纪80年代，我母亲的旧加工厂被拆除了，她在贝尔法斯特北部买了第一套带浴室的房子，买了房子以后，她买的第一件东西便是卡玫尔香皂"蛋糕"。她说，在旧加工厂里辛苦生活这么多年，是时候得到一点犒劳和放纵了。有40年历史的广告早已在她的脑海中根深蒂固，对卡玫尔香皂的人格特征了如指掌。

迪希特又把注意力转向了汽车。下面的摘要是为了了解克莱斯勒集团普利茅斯（Chrysler Plymouth）汽车的市场流行度没有达到公司预期的原因。克莱斯勒集团市场部的J.斯特林·盖奇尔（J.Stirling Getchell）的市场报告非常值得一读。

> 迪希特博士提出了使用一种新的心理学研究方法，在调查影响汽车销量因素的时候超越了当前统计研究的局限。说实话，我们一开始对这项研究的实用性和研究价值持怀疑态度，后来我们才知道，公司的高管们刚开始接触时也是如此。
>
> （迪希特，1960: 289）

The 冲突的演化：那些心理学研究无法摆平的心理冲突
Conflicted Mind: And Why Psychology Has Failed to Deal With It

克莱斯勒集团感兴趣的主要问题有两个：为什么大多数购车者会重复购买同一品牌的汽车（当时这类人群估计约占 70%）？女性对购车决策有什么影响？当时市场营销人员的感觉是，基于标准的调查，对这两个问题的所有回答都不能完全令人满意。第一个问题的标准答案是，购买同一品牌的汽车是出于"习惯"或"忠诚"；而对于第二个问题，市场营销人员根本没有答案。对任何试图用习惯来解释行为的结论，迪希特都特别地苛刻。

> 这种解释类似流行了几十年的精神病学家收集的伪科学事实，他们解释了幽闭恐惧症（claustrophobia）导致了对狭窄空间的恐惧。这句话要是翻译成大白话就是："他害怕狭窄的空间，那是因为他对狭窄的空间有恐惧感。"
>
> （迪希特，1960: 45）

迪希特利用深度访谈为上述问题提供了新答案，这些答案是那些营销人员从来没见过的。他说，汽车（和香皂一样）有自己的"人格"（"你与汽车的相关生活经验越多，它的人格特性就越明显"）。他还认为，基于自己接受的精神分析训练，汽车能很准确地投射出人们内心深处的幻想。比如，敞篷车象征着自由，能将年轻富有活力、自由和回归单身的幻想展现得淋漓尽致。迪希特认为，正是出于这个原因，妻子才很少会允许丈夫买敞篷车。这与经济发展无关、与适用性无关，甚至（在性别歧视最严重的时代）也与"敞篷车容易吹乱头发"这一现象无关，而是因为妻子对丈夫买敞篷车的象征意义持有消极态度（尽管她们不会让自己想得那么具象，但这也太杞人忧天了）。女性在潜意识里嗅到了敞篷车对婚姻的威胁。因此，迪希特认为，汽车经销商应该把敞篷车放在展厅的前窗，以吸引那些渴望梦想成真、渴望重回年轻、重回自由和单身状态的中年男人。然而，除此以外，汽车经销商还需确保敞篷车后面摆放着更多吸引人的轿车，这样丈夫和妻子（他们出于不同的欲望和动机，无论是显性的还是隐性的）都能做出一致（或是相互妥协）的决定。迪希特断言，女性在家庭中扮演着非常重要的经济决策角色，而最终的决定，无论如何都是一个夫妻双方共同的决定。

对于女性在家庭购车行为中的作用，迪希特的总体看法是，"女性无论是通过直接的还是间接的方式都影响了大约95%的汽车购买"。一旦你认识到这一点，它产生的后果就非常符合逻辑了。根据迪希特的说法，女性代表着"中等收入阶层家庭中经济管理的良知"，因此，必须给她们以"道德许可"，让她们"不带罪恶地挥霍"，才能购买新车。在当时（1939年），许多女性仍然认为汽车是奢侈品，而迪希特的目标则是说服这些人，车是必需品。

随后，迪希特把研究转向大多数人反复购买相同车型的汽车的原因。他认为，这并非习惯所致，"这样解释过于简单，根本称不上是一个合理的解释，真正的原因是与旧车分离的焦虑和恐惧"。他认为，人们对旧车都有一定程度上的心理依恋，想到要抛弃它们时就容易产生分离焦虑。根据迪希特的说法，"人们买到的新车没有卖掉的旧车多"。尽管必须换新车的"紧张局势"已经很明显了，但人们还是受不了与旧车的分离——"旧车已经成为我们人格的一部分，扔掉它就像要摒弃自己人格的一部分"。迪希特用分离焦虑来解释这种人们不愿离开旧车的现象，但这种分离焦虑比较奇怪，更像是将部分自我舍弃。因此，迪希特认为，人们在本质上是妥协的，即购置一部新车，但购买相同车型可以减少分离焦虑。这是人们一直购买相同车型的一个主要因素。此外,还有对尴尬的恐惧。男性会觉得"买一辆在基础特征和机械性能方面都熟悉的车更自在"。由于男人不想让自己看起来愚蠢,因此他们不想买自己不熟悉的车,不想在操作方面表现得不熟练,也不想在别人面前处理不确定的事情。

这些都是非常激进的想法,与克莱斯勒集团先前得到的报告大相径庭,甚至和当时任何其他汽车品牌都有很大差异,因此这是一种非常新颖的思维方式。而这一想法在普利茅斯当时的营销沟通方向上看就显得更加颠覆了,此前直到1939年,克莱斯勒集团普利茅斯汽车所有推广活动都在强调这款车的与众不同。广告语是这样的:"这辆车和你试过的任何一辆都不一样。"迪希特认为,这样推广其实会适得其反,它加剧了人们对更新换代的恐惧,从而减弱了推广效果。迪希特建议,他们应该把降低变化的恐惧作为推广的基础,并强调坐在新车里,你只需花几分钟就能适应,并且有和旧车重聚的感觉。

这次推广取得了巨大成功,市场部的J. 斯特林·盖奇尔直接聘用他为全职员工。几年后,迪希特把研究转向了口红(迪希特说,类似生殖器的形状对口红的销量有巨大的影响,因为在潜意识里它能让人想到性。"但必须小心,不要做得太过,"他警告说,"而且别让这种类比太明显")。然后,他在20世纪40年代末做了一件颇具争议性的事:把研究转向吸烟行为。在这个领域里,他带来的巨大改变让今后的人仍在为此付出代价。

为什么要吸烟

迪希特最初的假设是,当时的香烟广告(和其他广告一样)都犯了严重的错误。当时的广告都在强调香烟的味道,或者强调其味道有多么地

温和 [在20世纪40年代的契斯特菲尔德（Chesterfield）香烟广告中，艾伦·拉德（Alan Ladd）说："我喜欢契斯特菲尔德香烟，它是我的心头好，因为它们的味道很温和。""好彩香烟（Lucky Strike）意味着上等烟草。"]。在对350名吸烟者进行了深度访谈后，迪希特得出结论：口感、温和度或味道等都是人们在吸烟时考虑的"次要因素"，而香烟最重要的吸引力在于它带来的一系列心理上的愉悦。他认为，从心理学角度看，香烟有许多不同的作用方式。第一，它能让人重拾孩童那样"随心所欲"的感觉。第二，吸烟能"为打断工作、忙里偷闲提供合理的借口"。人们像孩子一样渴望奖励——"香烟就是一种我们想给自己多少就给多少的奖励"。迪希特认为，烟草公司应该把这种自我奖励的洞察作为营销活动的基础。

然而，这只是他对吸烟心理本质观察的一部分。他的一些受访者也表示，香烟让他们永远不会真正感到孤独。也许，这是利用了火的原始概念，即吸烟时会产生一种温暖的光芒，这能激发植根在人类进化历史中的远古记忆，让人想起原始时代大家围坐在火种边的安全感。迪希特的一位受访者说："只要我看到黑暗中有光亮，我的孤独感就消失了……"迪希特还补充说，人们还会用香烟来抵抗寂寞感和孤独感，这点非常重要。此外，"香烟身上那股友善的特质来源于香烟的社交性，人们借助它来结交朋友"。这一观点又成了一系列营销活动的心理基础。

我至今还记得我小时候听的歌，还有那句令我无法忘记的广告语，那是我从位于家里角落的黑白电视机里看到的。有一位穿着雨衣、戴着软毡帽的绅士缓缓穿过潮湿且空无一人的伦敦街道。他走得非常慢，仿佛没有什么目的地。为什么他要在晚上独自待着呢？他是被人爽约了吗？只见他从包里拿出香烟，点了起来，微微笑着。直到现在，我闭上眼睛时还能看到他心满意足的微笑。这就是一个引子。随即，音乐中飘出这样的歌词：

The 冲突的演化：那些心理学研究无法摆平的心理冲突
Conflicted Mind: And Why Psychology Has Failed to Deal With It

"只要有一支斯特兰德香烟（Strand）相伴，你将永远不会孤独。"这句广告语至今仍在我脑海中挥之不去。我也许记不得我的孩子们对我说过什么重要的话（我甚至都不记得他们开口说的第一句话，实在惭愧），我却一直无法忘记在记忆中大浪淘沙而留下的这句话。这则"孤独男人"广告从1959年开始播出。"斯特兰德……让你活在当下的香烟。斯特兰德新款烟头，两三便士就能买20支。"在接下来的四五十年里，我看到很多寂寞人士都想通过吸烟来缓解心头那股极度的孤独感，也许就是因为当初某种机缘下受到这则广告的影响吧。尽管他们确实需要新的广告来发展这种象征性孤独感的联想并得强调其结果具有正面性。斯特兰德强调孤独，但表现得可能太过负面又太过生动了。恩巴斯香烟（Embassy）是斯特兰德的继承者，来自帝国烟草公司（Imperial Tobacco）旗下的品牌威廉·戴·威尔斯（William Day Wills）和亨利·奥弗顿·威尔斯（Henry Overton Wills）。这个品牌的香烟也曾形容过如何治愈孤独，画面是这样的：一个孤独男人在派对上被所有人忽略了，直到他拿出一包恩巴斯香烟与周围的人分享。恩巴斯香烟的商业推广因此取得了巨大成功。孤独，无论是肉体上、社交上，还是象征意义上，至今都仍是重点。

迪希特研究方法的重点就是探寻香烟在人们生活中所扮演的各种角色和功能。换句话说，他想从心理学角度理解香烟对人们生活的影响，这是他从玛格丽特·米德和其他文化人类学家的著作中学到的东西，这也是他所做的功能分析的基础。他经过反复观察发现，人们吸烟是为了缓解紧张情绪，并以此作为对辛苦付出的奖励；而对于预期发生的事情，他们也想通过吸烟减轻些许压力，同时，吸烟也象征性地表达了自己的勇敢。吸烟也是一种让人与人建立联结的方式；吸烟作为一种表演仪式，无须太多预演，就能呈现一种精密的投射。人们在性爱前吸烟以缓解紧张，而在性爱后吸烟则是为了奖励自己放松一下。迪希特的上述观察在营销过程中都起到了非常重要的作用。

当然，吸烟也能带来口腔快感，"它就像性欲和食欲一样，是人类的基础欲望"。在这里，他想起一些在人类发育早期心理发展、遇到的挫折以及人类如何应对解决的伟大的精神分析真理。吸烟的本质是什么？它是一种行为方式，充斥着象征意义和社会内涵，当人们感到压力或挫折的时候会把一些东西放进嘴里来安慰自己，或是作为一种奖励。它是口欲上的满足，就像弗洛伊德理论中婴儿吮吸拇指一样。吸烟这种行为不仅是社会所接受的口欲满足方式，而且传达了强有力的男子气概和性能力的信息。吸烟之所以如此强大，是因为它能同时满足婴儿般的对安全感的需求，又能象征性地传达成年人的成熟信号。帕卡德（Packard）于1957年指出，青少年吸烟是为了让自己看起来像成年人（比如我那些朋友们在十一二岁时所做的事），而老年人吸烟是为了看起来"更有力量"。

迪希特还强调了点烟这一动作的强大效果（当然，它还有更多的"社会性"内涵）。从进化的角度来讲，正是火的力量帮助定义和塑造了智人物种。因此，我们不仅在历史的进化中一直与火的力量形影相随，在个人的成长历史中也是如此，火代表了发展中的一个里程碑。确实，当你把这个东西握在手上的时候，就意味着自己把孩童时代抛在身后了。现在，它就是你最渴望的东西，你最想要的不再是玩具、导弹发射器、马背上的骑士。打火机，哪怕只是一个普通的小锡皮打火机，它也绝对不会出现在你的圣诞袜里。它还象征性地切断了原有的家庭纽带，并与伴侣建立一个新的纽带，建立自己选择的家庭。我不知道是儿时的哪个朋友先弄到的打火机，但我清楚记得这位盗取打火机的"普罗米修斯"把打火机给大家传阅，还一直同我们喋喋不休，好像它是一个复杂精密的机械：要慢慢地把

The 冲突的演化：那些心理学研究无法摆平的心理冲突
Conflicted Mind: And Why Psychology Has Failed to Deal With It

小齿轮拉回来，动作一定要慢，然后把它点着。点着以后，你就能感受到这股火的力量了。现实情况下，点着打火机并不是百发百中的事情，有时你得用那笨拙而细嫩的拇指向下滑四五下才能把火点着。根据迪希特的说法，打火机是专门设计成概率变化不定的小黑盒（和老虎机一样），让人沉迷其中。然而，来回几次的等待是值得的，这才是一种真正的激励：最终，你掌握了点火的力量。这是一种植根于群体动力论与求生欲的原始力量，研究过进化生物学就会明白，这其中满是深刻而重大的情感意义。当"来吸烟，孩子们，点烟吧"这句话说出口的时候，孩子们用形态各异的湿湿的嘴小心翼翼地叼着烟，围在一起向炉头靠拢，仿佛有一根看不见的线在把大家拉近。

我还拥有了第一个打火机，这很幸运。换句话说，我不用去偷或买（考虑到这得花钱，更拉不下面子去偷鸡摸狗，这对我来说都是不太可能的）。我那个打火机是塑料的，有点橘红色，像廉价的口红。这颜色不是纯正的红色，也许就是专为那些对口红色号拿不定主意的女孩设计的。也许她们想买个打火机来做搭配。因此，当她们坐在电影院后排时，打火机可以为她们的红唇招来更多的目光。我母亲总说，不管怎样，只有这类女孩才会给男人点烟。这个打火机有自己的脾气，能不能打着的概率总是说不准。虽然我不吸烟，但我还是会把打火机带在身上。当我的朋友说"有人能借个火吗"时，我就会把打火机掏出来。当他们说"你不吸吗？如果你没钱买，我们可以一起吸"时，我会说："没事，我不用。"

我的朋友达克把烟叫作"棺材钉"，即使是在那个年代说出来也很有意思。只要有人说"谁要棺材钉"，一堆人就会把手伸到那人的烟前。这种烟通常一包有20支。没有人会问这包烟是从哪儿来的。大多数年轻人都能负担得起这样的烟，烟都是他们自己在零食店买的（"老板，麻烦来一包 Park Drive 牌香烟。")。然后，他们会坐在公园里，吹出一个又一个烟圈，有时还会把头向后挺直，用叼着的烟头穿过正在消逝的烟圈，再用铅笔一样细的飞镖轻轻刺一下。我知道，他们是想装。他们看别人这么做，也想有样学样。比如，他们会学西部牛仔——那是一些花时间思考人生的坏男人——吹出烟圈，还要像混混一样把烟掐灭，再准备去干活。他们把动作弄得像是做大生意似的，神情都格外认真，好像自己势在必得，并做出到点起身走人的帅气模样。我们的父母都吸烟，但他们吸烟的样子不一样。这是人们各自创造出来的吸烟方式，每代人都会这么做，不断追随着新的偶像和时尚，创造各种各样的象征符号，还衍生出时下各种吸烟的意义。我们这帮小街霸吸起烟来的样子酷毙了，或是我们中的大多数人都觉得自己是酷的，而父母这代人吸烟只能让旁人从中看到沮丧和叹气连连。

多年后的一个中午，我和达克在贝尔法斯特的一家昏暗的酒吧里坐着。当然，他还在吸烟。我们谈起了从前的青春之殇，达克笑得上气不接下气，不停地说着从前的故事，烟灰还掉在了桌子上。他看到我注视着悬在半空的烟灰，在脏兮兮的桌子上要掉不掉的样子，就问我："你是不是还没吸烟？"我点了点头，他感叹道："你还是没意识到自己错过了何等的人间极乐，吸烟这种乐趣是无法被别人抢走的。"说罢，他又立刻用他金灿灿的打火机点了一支烟。他看到我在欣赏他的这一连串动作，至少这是他对我看着他所表露出的表情的理解。"还是那时候好。"他说道。我补充道："还是那家伙手里的烟好。"他又重复了一遍："还是那家伙手里的烟好。"他深深地吸了一口烟，好像要把烟都吸进肺里，迟迟不吐出来，似乎打算让烟永远留在体内。他一直说我是一个有自制力的人，但我不同意他的说法。然后，他把烟吐到我身上，我只好尴尬地咳了一声。

如今，达克已经去世了。我们谈论过生活方式的选择，这就是达克的

The 冲突的演化：那些心理学研究无法摆平的心理冲突
Conflicted Mind: And Why Psychology Has Failed to Deal With It

选择，但欧内斯特·迪希特对大众的选择起到了直接诱导的作用。为了把烟卖给达克、我的母亲、艾格尼丝阿姨，迪希特博士认为，我们要了解吸烟者的心理需求，以及吸烟能给大家的生活带来的结果，无论是在曼哈顿的富人区还是在政治上分裂出来的北爱尔兰，无论是在哪个不太重视健康的城市里都是如此。同时，迪希特还指出，我们还要直面吸烟产生的心理冲突，这是非常重要的。做兼具快感和罪恶感矛盾心理的广告，最重要的任务不是推销产品，而是为其提供毫无负罪感地享受快乐的道德准许。

品牌广告的主要工作之一与其说是销售产品，不如说是在道德上允许人们在没有负罪感的情况下享受快乐。普利茅斯汽车获取了大量买车人的妻子的共鸣。而在孩童期或青春期吸烟总会在一定程度上顶着"罪恶"的帽子，无论它的初衷是多么地具有反抗精神。20世纪50年代，越来越多的证据表明吸烟极度危害健康（尽管迪希特对这些日益增长的研究证据不屑一顾："科学和医学对吸烟的心理作用研究给我们带来很大困惑，即有些人得出吸烟有害的结论，有些人则对此持否认态度。这两种结论也会同时存在于吸烟者身上。"）。烟草公司曾经以"吸烟不会致死"作为传播信息，让医生（有意思的是，他们还会找牙医）推荐几款"比较健康"的香烟品牌。迪希特认为这又犯了基础性错误，它会让人无意识地将吸烟与死亡率上升联系起来。在公众解读这段话的时候，"不会致死"反倒没被判断为关键信息。关于吸烟行为，迪希特得出了这样的结论："吸烟能提供心理满足感，这些满足感足以消除健康威胁的恐惧，足以忍受道德上的谴责、忍受奚落，以及忍受成为'烟奴'的荒谬事实。"如今广告所聚焦的都是有权势的男人用香烟来放松，作为对自己辛勤努力的奖励。甚至，这些忙碌而有权势的形象有时竟然还是医生。然而，这不是为了传递"医生传播吸烟不致死"的信息，而为了表现"大忙人24小时随时待命的形象"，以及"这是一个集科学家、外交官、富有同情心和友善特质于一身的完美形象"，他们享受着来之不易的休息时间，通过吸支烟来获取快乐。这些广告全都做到了：打破了先前在由医生参与的广告中，吸烟与健康、疾病、道德和死亡的关系，医生的形象被再次运用，只不过仅表现医生的可靠和踏实感，或是表现成功的劳模应得到片刻休息的主张。此外，医生被形容为"科学研究者"（你何时听闻全科医生被称为"科学家"呢）。对于一位科学家，人们会预设其有能力评估现有研究证据并得出结论，选择骆驼牌香烟是经过深思熟虑的 [比如，"与其他品牌相比，更多医生喜欢骆驼牌香烟"（More Doctors smoke Camels than any other cigarette）]。更有意思的是，这句话中的"更多"（More）和"医生"（Doctor）的首字母"M"和"D"被大写标红（放在一起便是"M.D."，即"医学博士"一词的英文"Medicine Doctor"的缩写），这是为了让人们通过视觉和知觉，将字母"M"和"D"放在一起，让其从背景中凸显出来。换句话说，我们在广告里谈论的是医生——真正的医生，而不是仅有学位的医生或（更差的）江湖医生，是靠谱的专业医生。就广告的效果而言，也就是看其销售数据，这些广告非常具有影响力，而且是有效的。

然而，迪希特在他的吸烟心理学和香烟营销中还做了一些鲜为人知的工作。他树立起一种观念标杆，并提出任何有关吸烟与健康之间统计关系的证据都很可能是因人本身的其他原因介入而导致了相关，这个观点在未来为吸烟辩护和推广吸烟奠定了基础。他写道：

> 人们努力减少吸烟量，这意味着选择牺牲快乐来减轻……罪恶感。人的意志对身体产生了巨大的影响，并可能因此患上疾病。罪恶感也可能对身体有害，因此疾病不一定全是由吸烟引起

的，而吸烟的影响可能非常轻微。这种罪恶感本身就可能是造成不良后果的真正原因。

换句话说，导致癌症的不是吸烟，而是你对吸烟的内疚感（这种内疚感来源于父母企图对后代吸烟行为进行指责，尽管他们自己往往也吸烟）。他的意思是，不要把你的健康问题归咎于香烟，而要归咎于你的父母！但请记住，他也曾说过，做同时兼具快感和罪恶感心理冲突的广告，"与其说是推销产品，不如说是为大众提供毫无罪恶感地享受快乐的道德准许"。他只是帮助大家开心享受而不受罪恶感折磨，从而减少吸烟对身体的伤害。我想，他当时一定知道这是一派胡言。

关于冲突的科学证据和研究经费

我确实觉得非常奇怪，在20世纪六七十年代，普通公众并没有对吸烟变得更加警觉。这些普通人为什么没有对吸烟的负面报道产生危机感呢？可能是因为他们被各种科学证据误导得晕头转向了。显然，当时并不是所有科学家都同意吸烟和肺癌相关性的研究结果，至少看起来是这样的。我还记得20世纪90年代中期，英国战后著名心理学家汉斯·艾森克（Hans Eysenck）（即便是在那个时候）仍然认为吸烟和肺癌在统计学上相关实际上只是个人个性的原因。他认为，某些个性的人容易患肺癌，这种潜在的个性维度就是重要的患癌因素。导致肺癌的不是香烟，而是由基因决定的个性让你患上肺癌。换句话说，他认为这些研究让人摸不着头脑。然而，这种观点存在致命的缺陷。此外，艾森克从20世纪60年代就开始从事这项工作。而我的母亲和艾格尼丝阿姨，她们从14岁起就离开学校了，又能有什么机会去看清真相呢？艾森克公开质疑吸烟与肺癌之间存在关联的科学证据成功地将这个问题变成了科学家之间的一场"辩论"。而吸烟者则可以揪住这个"不确定性"来为自己的行为辩解。

2011年，佩迪格鲁（Pettigrew）和李（Lee）公布了对近期泄露的烟草行业文件的外延审查（因为诉讼的关系，我不得不说成"泄露"），这些文件揭露了烟草行业是如何应对日益增长的吸烟导致的肺癌的科学证据的。烟草行业人士意欲对吸烟的健康影响展开一场大"辩论"，以表明医学证据离结论还很远，还可以表明专家们在这个问题上存在意见分歧。烟草行业于1953年成立了烟草研究理事会（Council for Tobacco Research，CTR），为这场辩论的研究提供资金。其中一位受资者便是著名科学家汉斯·塞里（Hans Selye）。他被称为"压力之父"，拥有卓著的学术资历，发表了1700篇文章，出版了39本书（更不用提获得过的10次诺贝尔奖提名）。佩迪格鲁和李发现，与受烟草商所托相反，早在1958年，塞里就开始主动接触烟草行业，为他的压力研究寻求资金。第一次申请没有成功。然而，第二年有律师事务所（如今遭到诉讼）代表烟草行业写信给塞里，表示愿意支付给他1000美元，让他写一个协议备忘录，证明"医学上曾提出许多显著因果相关的结论并提出建议，但这些结论在后来经过证实，其显著相关的因素其实另有其他"。塞里为了这笔钱而同意做了这件事，但要求任何引用在法律上与他无关，他也不想在任何法庭案件中出庭作证。正如人们所说，这仅仅是一段漫长的受惠利益关系的开始。因为他的学术资历，塞里对他们非常有价值。毕竟他是一位客观的科学家，或者至少在公众不知道这其中金钱关系的情况下，大家会这么认为。塞里建议，烟草业应注重吸烟的"预防和治疗"，并辩解说，致命的是压力而不是吸烟。他还建议，吸烟可以被宣传为一种适应紧张生活的方式，这其实对人们是有益的。根据佩迪格鲁和李的资料，塞里在1969年"于加拿大下议院健康委员会（Canadian

The 冲突的演化：那些心理学研究无法摆平的心理冲突
Conflicted Mind: And Why Psychology Has Failed to Deal With It

House of Commons Health Committee）作证，反对反吸烟立法，反对广告限制和健康警告，以及对焦油和尼古丁的限制"。自20世纪60年代以来，他每年得到的资助就高达10万美元（相当于今天的75万美元）。他在加拿大广播公司的节目中为深受压力的人阐述吸烟的好处。他认为，吸烟作为一种"消遣"可以避免压力而引起的疾病。然而，他并没有在节目中提及烟草行业的利益勾结，也没有把烟草业付钱请他做发言人的事告诉大家。

与此同时，英国的汉斯·艾森克也在这场吸烟与健康的"辩论"中扮演了类似的角色。他也是一位兼具高履历和影响力的学者（其实正是艾森克的著作让我对心理学产生了兴趣），他公开质疑吸烟与健康之间的联系。和塞里一样，从20世纪60年代起，他也从烟草业秘密获得资金。当然，也有些人认为，烟草行业的资金只是研究经费，像艾森克这样的科学家必须想办法为研究项目筹钱。他们认为，这样的资助并不一定会妨碍研究人员的科学客观性。如果你也这么认为，那么你值得花点时间重读艾森克关于此话题的首部著作《吸烟、健康和个性》（*Smoking, Health and Personality*），这本书于1965年首次出版，这一年对英国烟草行业来说有着诸多意义。1962年，英国皇家医师学院（Royal College of Physicians）发表的一份吸烟与健康报告警告大众，肺癌与吸烟之间存在密切联系。这份报告的结果在新闻界受到广泛报道。这显然是到了烟草行业的关键时期。艾森克的目标是证明这些医学研究的结果"并不能挑战正统观念"。在某种程度上，这是完全合理的。科学家有责任挑战已确立的正统观念，提出其他假设，提出质疑并进行探索。但我读不进去这本书，我觉得自己只是在见证一个有科学头脑的人在胡说八道。我对他的论调和论点本质感到非常不安，而不仅仅是因为出了那么多事我才这么认为的。这本书远远不止在广而告之一个心理学理论，其理论还可能会影响到对其他吸烟和健康的研究。在我看来，这本书的字里行间充满了自私和蓄意的谋划。它并没有心理学书籍应该有的样子。

艾森克的假设是，有特定类型的个性容易患癌症，也有特定类型的个性有吸烟倾向。他认为，个性是癌症风险极其关键却又容易被混淆的因素（迪希特曾说"负罪感"是混淆因素，塞里说"压力"是混淆因素，显然，金钱能买来很多之前可能无法解释的因素）。艾森克提出，某些类型的个性，比如外向者会对尼古丁感兴趣，因为它是一种刺激物，所以可以帮助他们体验内心感受。换句话说，外向者吸烟是由"基因决定"的。当然，外向者和内向者在很多方面也有不同。

> 比如，外向者偏爱咖啡和酒精，喜欢辛辣食物，能接受婚前性行为和婚外性行为，他们容易冲动和喜欢冒险……所有这些都能轻易从这个普遍假设中推断出来。同样，我们也可以从中推断出，外向者更有可能寻求吸烟带来的刺激，这也是在这个基础上形成的最初假设。
>
> （艾森克，1966: 75）

因此，你已经感觉到了，吸烟者可以在很多关键领域与非吸烟者不同，包括任何健康方面的差异，比如癌症风险，都可以不归因于吸烟本身。

然后，艾森克引用了多尔（Doll）的结论，他说多尔是"与吸烟致癌理论传播关系最大的科学家之一"，他是这样论述的：

The 冲突的演化：那些心理学研究无法摆平的心理冲突
Conflicted Mind: And Why Psychology Has Failed to Deal With It

> 当这种疾病的性质让人无法进行合乎逻辑的结论性实验时，就为各种符合事实的观点留有余地。对吸烟而言，人们尤其难以设想开展结论性的实验，而且这种实验都还没进行过。
>
> （艾森克，1966: 12）

艾森克接着补充道："多尔还引用了克洛德·伯纳德（Claude Bernard）的一句话，大意是'没有正确或错误的理论，只有丰富和贫乏的理论'。"

同时，艾森克还做了很多事情。他认为，就肺癌而言，结论性实验并没有真正进行过，因此"真实的观点总会给大家留下讨论的空间"。换句话说，他在本书剩余部分只是在陈述"有讨论空间的真实的观点"而已。除此之外，他还不接受正确/错误理论的观点，而是试图用丰富和贫乏理论间的区别取代正确/错误理论。他的意思是，理论不分对错，理论只有"丰富"与"贫乏"的区别，而他要讲的是一个崭新且丰富的理论。换言之，他在削弱读者判断理论对错的信心，他认为这种条理清晰的区分实际上并不适用于科学理论。有关吸烟与癌症的理论没有对错，而是另有一个理论！

接着，他继续削弱癌症与吸烟间的联系。他指出，在过去，吸烟还被认为是一系列其他疾病的罪魁祸首。他写道：

> 吸烟引起的疾病包括精神失常、脑出血、卒中、（因酒精中毒引起的）震颤性谵妄、喉炎、支气管炎、呼吸障碍、结核病、消化不良、胃炎、肠破裂、（不消化引起的）胃灼热、肝脏病变、腹泻、胃肠气胀、阳痿、秃头、伤寒、皮肤病等疾病。吸烟者的孩

子被认为患有疑病症、歇斯底里和精神错乱。

(艾森克，1966: 16)

他补充说，上述这些指控"没有任何科学依据"，意为吸烟已经被指责为所有事情的罪魁祸首。多年后回头来看，这些推论非常荒谬。他的言下之意便是肺癌和吸烟之间的关系也可能如此。这段言论对读者有什么具体影响呢？既然没有人想让自己看起来荒谬无理（至少我没见过这种人），那就最好不要相信任何关于吸烟与肺癌之间的联系的结论，否则你就跟那些得出"吸烟导致消化不良"结论的蠢货是一伙的了。

艾森克还翻阅了流行病学的资料，以及感染肺癌的概率与平均吸烟数量关系间的流行病学资料。1961年公布的调查结果表明，吸烟与组1肺部肿瘤有明显相关性，这些肿瘤通常为"鳞状细胞癌（epidermoid carcinomas）和未分化癌（anaplastic carcinomas）"，但和组2的肺部肿瘤关系不大。组2肺部肿瘤"显示有腺癌（adenocarcinomas）和支气管或肺泡的细胞病变"。他表示"肺癌显然不仅仅是指一种未分化的现象，我推测，我们至少正在应对两种以上的疾病，这些疾病都与吸烟有不同的关联"，这样他便再一次蓄意削弱读者的信心。然而，他对吸烟致癌理论的又一次攻击就更令人大跌眼镜了。他说："吸烟风险的问题在于，与吸烟行为相关的许多变量都会影响吸烟摄入的精确化学成分。"因此，他指出：

> 这些变量中有一些是吸入强度、吸入时长，每次吸烟吸入的间隔时间，正在吸入的香烟的特定部分，即吸入的是香烟的第一英寸①还是最后一英寸。因此，我们实际吸入的成分在很大程度

---

① 1英寸=2.54厘米。——译者注

冲突的演化：那些心理学研究无法摆平的心理冲突
Conflicted Mind: And Why Psychology Has Failed to Deal With It

> 上取决于我们吸烟的方式，如果不进一步了解我们列举的这些不同变量，就不能够以任何合理的方式进行概括。
>
> （艾森克，1966: 20-21）

因此，他认为有些潜在的重要因素与吸烟行为本身有关，而研究人员仍未对此进行控制性观察，这个问题存在于所有与吸烟和肺癌有关的科学。他这样写道：

> 我们可以问人们吸了多少支烟，这个答案完全可以接近真实情况。然而，我们不能问他们是怎么吸的，因为他们自己也不能给出一个合理的答案。我们也不能通过观察来找出答案，因为观察本身就会改变他们的行为模式。在这种情况下，所有与吸烟有关的统计数字都必须谨慎对待。
>
> （艾森克，1966: 23）

将他的观点换个方式来表达就是，任何表明肺癌风险与肺癌之间关系的统计数据都是错误的，因为我们不能确切分离出关键变量。这里的变量并不一定是你吸了多少支烟，而是你吸烟的方式。这让每个有标志性吸烟风格的重度吸烟者都能成为漏网之鱼。

在"想戒烟吗"一章，艾森克提出了以下疑问：

> 对一个典型烟民来说，他是应该戒烟还是继续吸烟？如果他继续大量吸烟，那么等他到了 75 岁时，他的寿命将比非吸烟者短 1.4 年左右。而他的回答也许也很合理：生活中有那么多突发

事故，不管怎样，这么做虽然寿命较短，不是那么好，但这点缺陷比不上戒烟丢失的乐趣。这种回答的态度是理性的还是非理性的呢？当然，很多人在被问及为什么不戒烟时都会给出这样的答案。在 70 岁或以上增加毫无保证的一两年寿命，完全弥补不了烟民们因戒烟而随即不可获得的快乐和满足。

（艾森克，1966: 111-112）

他明确表示，即使发现吸烟会增加死亡率，继续吸烟也不是不理性的。

他最后一章的题目是"有香烟的地方就有战争"。他这样写道：

也有证据表明，大气污染很有可能是个更重要的因素，因此把所有努力和立法措施都放在吸烟上是不明智的。想要戒掉导致大气污染的习惯比戒烟要容易得多。如果说我们的目标是减少当今可怕的致命肺癌，那么走治理大气污染的路应该会更有前景些。

（艾森克，1966: 116）

他还说："请大家把精力放在别的地方，别再搞那些可怜的烟草公司了。"

然而，我们现在终于知道，艾森克通过名为"4 号特别账户"的美国地下烟草基金获得了 80 多万英镑资助 [据《独立报》（*Independent*）1996 年 10 月 31 日报道]。当然，我们已经知道了，艾森克不是唯一一个秘密接收这些黑钱的人。

T_he_ 冲突的演化：那些心理学研究无法摆平的心理冲突
Conflicted Mind: And Why Psychology Has Failed to Deal With It

奥尔斯克（Oreskes）和康威（Conway）在2010年出版的优秀著作《贩卖疑惑的商人》（Merchants of Doubt）中，描述了1953年12月15日，四大巨头烟草公司——美利坚烟草公司（American Tobacco）、金边臣（Benson and Hedges）、菲利普莫里斯国际公司（Philip Morris）和美国烟草公司（U.S. Tobacco）的主席们在纽约广场酒店会见了伟达公关公司（Hill and Knowlton）的CEO约翰·希尔（John Hill）。他们旨在挑战吸烟致死的科学证据。其作者如是说：

> 他们将通力合作，让公众相信这些对烟的指控"没有可靠的科学依据"，而最近有关卷烟焦油与癌症的报道只不过是些"哗众取宠的蓄意控告罢了"。观点提出者是一些博眼球的科学家，他们只是为了获取更多的研究资金。对于烟草被诋毁一事，他们的烟草公司绝不会坐视不管；相反，他们还会成立烟草公共信息委员会（Tobacco Industry Committee for Public Information），提供"积极的""完全支持香烟"的信息，以对抗反香烟的舆论。正如美国司法部后来所说，烟草公司决定"在吸烟对健康的影响上欺骗美国公众"。起初，这些公司认为并不需要资助新的科学研究，觉得"手头上供传播的信息"非常充足。不过，约翰·希尔不同意这一观点，他非常强调……烟草公司们应该资助更多的研究，这将是一个长期的项目。他还建议在新委员会的标题中加入"研究"一词，因为支持吸烟的论点需要科学支持才站得住脚。最后，希尔总结道："科学上的质疑必须继续存在。"

在《贩卖疑惑的商人》一书中，艾森克并没被列入那些以推销质疑为生的人的名单中。然而，他所做的事情，连同塞里和许多与他们一样的科学家,都大大促进了吸烟和癌症之间关联的不确定性。奥尔斯克和康威还说:"在整个19世纪五六十年代,尽管大量科学证据都表明吸烟具有危害性,但报纸和杂志上的吸烟话题更多呈现出大辩论的状态,而没有表现出是一个科学所担心的问题。"艾格尼丝阿姨很喜欢在报纸上看这些辩论报道,也许对她来说,辩论双方都只是假设吧。梳棉工人的统计数据表明,以75岁为基数统计减少几年寿命,开始看起来总是不太可能的。有一天,艾格尼丝阿姨跟我说:"你知道吗?科学家以前认为吸烟会导致胀气(gave you the wind)。这个结论也太好笑了吧。如果结论成立,那么也应该是相反的结论。在风能部(wind department),干得最差的人都是不会吸烟的人。"

尔后,她们就可以开始继续享受吸烟带来的快乐和满足。用我母亲的话来说就是,"这是我们唯一的乐趣了"。每当我回忆起儿时的香烟广告,总是带着恋旧和厌恶的心情。这些都是我童年的记忆碎片。我还研究了一些内容,比如香烟广场舞,总是洋溢着健康、活力,还有最重要的——联结感。在这则美国广告里,香烟都有人的形象,他们都在往一个方向移动。"你会感到孤独无助吗?"广告中隐含的信息是:"吸根烟,你就能和别人建立联结。"

现在,我正在加州圣巴巴拉的海滩上坐着享受。我看见一个漂亮的十八九岁的金发北欧少年正走向两个和他年龄相仿的加州女孩,她们躺在沙滩上,穿着粉色比基尼。他向这两个女孩借火,女孩从沙滩包里拿出打火机帮他点燃香烟,而他则弯下腰,于是,人与人的联结便毫不费力地建立起来了。如果没有烟,他还能这么容易做到吗?他还能拿什么跟这两个女孩搭讪?难道他要说:"你们有地图吗?你们有指南针吗?你们有瓶装水吗?你们有吸管吗?晒完太阳以后你们去干什么?"这些搭讪用语都派不上用场。然而,"能借个火吗"这句话总能让凡事都变得顺利且轻而

The 冲突的演化：那些心理学研究无法摆平的心理冲突
Conflicted Mind: And Why Psychology Has Failed to Deal With It

易举。

我面前的海滩上放着20世纪70年代非常经典的万宝路广告[2004年，布洛克（Bullock）重拍并分析了这则广告]。这则广告的主角是一个骑在马背上的牛仔，他正围捕乱跑的马群。画面中的马有的可以看到轮廓，有的则可以清楚地看到马身。布洛克提出，当你细看时就会发现，马群绝非看上去那么简单。牛仔试图围捕的马群看起来像是人类女性，且具备非常明显的女性特征，身躯柔软且圆润。不过，在后面背景中的马才是最重要的。我认真观察了一下它们的轮廓，发现它们根本不是马，而是狼，是一些嵌入场景中的狼，要是不认真看就很难看出来。心理学家多年来一直在研究这种模棱两可的视觉刺激，这就是视觉错觉其中的一种，图像实际上是两种物体合二为一。这个原理设想，人们对模棱两可的图像可以有不同的诠释，但同一时间只有一种能进入人们的意识。人们通常把这些图形看成马，但实际上它们也有狼的轮廓，而捕捉到这一点的是人们的潜意识。潜意识的理解会影响大脑。背景中的狼含蓄而无意地给人们传达了孤独的信息（狼是孤独的），还有一丝绝望的意味（广告中所有的狼都在向人逼近），但这些都没能进入人们的意识范围。你会如何与他人重建联结？你要如何应对彼时彼刻产生的焦虑？从某种意义上说，这便是这则广告的实质，而香烟能解决这两个问题。香烟能帮助你与人建立联结，也能通过吸烟这一行为表达自己的身份，还能用一种幼稚的行为（如往嘴里含奶嘴或拇指）舒缓紧张情绪，但这种幼稚行为却是社会规则所接受的处理焦虑的方式。

我们都知道吸烟从本质上说是不健康的，烟就是棺材钉，达克当时说得对，即使他认为这只是一个笑话，那么，为什么达克和那些烟民还要吸烟呢？这其中是不是因为对科学数据还存有质疑呢？这些质疑就像烟草公司在烟民心里埋下的种子，他们与权威的科学工作者勾结，而被收买的科学家也没有把这绝非平常的利益冲突公之于世。不过，原因还不止这些。欧内斯特·迪希特早就看出来了。吸烟和世上其他事一样，都是由孤独、恐惧所驱动的。在几十年前，这种恐惧感就被独具洞察的独立心理学实验人员蓄意诱导和操纵起来了。香烟的营销手段就是帮助我们建立联结（"有了 Strand，你就永远不会感到寂寞"），部分原因是"火"这一具有远古时期人们聚集性的无意识象征，另一部分原因则是通过火的分享，人们能感受到快乐且变得不那么紧张。香烟确实能把人联系在一起，只是这种方式不是很好罢了。

我又想起了艾格尼丝阿姨。在加工厂的时候，女工们利用休息时间吸烟，既可以远离梳棉室的灰尘和器械，也可以在那儿相对安静地聊天。如果买得起薄荷香烟，她们就一边社交，一边用薄荷香烟净化自己的肺。那时她们感觉，自己有了 Strand 香烟，或是 Park Drive 或 Embassy 也行，她们就再也不会寂寞孤独，但其实并不是。艾格尼丝阿姨在 60 岁出头就去世了，梳棉室里的许多女工也都在那个年纪离世。但至少，她们都待在一起，非常团结。"梳棉室里的女工""大烟民们""好朋友们"，我母亲总是喜欢这么说，这反映了一种看待问题的方式。不过，这显然不是我的方式。

一些颇具洞察的广告人让潜意识成为焦点，随后又近乎无情地针对和操纵人们的潜意识，只为求得自己的利益。这是对潜意识的正面攻击（尽管它在心理学的学术研究中仍不受待见），而且就像所有冲突一样，肯定有一方会获得胜利，但这一方显然不是看似毫发无伤的普通男女们。他们在当时就深深沦陷，且现在依然如此。对我来说，这就是个可怕的悲剧。

The 冲突的演化：那些心理学研究无法摆平的心理冲突
Conflicted Mind: And Why Psychology Has Failed to Deal With It

总结

- 欧内斯特·迪希特将精神分析理论应用于香烟营销。

- 迪希特并不逃避思考潜意识，而是把它设为研究对象。迪希特认为，我们需要看穿表象，直达潜意识层面。这不仅能治愈神经官能症，还能利用和操纵潜意识进行品牌营销。

- 迪希特建议，如果想了解人们对产品的想法和感受，那么你可不能直接问他们。精神分析学家永远都不会这么做，那样太荒唐了（"请告诉我你的神经症是什么"）；相反，你需要使用更间接或是能激起更强烈情绪的方法。用这种方法做营销，你需要站在精神分析师的角度，但要用营销行业的尺度来分析，不能从表面上理解他们所说的；相反，你还需要了解产品在他们生活中的象征意义，从而诠释他们的想法。此外，还要注意人们的防御机制和投射心理。

- 迪希特提出，相当多的人类动机都是非理性的、无意识的，甚至连人们也不知道自己为什么会做这件事。这一原则意味着，与表象层面的动机相比，大多数人类行为都有更深的动机，如果用对方法，我们就可以找到这些动机。

- 迪希特认为，香烟有许多不同的作用方式。第一，它能让人重拾孩童那样"随心所欲"的感觉。第二，香烟能"为打断工作、忙里偷闲提供合理的借口"。人们像孩子一样渴望奖励——"香烟就是一种我们想给自己多少就给自己多少的奖励"。迪希特认为，应该把这种自我奖励的洞察作为一系列营销活动的心理基础。

- 然而，以上只是他对吸烟本质的部分观察。他的部分受访者也表示，有了香烟，他就永远也不会感到孤独。

- 这联系到了火的原始概念，吸烟时会产生一种温暖的光芒，这能激发起植根在人类进化历史中的远古记忆，让人想起原始时代大家围坐在火种边的安全感。迪希特的一位受访者说，"只要我看到黑暗中有光亮，我的孤独感就消失了……"迪希特还补充说，人们还会用香烟来抵抗寂寞感和孤独感，这点非常重要。此外，"香烟身上那股友善的特质来源于香烟的社交性，人们借助它来结交朋友"。

- 迪希特还认识到吸烟所带来的口腔快感，"它就像性欲和食欲一样，是人类的基础欲望"。吸烟与口欲满足有关，就像弗洛伊德理论中婴儿吸吮拇指一样。吸烟不仅是社会所接受的口欲满足方式，而且传达了强有力的男子气概和性能力的信息。吸烟之所以如此强大，是因为它能同时满足婴儿般的对安全感的需求，又能象征性地传达成年人的成熟信号。

- 迪希特认为，我们要直面吸烟产生的心理冲突，这是非常重要的。

- 迪希特指出，做兼具快感和罪恶感矛盾心理的广告，最重要的任务不是推销产品，而是为其提供毫无负罪感地享受快乐的道德准许。

- 迪希特还辩称，导致癌症的不是吸烟，而是你对吸烟的内疚感。然而，这显然是错误的。迪希特暗示我们，如果可以真的做到毫无负罪感地吸烟（"没有负罪感的乐趣"），你就会没事。

- 烟草公司意欲让人们开始怀疑吸烟和癌症之间的关系，上一条观点便是他们推广的系统性工作。

- 1953年12月15日，四大巨头烟草公司主席会见了伟达公关公司的CEO，计划挑战吸烟致死的科学证据。他们的目标是让公众相信这些对烟的指控"没有可靠的科学依据"，而最近有关卷烟焦油与癌症的报道只不过是博眼球的科学家们进行的"哗众取宠的蓄意控告"。

The 冲突的演化：那些心理学研究无法摆平的心理冲突
Conflicted Mind: And Why Psychology Has Failed to Deal With It

- 英国心理学家汉斯·艾森克认为，吸烟和癌症之间的联系实际上是个性的产物——某些特定类型的个性容易受到压力和香烟的影响，也容易患上癌症。事实上，艾森克通过名为"4号特别账户"的美国地下烟草基金获得了80多万英镑。
- 很多人，包括我的家人和朋友，都被香烟的魅力所吸引。是那些备受尊敬的科学家让他们心安理得地继续吸烟，用奥尔斯克和康威的话来说，这些科学家就是"贩卖疑惑的商人"。这些烟民中的许多人都死于与吸烟相关的疾病。

第 3 章
THE CONFLICTED MIND

认知冲突
关于认知失调的研究

认知冲突:关于认知失调的研究　第 3 章

　　1993 年,对房间里的这两个男人来说是重要的一年。这两个男人,一个是 50 多岁光着膀子的灰发男人,一个是小个子的阿拉伯男孩。此时,在这对奇异的组合面前放着一个磅秤。房间的一角是个庞大的书柜,里面有很多关于爱尔兰历史的书,黑色的封面上都有绿色的爱尔兰国花——三叶草。这个大书柜似乎在告诉我们,其主人是个认真读书的人,他可能是一名牧师,或是一位不那么出名的学者。书柜的对面是一大幅黑罗尔·格雷厄姆(Herol Graham)的照片,照片上是多年前的格雷厄姆,当时的他积极向上,心怀无限希望。他是来自英国谢菲尔德的著名拳击手,能单手把对手的胳膊绑在身后,他可是快要成为世界冠军的男人。

　　回到这两个人身上,灰发男人先上了秤。"12 英石①。轮到你的时候,别忘了我一直警告你的事。"他的爱尔兰土腔像脱脂牛奶一样浓重。那个阿拉伯小男孩假装大摇大摆地走上前来,带着过分自信的谢菲尔德口音说道:"不会有事的,布兰登,别担心。我年轻、健硕,我就是最靠谱的那个。"

　　灰发男人布兰登·英格尔(Brendan Ingle)把目光从磅秤上移开了一会儿,他觉得有必要解释一下。"纳兹,或者叫他'拳击王子'纳西姆·哈麦德(Naseem Hamed)的问题在于,他在拳击场上是个名人,他知道自己

---

① 1 英石 ≈6.35 千克。——译者注

The 冲突的演化：那些心理学研究无法摆平的心理冲突
Conflicted Mind: And Why Psychology Has Failed to Deal With It

很优秀。到他现在的年龄，会不可避免地容易被骄傲冲昏头脑，他自恋，但为什么不呢？我从他7岁起就开始带他，如今他19岁了。他父亲来自也门。我在路上遇到这辆停在学校外面的公共汽车。当时是下午三点，学校刚要放学。有个我以为是来自巴基斯坦的小孩子被困在栅栏前，正和三个白人小孩打架。他们三个都对这个小孩拳打脚踢。当时我就在想，世界其实没什么变化，小时候我在都柏林就常被赶到废墟场。当然，这些人总有理由来挑衅你，比如，'你不是地道的爱尔兰人，你祖父是英国人。''天哪！英格尔是个什么鬼名字啊？'他们总能找到理由。如果找不到，他们就会说，'别以为你兄弟都是拳击手就觉得自己了不起！'因为我来自一个大家庭，我有十个兄弟和四个姐妹。然而，当时眼前的这个巴基斯坦小孩让我印象深刻。我在一英里①外就能看出他的天赋。哪里有人打架，我就会去看，只要保持安全距离，不介入其中，我就能观察他们。我一直对人与人之间的冲突感兴趣，不管是吵架还是互殴。我对人性很感兴趣，当人们吵架和互殴的时候就会展露出人性。我对挑起事端的原因以及它是如何发生的尤为感兴趣。我喜欢看被卷入的人，是谁在自找麻烦，谁是中间人，还有谁在搅局。通过观察，我学到了很多。在那一次，我发现这个巴基斯坦小孩很有天赋。于是，我跑回家告诉了妻子阿尔玛。事实证明，我是对的。纳兹曾七次获得英国拳王头衔，他还曾作为业余选手代表英格兰打比赛。如今他是专业选手了，但即使作为新人，他也赚了不少钱。然而，这还只是一个开始，接下来的一切都要靠自律了。"

---

① 1英里≈1.61千米。——译者注

纳兹走上磅秤

"磅秤可不会说谎，纳兹你要记住……8.9英石。我告诉过你什么？我说什么来着？你还在吹牛，你看昨天吃的那些垃圾！又是炸鱼又是炸薯条，你活该！超重了三磅。我跟你说过很多次了，不好好吃，又不好好睡，你打斯诺克打得太晚了。"

"但是昨晚我把他们都打败了。我把他们都淘汰出局了，你知道我打得多好。"

"好吧，你也许是自切片面包发明以来最伟大的产物，但这就是你的下场。还有两天就要比赛了，你竟然还超重三磅，这么点时间，任何拳手都很难改变，更不用说减轻体重了。你只有不到两天的时间了！这将是你在拳击场外表现的一次考验。"

一个月后，布兰登说："我就知道，纳兹这个小伙子会控制不了自己的体重。那孩子可是在为英国而吃饭啊！他星期一或星期二早上不能吃任何东西。星期二午饭时，我又称了一下体重——我又重了12英石。我向纳兹解释说，等我们到了伦敦，由于一路开车的压力和紧张，我就会瘦下去两磅。然而，这对他来说并不容易。我们住在托马斯贝克特健身房楼上的一套公寓里，我还带上了磅秤。当我们到达伦敦时，我的体重降到了11英石12磅，和我预测的一模一样。纳兹瘦了一磅，但他还要继续减两磅。纳兹的房间温度很低。我把自己房间的取暖设备拿出来让给他。我还打开了他房间角落里的日光浴床。我的任务就是让他尽可能舒服地迎接一场大赛。我对他说，睡觉能减掉近一磅体重。当时我们都饿坏了，但那天我没吃没喝。如果我要激励别人减肥，自己却在吃东西，那样不太好。"

The 冲突的演化：那些心理学研究无法摆平的心理冲突
Conflicted Mind: And Why Psychology Has Failed to Deal With It

"这一夜过得很艰难。床湿湿的，楼下还有人在放披头士的旧唱片。第二天早上，我的体重降到了将近 11 英石 11 磅，这样我又瘦了近 1 磅。现在我都以更小的盎司①作为单位了。我上了个厕所，现在我的体重只比我设定的多了 6 盎司，因为我必须像纳兹一样减掉 3 磅。而纳兹离目标体重不到 1 磅。所以我又去上厕所了。纳兹责怪我喝了东西，他说我一定是偷偷喝了什么。我不断上厕所，体重也不断下降。纳兹完全不相信我这么长时间没喝东西还能如此瘦下去。但磅秤说了算，他也看到我的体重不断下降。他知道我没有作弊，他正在和我一起亲历这件事。但每次我上完厕所后都要再去上秤，向他证明体重减轻了，而且我没有偷偷喝饮料。我们像鹰一样互相盯着对方。我还带他去散步，当我们再称体重时，他已经比目标体重瘦了半磅。从星期一开始，他就没有吃过或喝过东西了，此时已经禁食 36 小时了。称重后，我带他去了一家餐馆，但他的汤和意面都没吃完，这意味着他的胃收缩了，但他感觉很好。那天我告诉他，我对他的评价提高了。每当纳兹进入拳台时都有个小习惯——他会跳过围绳，就像克里斯托弗·尤班克（Chris Eubank）一样，随后他会抓住围绳做一个翻转，然后再在拳击场上做三个空翻。他有点爱炫耀。但那天晚上，我跟他说他只能翻一次，然后他就直接上场了。我告诉他，要在精神上和肉体上打败对手。顺便说一句，他要面对的对手此前保持着完胜的记录。在第一轮比赛中，纳兹三次将他击倒，还在第二轮把他打得站不起来。当晚后来我同他说，没有什么能阻止他拿世界冠军了。我说，'现在还有谁能打败你呢？'他说，'我无人能敌！'我说，'没错。'"

---

① 1 盎司≈28.35 克。——译者注

言行一致 / 说到做到的价值

布兰登和这个阿拉伯男孩摸出了一套相处方式。他不得不这样。他们从约克郡一路走来，在温科班克健身房里经过了一次又一次练习，不过需要介绍的是，他们的缘分来自街道上的偶遇。当时，这家小小的健身房已经培养出四个英国乃至欧洲冠军，还有一名快成为世界冠军的黑罗尔·格雷厄姆。现在，约翰尼·尼尔森（Johnny Nelson）已经参加完整个赛季（或者赛季的大部分，这取决于听谁说的，因为大多数拳击迷似乎觉得他最近取得的成绩没什么价值），而且从墨尔本选手戴夫·拉塞尔（Dave Russell）手中夺下了WBF世界次重量级①拳王的头衔。这个头衔并没有得到英国拳击管理委员会的承认，他们的人都说这是爱尔兰人吹的牛皮。"吹牛皮能做出这样的成绩？"我深感怀疑。

马修今年12岁，有一张老实巴交的大脸。布兰登坐在拳击台旁边的木台阶上。他把马修叫过来问："你来健身房多久了？"马修说："三年了。""你跟杰弗里说说，你在来健身房前的情况。""我当时太惨了，没有朋友，在学校里还总是被欺负。""再告诉他你现在是什么样子。"布兰登说。"这里超级好。我有很多朋友，而且这里没人欺负我。"布兰登听后，把他的胳膊握得更紧了，说道："这孩子不会打架，这么下去他没办法参加战斗。我要教他在拳击场上的计策，教他把对手玩弄于股掌之间，让对方丑态百出。我要树立他的信心。我正在教他，如果有人在街上欺负他，他应该大喊'给我滚'，然后撒腿就跑。我教他生活中的社交技巧。我的任务就是让这些孩子不管是在赛场上还是在生活中，都尽可能安全地度过一生。"

---

① 200磅。——译者注

The 冲突的演化：那些心理学研究无法摆平的心理冲突
Conflicted Mind: And Why Psychology Has Failed to Deal With It

"在这里可能会很苦。我是第一个把黑人带到我的健身房的人。因此，那些极右派民族阵线分子在我的房子上贴满了大字报，还把他们的名字乱写在健身房外车库的墙上。直到现在，你还可以看到这些涂鸦的痕迹。但如今，围攻我的人都走了，而我还在这儿，这就说明了一切。我认识一个国民阵线的大人物，他到最后还娶了一个黑人女孩。所以说他们的观点狗屁不通。"

我们的拳击场上还有五个拳击手，两个是黑人。其中一个是颇有力量的新手，另一个就是约翰尼·尼尔森。还有两个是白人小男孩，可能还不到10岁，最后是一个满脸正经的亚洲小伙，穿着黑色马球衫和黑色运动裤，在对手发起令人费解的无效攻击之前一直企图偷偷靠近。他们轮流对打，但总是打不中。尼尔森先和肌肉发达的黑人新手对打，再和其中一个白人小男孩打。"只有不带脑子的僵尸才会乱打。我受不了拳击手在这种类型的比赛中故意让对手头部受伤。"布兰登说道，然后大喊，"时间到！"五个拳击手都逆时针绕着拳击场慢慢走起来。"在我的健身房，专业选手都和新手一起训练。他们都能从彼此身上学习到新东西。格雷厄姆过去常常站在拳击场，周围的小子都想找机会给他一拳，但从来没有人做到。一切都变了！"拳击手们轻轻地对碰了碰手套，就像准备跳乡村舞一样，然后和另一个伙伴重新开始对打训练。

一个16岁的男孩站在拳击场旁，用绷带包扎着双手。布兰登把他叫过来说："瑞恩，你第一次来健身房的时候多大？"

"六岁。"

"我跟你说了什么？"

"你说，'你会说脏话吗？'"

"于是，我让他把他所知道的脏话都告诉我，如王八蛋、死流氓等。随后，我和他说，'从现在开始，你就不要再在健身房说脏话了，要照我说的做。'你看，他大吃一惊。然后我对他说，'他们是怎么说你家乡爱尔兰的？'他说，'爱尔兰人全都是混蛋。'然而，这个骂人的大混蛋认为这个小伙子三年后会得奥运会冠军。当英国人对我大喊'给我滚，爱尔兰佬'时，我只是提醒他们，在爱尔兰人过来之前，他们都只是在走土路罢了。"

他拿出一本一直放在夹克口袋里的书给我看。上面有关于19世纪爱尔兰问题的政治漫画。"这就是当时英国人对爱尔兰人的看法。这个爱尔兰人总是被描绘成一只不大点的猴子。而盖伊·福克斯（Guy Fawkes）就是爱尔兰人，被画成戴着帽子的丑陋猴子，坐在一桶火药上准备点燃。真是个泼猴杂种。然而，爱尔兰人对英国人来说实在狡猾。我们得过英国超中量级拳王。当我开始带他的时候，我叫他'奥图尔重击手'（Slugger O'Toole）。爱尔兰人是狂热拳击迷，所以我想他们会一窝蜂地去看来自爱尔兰的奥图尔。重击手会穿着绿衣服进入赛场，不脱掉这袍子，他们都看不出这是个黑人。然后，观众们都会大喊：'他不是爱尔兰人！'我就会说，'那又怎样？你以前没见过黑皮肤的爱尔兰人吗？'当他们问我他的真名时，我就会如实回答，'菲德尔·卡斯特罗·史密斯（Fidel Castro Smith）。'反正也没人相信。"

布兰登把瑞恩拉到身边。

"谁是唯一能打败你的人？"

"我，只有我自己。"

"谁会对你负责？"

冲突的演化：那些心理学研究无法摆平的心理冲突
Conflicted Mind: And Why Psychology Has Failed to Deal With It

"我，我自己。"

"对。"

这种演练已成为他们的日常。瑞恩知道我要问他什么问题，而他则知道所有问题该如何回应。这就像教堂里的礼拜仪式。

"有些人认为当拳击教练是一件很容易的事。你只要抽成25%，并让拳击手们自己练就好。然而，事实并非如此。我在孩子们还小的时候就把他们带进来，我得照顾他们。我得帮助他们建立信心。我必须教会他们如何生活，帮助他们扔掉来这里之前学到的垃圾。他们来到这里，脑子里都不知道想些什么。"他把一个有点害羞的男孩叫过来，他留着稀疏的小胡子，穿着一条灰色的短裤。他的女朋友整个下午都坐在体育馆的角落里咬指甲。

"你是哪个学校的，马特？"

"阿伯特龙学校（Arbourthorne）。"

"这是一所什么样的学校？"

"特殊教育学校。"

"你去那儿干什么？"

"因为我是个烂仔。"

"你现在是干什么的？"

"一个机智的烂仔。"

这男孩很爽快，几乎秒答了所有问题。他把马特拉到跟前，两人的脸都快贴上了。

"你刚来的时候不喜欢谁？"

"巴基佬。"

"巴基佬和黑人？"布兰登问道。

"不，我只不喜欢巴基佬。我一直认为黑人挺好的。"

"你现在不喜欢什么人？"

"我现在没有不喜欢的人了。"

"当那个小伙子来到这里的时候，他简直是一无所有，"布兰登说，"现在他已成为团队一员。队里有很多巴基斯坦人。他还和冠军一起训练。再过几分钟，他就要和约翰尼·尼尔森对打了。我能理解这些小伙子。当我还是个孩子的时候，我有如今所说的'学习障碍'。在爱尔兰，我只是个'小混混'。我拼写、阅读和其他方面都学不好。拉丁语和盖尔语都是我的弱项。我现在还只会用盖尔语说，'你叫什么名字？''我叫布兰登·英格尔。''你住在哪儿？''都柏林城。''你有钱吗？''我没有。'我可以背下这些拉丁诗句，但完全不知道它们是什么意思。这些句子早就深深印在我的脑海里了。记忆中，还有个整天拿着皮带的修女魔头，每当我不乖的时候就会挨打。不过，我也从中认识到，精神和身体虐待不能改变人们的态度。改变别人的唯一方法就是和他们对话，只有对话。"

他朝马特喊道："谁是唯一能打败你的人？"

马特穿过拥挤的健身房回答道："我自己！""我的小伙子们总是带着各种问题来找我。而我会对他们说，只要你没杀人，你的问题就不算真正的问题。其他事，我都可以帮你解决。"

他转向擂台上的拳击手。"现在，小伙子们，在下来之前，我想看你们

The 冲突的演化：那些心理学研究无法摆平的心理冲突
Conflicted Mind: And Why Psychology Has Failed to Deal With It

从围绳那儿跳出来。"约翰尼·尼尔森有天赋，轻轻松松就做到了，其他人则有点吃力。"如果他们跳不下去，我就让他们从第二根绳子上跳下去，"布兰登说，"我这么做是为了建立他们对生活各方面的信心。拳击不只是打拳和避开对方的拳头，还关乎信心和生存技巧。"马特正在和约翰尼·尼尔森对打，布兰登对他喊道："马特，如果街上有个脏兮兮的变态走向你，你会怎么说？"

"我会大喊'滚开'。"

"然后怎么做？"

"我拔腿就跑。"

"我在教他们在拳击场内外生存的方法，"布兰登说，"这对爱尔兰佬来说还不算坏的。"

布兰登·英格尔曾自称是位儿童心理学专家，但这不仅仅是为了自己的利益，因为他是如假包换的拳王制造机。1995年9月30日，纳兹在加迪夫橄榄球场（Cardiff Arms Park）的时候，就从史蒂夫·罗宾逊（Steve Robinson）手中夺得了世界拳王的奖杯。约翰·英格尔（John Ingle）是布兰登的儿子，还是纳兹的教练，他说，纳兹在称重比赛中获胜。"正如拳王阿里预测的那样，他会在五轮比赛中击倒'大熊'索尼·利斯顿（Sonny Liston）。当人们刚听到这个预测时，除了他，所有人都笑了。后来，纳兹在称重的时候遇到了史蒂夫·罗宾逊，他直视史蒂夫的眼睛说，'史蒂夫，你会被我打败的。'最后，他并不是偷鸡摸狗地获胜，而是靠实力获胜了。纳兹冷漠的眼神有时挺可怕的。我能感觉到，在纳兹对史蒂夫说话的时候，史蒂夫的内心肯定是崩溃的。我对约翰尼·尼尔森说，'你看，他已经走了。'"

纳兹当时是个年仅21岁的世界拳王。布兰登·英格尔从他七岁起就在谢菲尔德温克班的圣托马斯男孩俱乐部（St Thomas's Boys Club）里的破旧的健身房里给他训练。虽然纳兹很有天分，但他的成功还得归因于别的东西——他和布兰登之间那份特殊的关系，就像父子一样。密集的拳击训练、心理训练，通过这些年来精通儿童心理学的布兰登的教导，他用他过人的直觉，多年的训练经验，不断培养出拳王的体魄和心理素质，而且这些拳王显然都是世界级的。我亲眼见证了布兰登这么多年来的各种至关重要的准备工作，因为我常在健身房闲逛，观察来来往往的人，以更好地融入其中并不断练拳（布兰登常担心我的人身安全。"别让米克·米尔斯把你当打沙包打！"他常这样责备我）。我见证着布兰登的一切计划，看着他带领小伙子们一步步通往世界冠军之路，带纳兹进拳击场训练，以及赋予纳兹那个标志性的、傲慢的空翻入场。翻绳动作是布兰登让所有拳击手练习的动作之一（即便是那些还没参加过职业拳击赛的人）。这是一项他帮助拳击手建立信心的练习，结果确实有效。经过了几个月、几年，在这尘土飞扬的训练场上，我见证了大家实质性的成长。所有训练场上的男孩都知道，拳击手的进场仪式是一个关键的心理战术。

  我总想起戴维·雷姆尼克（David Remnick）在其经典著作《世界之王》（*King of the World*）里描述 1962 年弗洛伊德·帕特森（Floyd Patterson）进入拳击场的姿势，与挑战者索尼·利斯顿争夺世界重量级拳王头衔。

>   他弯腰穿过围绳进入擂台，神情却是偷偷摸摸、紧张兮兮的。他迅速地向四周瞄了一眼，就像小偷鬼鬼祟祟地爬窗，知道自己终有一天会被抓住一样。他的状态很差，扫视着擂台。在一个拳击手身上，很少会见到如此明显的恐惧。

The 冲突的演化：那些心理学研究无法摆平的心理冲突
Conflicted Mind: And Why Psychology Has Failed to Deal With It

结果不出所料，他的对手利斯顿赢了，而弗洛伊德·帕特森在第一轮就被淘汰出局。

布兰登深知拳击手进场的方式会暴露选手内心状态的大量信息，而翻过围绳这一环节就是选手们最重要的保护伪装。拳击手内心可能是颤抖的，但他永远不会让对手看见。只要你做对了，布兰登就会注意到。这种入场仪式需要注意力高度集中和多年的练习，而进场练习是圣托马斯训练场里日常拳击练习的一部分。更重要的是，选手必须专注于空翻动作，这样就不会把注意力放在内心的紧张和不安上，这也许是拳击比赛的关键。

我记得有一天下午，我在健身房看到纳兹正在学一个更吸眼球的新筋斗。布兰登对他说："把胳膊伸直，再弹高点儿。"布兰登当时就有了个主意，这位阿拉伯王子可以乘着飞毯进场，地毯是来自南约克郡的保罗·爱尔（Paul Eyre）品牌的，那样子真像是阿里巴巴来打拳击了！布兰登坐在拳击场旁满是灰尘的台阶上，把这些构想都画了出来。在画里，纳兹盘腿坐在保罗·爱尔地毯上。纳兹指着画问："布兰登，我的粉丝呢？"

"哦，他们坐在这下面呢。"他用钝头铅笔在画纸左下方勾勒出一块黑色阴影，代表观众的位置。"几百名观众正在等着'王子'上场呢。"

纳兹说道："麻烦再画多点观众吧。"

于是，布兰登就在纸上画出更多阴影："够了没？还要不要更多？你这贪心鬼！"他们俩都笑了。

随后，纳兹又紧张起来："那我要怎么从飞毯上下来呀？"

"哦，临近比赛我们再考虑这个问题吧。"布兰登说。他把那张纸折起来放进口袋，让纳兹和我多聊了一会儿。

纳兹深知入场的重要性。他对我说:"如果有人在我面前做这个动作,我就会想,'这人真有信心啊!希望他真的能做到。'"

然而,真正让人印象深刻的是他对所有孩子使用的语言习惯。我们之前已经看到他对马特说的话。"这是一所什么样的学校?"

"特殊教育学校。"

"你去那儿干什么?"

"因为我是个烂仔。"

"你现在是干什么的?"

"一个机智的烂仔。"

布兰登一遍又一遍地问他。马特的回答早已变成再日常不过的对话,直到变成了自己的自动反应。"你现在是什么人?""现在的你是谁?"布兰登会叫其他男孩都跑来听马特的回答,包括纳兹。然后,轮到另一个成员回答。随后,也轮到了纳兹。男孩们的呐喊声响彻健身房高高的天花板,睾丸素和汗水散发出刺激的气味,拳击手套打在男孩们坚实的身上,地板上发出敏捷漂移脚步的摩擦吱吱声。男孩们挺直了身体,背着自己的"诵文",这诵文关乎自我,也关乎信念和祈愿,而其他人则站在周围报以尊重的静默。"我是一个机智的烂仔。""我决不会让别人来欺负我。""我要成为世界拳王!"

布兰登·英格尔从没接受过正规教育,在都柏林的贫民窟长大,受罗马天主教的熏陶,深谙群体和世界的力量,也了解群体影响力的本质。他也清楚让这些小伙子表达自信的重要性,那是一些他们并不相信的事:关于自己("聪明""不带偏见""在社会上聪明地活下去"),关于对手("没

The 冲突的演化：那些心理学研究无法摆平的心理冲突
Conflicted Mind: And Why Psychology Has Failed to Deal With It

人能比得上我""对手其实是个笨蛋""没人能打败我"），或者关于他们的命运（"未来的世界拳王""崭新的纳兹""家缠万贯的百万富翁"），但这要他们说出来，一遍遍地重复，终有一天他们也许就会相信这些事了。当时的马特，真的会相信自己是个"机智的烂仔"吗？当然不信。但我看着他在朋友和伙伴面前说了无数遍，有时我想，他可能会开始相信，不要说是一个机智的烂仔了，至少不会是一个独自在健身房手足无措的蠢货了。不过，这已经带来了非常大的变化——他不再是以前的他了。

布兰登是从哪儿学来的这套方法呢？也许是罗马天主教的教养方式。每次忏悔的开头，人们都必须说："主啊，原谅我，我有错。"哪怕不知道自己罪恶在何处，也必须说自己有罪。然而，如果你的自由意志让自己说了足够多遍以后（实际上没有谁在强迫你这么说），你肯定就是有罪了。于是，你开始相信这句话，自然而然地揪出日常不那么明显的错误，心的罪，疏忽的罪，不洁思想的罪。布兰登家庭所信奉的天主教着实反映了这种基本设定和语言习惯的自动化影响。当然，布兰登的这一举措也是因为卡休斯·克雷（Cassius Clay）①，他的外号是"路易斯维尔大话王"（Louisville Lip），自1964年起他就在去猎熊的大巴上写上了口号："卡休斯·克雷，世界上最出彩的格斗家"，以及"索尼·利斯顿将在八分钟内出场"。他把首轮比赛就击倒的弗洛伊德·帕特森的索尼·利斯顿称为"丑陋的大狗熊"。他写了几首诗来描述赛场上将会发生的事，其中一首如下：

克雷出来见到利斯顿。
利斯顿开始撤退，

---

① 即穆罕默德·阿里（Muhammad Ali），也就是拳王阿里。——译者注

> 如果利斯顿继续撤退，
> 就会瘫坐在拳击台边。
> 克雷一个左旋，
> 克雷一个右旋，
> 看，年轻的卡休斯挑起了战斗。

他预测这场战斗会持续多长时间。正如诺曼·梅勒（Norman Mailer）在赛前所言，如果克雷能摘得重量级拳王桂冠，那么"街角任何一个大嗓门都可以昂首阔步，让人信服了"。如果你战斗力差，那么大嗓门对你来说一点用都没有。克雷清楚语言的力量，因此在这种情况下，他就在索尼·利斯顿面前装傻。他说："利斯顿觉得我有病。他谁都不怕，但就怕一个疯子。"因此，克雷说，他害怕我。后来，克雷承认，在他的职业生涯中，他真正害怕的只有一次，那就是与利斯顿的第一次交锋。"那是我在拳击场上唯一一次感到害怕的时候。那就是索尼·利斯顿。在第一次比赛首局的时候，利斯顿就扬言说要把我杀了。"而卡休斯克雷找到了一种消除恐惧的方法。弗洛伊德·帕特森坦然地表达了他的恐惧——事实上，这是否比史上任何一位拳击手都要坦然，我们不得而知。帕特森将这种恐惧表达得非常清楚：

> 作为职业拳击手，他永远不会忘记被击倒或被对手远远超过的痛苦。在聚光灯下，在几千双眼睛的注视下被打倒在地，人们咒骂他，朝他吐唾沫。他失去的不仅是这场比赛和名声，他渐渐失去的还有自己的未来。这意味着他又一步步退回到自己成长的贫民窟里了。

The 冲突的演化：那些心理学研究无法摆平的心理冲突
Conflicted Mind: And Why Psychology Has Failed to Deal With It

当卡休斯·克雷成为穆罕默德·阿里时，他常常对着自己以及全世界说："我是最厉害的！"因此，不仅是我们，连他自己也开始相信了。他的魅力在很大程度上来自自信，所以他看起来总是战无不胜，多年来一直如此。这就是语言改变历史的力量，它决定了个人的信念结构（belief structure），让看似不可能的事情成为可能。英格尔身上同样拥有这一特质，他在 24 岁时，拳击记录有好有坏，17 胜 4 负。然而，他并没有在自己身上尝试这些技巧，而是用其来训练他人。场馆角落里的纳兹才七岁，他跟来往的人说，自己总有一天会成为世界拳王，使得大家都烦了。后来所有这些评论都并不是那么的正面。纳兹满怀信心，但有点自信过头了。这对如父如子的关系在 20 世纪 90 年代末走向了破裂，此后他们就再也没有说过话。根据记者尼克·皮特（Nick Pitt）的报道，整件事的导火索是纳兹太过频繁地戏弄布兰登，为此他们大吵了一架。纳兹嘲笑布兰登："你赢过什么呢，布兰登？一个子儿都没有！连地区拳王都没拿过。"布兰登显然对此做出了回应，然后纳兹添上了最后一根稻草：

> 布兰登，你知道你的问题在哪儿吗？你从来都不懂得反抗。你这辈子从来都没有勇敢地面对过任何人。总是任由别人欺负。就像上次职业拳击承办人米奇·达夫（Mickey Duff）把你狠狠揍了一顿，你却什么都没做。

皮特说："布兰登对纳兹的话耿耿于怀，好像他否定了他一生所做的事情。"皮特说，这番话非常伤人，因为这番话并非毫无道理，但他没有勇气面对的不是米基·达夫，也不是那些多年来欺负他的人，而是纳兹。布兰登在一定程度上创造了这位小霸王，并任由他欺凌自己。

纳兹称布兰登为"犹大"，因为布兰登和皮特讨论了他们的财务状况及其他问题，纳兹就生气地把布兰登叫成告密的"犹大"。

哪怕是一名虔诚的穆斯林，纳兹也深知这会对罗马天主教徒的布兰登造成了多大的伤害。

2015年，纳兹即将进入纽约州卡纳斯托塔国际拳击名人堂（International Boxing Hall of Fame），那时他希望能和解。哈米德也说，布兰登应该和纳兹一起进入名人堂。纳兹当时说："他培养了那么多世界拳王。和布兰登在一起的时光是非常美好的，也是无价的。"[《星报》(The Star)，2015年6月16日报道]。然而，他们最终也没有和解。

利昂·费斯廷格和认知失调

从布兰登的故事中，我们学到了心理学中重要的一课，即人最终多少都会相信自己所说的东西。在纳兹的例子中，我们也看到了这一心理效应变得过度的警示以及它带来的后果。布兰登·英格尔从来没听说过利昂·费斯廷格，但他们似乎在这一点上不谋而合。费斯廷格在20世纪50年代提出了非常经典的认知失调理论。当认知（"观点、信念、知识……以及对自己行为和感受的认识"）发生冲突时，人会出现什么状况。这里的"冲突"指的是"认知之间并不相称，也就是说，当认知不一致时，我们暂且只考虑特定的两项，其中一项与另一项不相符"。以一个吸烟者为例，他虽然认为吸烟有害健康，但仍继续吸烟。他们指出，吸烟者可能有"与坚持继续吸烟相一致的其他观点、信念或知识，但这种不和谐仍然存在"。

这个理论的实质很简单。他们解释道：

The 冲突的演化：那些心理学研究无法摆平的心理冲突
Conflicted Mind: And Why Psychology Has Failed to Deal With It

> 认知不和谐会产生不适感，相应地，人就会产生另一种压力，试图去减少或消除不和谐的感觉。当人们试图减少不和谐的感觉时，就会观察到这不和谐感的明显表现。人们试图做出的反应可能有三种形式（或者更多）：试图改变一个或多个与认知不一致相关的信念、观点或行为；获取新的信息或信念，以提升现有的和谐感比例，从而从整体上减少失调感；或是不去记起或降低那些不和谐认知的重要性。
>
> （费斯廷格等，1956：26）

回看费斯廷格团队阐述的这一假设，我们还是能注意到许多漏洞。首先是原始假设中缺乏规范，特别是在所谓的隐式量化（implicit quantification）方面。所有观点、信念、对环境的认知，以及对自己行为和感受的认知之间的冲突都会产生不和谐感吗？这些不和谐感对人来说是否重要？当某些类别（"观点"与"信念"）与"对自己行为的认知"发生冲突时，这些认知之间产生的不和谐感是否比其他类别更重要？从更广义的认知冲突概念来说，所有认知冲突都能产生不适感吗？在这种语境下，不适感是否又可做什么解释？这一现象是纯心理的现象，还是掺杂了生理原因？它是连续发生的还是间歇性的？这时间上的维度是否重要？除了上述指定的方法外，是否可以用其他方法观察到不和谐感？毕竟，费斯廷格确实说过，"当人们试图减少不和谐的感觉时，我们就能观察到这不和谐感的明显表现"。如果没有减少不和谐感的尝试，是否就意味着不和谐感就不存在呢？或许它实际存在，但在这行为主义盛行的时代，我们是否没办法推测它的存在？我们也许能观察到冲突中一组认知被替换成其他，但我们就能因此确信这组认知（可以是对自身行为的观点、信念或认知）真的

认知冲突：关于认知失调的研究 第 3 章

发生改变了吗？还是说有可能有社会期许性的影响参与其中（毕竟，大多数人都不希望自己的知行表现得太不统一）？又或者，根据费斯廷格研究团队的观点，个人"获取新的信息或信念，以提升现有的和谐感比例，从而从整体上减少失调感"，但获得新知识需要时间，因此我们得追溯过去任何有关认知失调的知识获取行为，来辨别现存的不和谐感吗？如何将其他获取行为与之区分开来？在陈述我们的信念时，辨别和标记过程的发展和变化，重言式推理会不会不稳妥？最后，费斯廷格等人认为，第三种应对机制是个体可以"不去记起或降低那些不和谐认知的重要性"。换句话说，如果个体能够忘记最初相互冲突的想法、观点或信念，那我们如何才能知道它最初是存在的呢？如何判断其原本存在（或曾经存在）冲突呢？

无论如何，他们还是在 1956 年创建了这套最初的认知失调理论。你可能觉得这还可以接受，毕竟初代理论还有需要迭代和改进的地方。然而，其实证研究实在是从一开始就让人瞠目结舌，特别是他们早期对芝加哥一个邪教的人种志研究。这个邪教是围绕一位名为多萝西·马丁（Dorothy Marti）的家庭主妇而形成的 [为了保护隐私，在书中她被称为玛丽安·基奇（Marian Keech）]。费斯廷格的研究助理秘密调查了这个邪教并撰写了描述报告，根据外来星球的信使"守卫者"说，1954 年 12 月 21 日将会有一场毁灭世界的大洪灾，而邪教信徒们均在等待这一灾难的来临。费斯廷格将当时预言被证明失败时，邪教信徒的反应形象地刻画出来。研究团队有意用认知失调理论帮助大家理解信徒们期望落空后的行为表现，同时，呈现出一个很大的戏剧性冲突：表达的信念（"今晚洪水就要淹没整个世界，但一小部分抱有信仰的人能被宇宙飞船送至遥远的星球上逃出生天"）与显而易见的（且大众皆知的）真实状况（这群芝加哥的信徒坐在自家门口，到最后一秒还在纳闷灾难为何还不来临，是不是自己的手表出现了问题)。

费斯廷格团队是这么说的(他们的话值得详细引用,因为他们的逻辑非常有意思):

> 如果信徒们放弃相信已经落空的预言,不再为所谓的"世界末日"做准备,并回到正常生活,那么他们所经历的认知失调很大程度上就能消除……但行为承诺的信念系统往往非常强大,任何其他行动方针都比这些方式可取。相比放弃信念,承认错误、忍受失调对他们来说也许还没那么痛苦。在这种情况下,认知失调是不能通过放弃信念来消除的。
>
> 另一种选择便是,如果这场邪教运动的成员对预言落空这一事实视而不见,这种不协调感就会减少或消除。不过,包括这些成员在内的大多数人都仍与现实有联系,不能简单地从他们的认知中抹去这样一个非常明确、不可否认的事实。然而,他们可以试着忽略它,他们通常也会去这么做的。他们可能会说服自己,这个日期是错的,但这个预测终究会很快得到证实,或者再定一个日期也未尝不可。
>
> ……事件合理化可以在一定程度上减少失调感。要使事件合理化充分而有效,就需要其他人的支持,以使解释或修正后的解释看起来是正确的。好在,失望的信徒通常可以求助于自己人,他们的失调感和常人无异,他们减少失调感的冲动也与常人无异。因此,有了即将到来的新解释的支持,信徒们便可以从信念与事实不符的震惊中得到恢复。
>
> 不过,无论做出什么样的新解释,对信徒自身来说都是远远

不够的。这种失调的认知太明显了,尽管尝试过将其隐藏起来,甚至是麻痹自己,信徒仍清楚预言错得一塌糊涂,而他们所有因预言而做的准备都是徒劳的。认知失调感无法通过否认事实或将不一致的事实合理化来彻底消除。但有一种方法可以减少残留的失调感:如果能够说服越来越多的人相信这套信念体系是正确的,那么很明显,它终究必须是正确的。让我们举一个极端的例子:如果全世界都相信某件事,那么这个信念的有效性就毫无疑问了。正因为这个原因,我们观察到,在预言失效以后,有更多的人加入了这一邪教。如果改变信念被证明是成功的,那么通过聚集更多的追随者,和同一信念的支持者待在一起,信徒们就能减轻失调感,从而变得不那么难受。

(费斯廷格等,1956: 27-28)

上述论点有很多有意思的地方。或许现在主流提倡减少失调感的方法是改变信念体系本身——"如果能够说服越来越多人相信这套信念体系是正确的,那么结论很明显,它终究必须是正确的"。如果你读过社会心理学文献与评论就会知道,这些文献都强调认知失调理论的重要性,而这一观点被一次又一次提起并反复强调:当期望没有得到满足时,为了应对认知失调的痛苦,人们会做出越来越多改变信念的举措。不过,当然,这不是他们最初的假设。它的引入是为了解释结果与预期不同时的行为,就像芝加哥的邪教徒一样(尽管这些行为预测看起来是在事后而不是事前添加的,而这本书的叙述顺序就是如此)。费斯廷格团队从早期的基督教故事,以及基督弥赛亚在加略山被钉在十字架后使徒们的行为,得出了(存在着争议的)理论依据,这可以被视为信念体系的失验(至少在当时撇开

The 冲突的演化：那些心理学研究无法摆平的心理冲突
Conflicted Mind: And Why Psychology Has Failed to Deal With It

基督教义，有多少人会想到谁会是应许的弥赛亚）。格拉茨（Graetz）推测使徒的心态得出了一些观点，并被费斯廷格引用：

> 他们信念唯一的阻碍就是弥赛亚，他来拯救以色列，把天国之光带到人间，却忍受了可耻的死亡。弥赛亚怎么能受罪呢？弥赛亚的受难让他们非常震惊，这个阻碍必须被克服，这样才能在他身上得到一个完美而快乐的信念。

（费斯廷格等，1956: 24-25）

费斯廷格实际上是在暗示，使徒的布道以及基督教的传播，都是为了减少他们的认知失调。他们放弃了家庭和工作（而成为渔夫）来跟随基督，而如今基督却像一个罪犯一样被钉在十字架上，在十字架上呼喊，然后被埋葬在坟墓里。当然，伟大的基督神学讨论的是基督以死赎世人的罪。而尽管费斯廷格大力强调这个例子，但也认识到基督教故事对作为他理论的测试来说太过"没有定论"了，因为这些是神学的基本争端。因此，他把研究对象转移到一个"邪教"的发展进程中去。有些人认为，费斯廷格想用认知失调来解释使徒的行为是极其幼稚的。

费斯廷格研究团队对芝加哥邪教的论述被认为是社会心理学黄金年代的经典研究。20世纪50年代是研究的黄金时代，而随后的"实验革命"大大削弱了研究者的想象力和天赋（见西尔斯1986年的报道）。费斯廷格说，他和团队"注意到了本地报刊上的新闻头条，标题是《来自星球的预言。克拉里昂（Clarion）星球对城市发来警告，外星人告知郊区居民：12月21日，逃离淹没世界的洪水》"。首先要注意的是，当费斯廷格决定介入这个邪教的详细研究时，邪教与其信仰已经被公之于众，甚至遭到了媒体的嘲笑。这一点非常重要。而那位主妇玛丽安·基奇通过手中握的笔自动书写,得到了外太空守卫者的信息。这些信息来自克拉里昂(Clarion)和谷神星上的"灵性生物"。她最重要的信息来源是萨南达大师(Sananda),而大师随后将自己的耶稣基督身份公布。起初她被这些信息震惊了。她第一次尝试与其他信徒建立联系的时候,结果喜忧参半。据费斯廷格说,她和丈夫讨论了她和外星人的经历,结果丈夫"完全不能接受"。他对妻子说的话一个字也不相信,但任她继续胡闹。不过,玛丽安最终在阿姆斯特朗夫妇身上找到了心灵共鸣,他们曾在埃及担任医疗传教士。阿姆斯特朗夫人在旅途中精神崩溃,随后患上了严重的焦虑症。他们不明白,传教士工作做得那么好,为什么这些心理痛苦还是会发生在他们身上。用他们的话来说,就是"我们最终相信这一定有原因,于是开始寻找"。阿姆斯特朗夫妇从当地一位飞碟专家那里得知基奇的工作后并与她联系。萨南达大师(或耶稣)告诉基奇太太有关克拉里昂星球上的生活(那里天气就像地球一样,但是当天气变冷时,你不需要穿暖和的衣服,因为你的身体会适应温度)。他承诺会从外太空登陆,并与太空人接触,并警告说世界末日即将来临。不过,有一小部分人会被拯救。"我们计划带一些人踏上我们的飞行旅程,最终到达我们的星球。我们准备安排西屋(Westinghouse)六人小组访问我们的领地。"宇航员的首次访问预定在7月23日。基奇太太被告知中午要到莱昂斯空军基地见证飞机降落。于是基奇太太、阿姆斯特朗夫妇和一些他们的朋友及时赶到那里,选了一个能看清跑道的好位子,以便看飞碟降落。他们还带了午餐,等啊等,终于看见路上走来一个人。基奇太太给了他一些食物,但他谢绝了,继续往前走。他们仰望着天空,花了两小时寻找飞碟。结果什么也没有,他们都很失望。但没过多久,10天后,基奇太太又收到萨南达大师发来的另一条心灵感应信息,告诉她,

The 冲突的演化：那些心理学研究无法摆平的心理冲突
Conflicted Mind: And Why Psychology Has Failed to Deal With It

他本人就是那个拒绝接受三明治和果汁食物的陌生人。基奇太太感到"狂喜，远远超过了对预测失败的失望感。因为虽然他们在克拉里昂没等到飞碟，但她得到了一份更大的赠礼：她看到了耶稣（当然，是在另一个身体里，而且是乔装打扮的），和他交谈，并做了一个简单的基督徒的行为——向任意一个平凡的陌生人提供食物"。据费斯廷格说，"她深信自己是被特殊选中的人，她听到的声音和她感觉到的存在是真实的、有效的，是超然于世的生命的本质——她是卑微众生的早期载体"。基奇太太对自己的能力越来越有信心。她每天要花14个小时接收来自外太空的信息。天启的消息很快就传来了。美国的大部分地区将被洪水淹没，法国、英国和俄罗斯都将像亚特兰蒂斯一样被淹没。阿姆斯特朗教士清楚他有责任"告诉全世界"，他给美国的编辑和出版商们发了50份公开信，警告他们接下来会发生的事，但没有提及具体日期。人们对此的反应"非常小"，大约只有十几个人对此产生了兴趣，不过这也促使了费斯廷格团队的两位作者前去拜访。他们安排了两对心理学和社会学学生作为秘密观察员加入这个小组。第一个男观察员讲了一个杜撰的故事，说他家里的车上坐着一个鬼，从而加入了这个团体；另一位女观察员也被接受入组，她讲述了一个出现在梦里的"心灵体验"，这其实是她"完全虚构的梦"（费斯廷格强调）。对于这些情绪不稳定和脆弱的人，阿姆斯特朗用足够的细节来加强这一幻想出来的信念（毕竟，阿姆斯特朗先生将基奇太太视为玛利亚，也就是耶稣的母亲，因为阿姆斯特朗夫人还没有从精神崩溃中恢复过来）。这位女观察员说，她梦见"自己站在一座小山脚下，山上站着一个男人，周围有一圈光芒。此时到处都是汹涌的洪水，那个男人伸手把她拉到安全的地方"。对此，阿姆斯特朗夫妇的结论是，她是上级"派来"的人。

此时，已有两名人员渗透到这个"对组织有高承诺保证"的八人小组里了，这两名观察员显然对各种杜撰的幻想故事准备充足，以便获取加入这个狂热小组的资格。单从小组人数来看，我们不能忽略这两位观察员对组内动态的影响。然而，当你再观察那些核心成员的某些行为时就会发现，他们的影响力比其他成员更大。作为小组参与者，他们都被寄予承担重要角色的期望。例如，有一天晚上，他们要求其中一位观察员（当然是便衣形式）领导小组。费斯廷格说，这位观察员要求他们做20分钟"严肃沉默"的冥想。突然，小组里的正式成员伯莎·布拉斯基（之前接受过美容师培训）开始喘着粗气，上气不接下气地说："我听到了！我听到了！"基奇太太如今在与外星沟通上有了一个竞争对手。萨南达大师现在也会通过伯莎来传达信息了，但是以语言的形式，而不是自动写作。需要指出的是，基奇太太一直想通过语言的力量与外星沟通，而现在这种力量已被人抢先一步夺去了。现在萨南达的消息接连不断，尽管阿姆斯特朗教士不认为这些信息有很大意义，除了"萨南达"这个信息，他通过艾奥瓦州的波兰美容师伯莎之口告诉组员，她现在实际上是这个小组的领导者。现在，这才是重要的。伯莎解释道，透过她说话的，实际上是造物主本人，而不是萨南达，由此她的地位迅速上升，踩在了基奇太太之上。现在，他们联系到了造物主，从那天晚上一直到第二天早上，他们都在不断确认世界末日的时间（仅是为了安全起见）。造物主在日期上有点模糊，但有一件事很清楚——"今晚，你们在造物主前，他选择了最伟大的伟大先知伯莎，不管她曾经或未来是谁。"现在，伯莎成了领袖，毕竟造物主是这么说的。不久后，阿姆斯特朗教士又从另一种媒介中发现了自己独特的天赋：

The 冲突的演化：那些心理学研究无法摆平的心理冲突
Conflicted Mind: And Why Psychology Has Failed to Deal With It

> 他会释放力量，释放一束光。他也能营造一种气场。届时，他体内各个细胞都会被充上电磁力，让他免于死亡或任何疾病。在逃难的飞船上完成。
>
> （费斯廷格等，1956: 104）

就研究的进行方式来说，不难看到这四名观察员（两组中各有两名）对这种邪教的动态研究有多么重要。毕竟，每个人都表现出各自"有趣"且高度相关的通灵技能和超自然个人经历，但这些完全是虚构出来的。与此同时，组内的其他成员则用尽一切可能的手段谋求自己的地位，包括通灵上帝本人或外太空先知的声音，以支持自己的主张。观察员肯定比其他小组成员表现得更稳定（他们怎么可能不呢）。伯莎代表了造物主所说的话，她不断地提醒着组员她作为领导者的重要性，还一时心血来潮篡改了底层意识形态的某些方面（造物主通过伯莎之口，建议这个素食主义小组从此吃肉）。她告诉大家在能掌控的基础上辞掉工作，因为"离末日到来的时间不多了"。她还常常会说出毫无任何意义的话。这些观察员则成为各自小组的中坚力量（不一定是宗教意义上的，但也可能是这样）。同时，伯莎在现实生活中一直想要一个孩子，造物主指引她说，她将会诞下新的基督，而如果她丈夫继续威胁她去看精神科医生，从而证明她是疯子，那么造物主将会给他重大打击。在某些会议上，有10名真正的小组成员和4名观察员，他们都在假装成另一个人，并且显然都相信组员所传播的妄想信念，沉浸在这连环欺骗中，并在这个开创性的心理学案例中认真做好笔记。基奇太太看起来"越来越确信她家受到了不友好的监视"。这似乎又是一个偏执的想法，但至少在这一点上，她判断得挺正确的。

甚至，连费斯廷格等人也注意到了这一点。

认知冲突：关于认知失调的研究　第 3 章

> 尽管莱克城的观察员来访时给基奇太太讲了一些相对普通、没有什么异国情调的故事，她后来还是学阿姆斯特朗夫妇对待学院村来访的观察员一样，利用起这些人的来访行为。她的想象力多少有点夸大了当时的情况。第一位观察员来拜访后不到一个星期，基奇太太就向其他成员解释说，有个女孩来到她家门口，心烦意乱，激动万分，紧紧攥着她的手，恐惧得说不出话。女孩不知道自己为什么会来，显然她是被外星守卫者"遣送"来的。然后，基奇太太又说，有一个男人也来过电话，他也不知道自己为什么会打过来，他感觉很迷茫、不安，对自己的人生使命感到困惑。她不仅描述了观察员的困惑和情绪化表现，还表达了自己对这些来访者的热情回应和安慰。她的叙述被阿姆斯特朗夫妇在学院村复述了一遍，就像观察员的来访经历在莱克城（Lake City）也被复述了一遍一样。在这两次观察员的来访案例里，他们的来访过程都为了说明"现在有许多奇怪的事情发生"。
>
> （费斯廷格等，1956: 242）

然而，不仅是大家上门拜访的故事被添油加醋那么简单（毕竟，有哪些学生来到导师家里，不会一脸"困惑"和"对自己的人生使命感到困惑"呢），问题的关键在于他们对这件事的理解。要是耶稣本人准备在某天夜里与他们会面，这至少可以理解为信仰，而一群礼貌而明事理的心理学和社会学的学生，作为团队的一部分和真正的信徒一起生活，与他们分享个人心灵体验，连真正的信徒都愿意和他一起等待世界末日。可这些观察员常常又转身躲进洗手间里，偷偷记录下这一切。这就远远超出信念范畴了。

The 冲突的演化：那些心理学研究无法摆平的心理冲突
Conflicted Mind: And Why Psychology Has Failed to Deal With It

世界末日快到了，当时时间是 12 月 20 日上午 10 点左右，基奇太太收到了大家翘首以待的消息。上面写着：

> 到了半夜，你们会被安排上一辆停车场里的汽车，到时候会送你们到一个地方，然后进入登机口（飞碟），你们到了那里就能看到。到那时，你们这些幸运儿就忘记那些没来的人吧。他们没有被召唤，他们只能听天由命。不要让应该来的人爽约，到时候你就说："你有什么问题？"……你们无论何时都不要开口问话，也不要让计划偏离，你们要开心且幸运地成为上帝的宠儿，并准备好接受进一步的指示。
>
> （费斯廷格等，1956:159）

最后一刻就要来了：所有的等待和准备都已完毕，再过 14 个小时，他们就会被飞碟接走。费斯廷格等人评论道："这条信息给信徒们打了一剂强大的定心针。他们就想知道将会发生的事情和发生的时间。现在，他们可以安然自在地等到半夜。他们胸口的大石落下来了，于是平静而闲散地度过了这一天。"随后，费斯廷格讽刺地说：

> 当 15 岁的学生亚瑟·卑尔根（Arthur Bergen）在下午迟来时，告诉大家他母亲威胁他说，如果没有在凌晨两点前回到家，她就会报警。信徒们则带着微笑向他保证，不必担心，到那时他们已经坐上飞碟了。

在最后的几个小时里，萨南达大师和造物主都通过基奇太太和伯莎传达出了几项突发的活动。萨南达和造物主给出了不同的指示，基奇太太和

认知冲突：关于认知失调的研究　第 3 章

伯莎费了好大劲以确认他们是否和之前写下的团体指示一致。基奇太太把萨南达的话写下来，然后与造物主核对；造物主则把指令说出来，他们又要求耶稣的确认。这一定让人摸不着北，因为这两位伟大先知的跟随者都在争夺注意力和统治地位。记者们不停地打进电话，但都以"无可奉告"被拒绝了。与此同时，这群人正在把衣服和鞋子上的所有金属都拿掉——这显然是萨南达和造物主一致的要求。但到了最后一分钟，仍出现了骚乱：

> 阿瑟·卑尔根突然想起鞋上有金属鞋头，他想剪下来可是已经太晚了。众人此时洋溢着兴奋的情绪，随口建议他只要在进飞碟时松开鞋带，脱下鞋子就好了。在 11 点 35 分左右，又有个人，他就是这本著作的作者之一，跟大家说，他没有剪下裤子上的拉链。这一消息又引起了大家近乎恐慌的反应。他被匆匆抬进了卧室，阿姆斯特朗医生的双手颤抖着，眼睛每隔几秒钟就会飞快地瞥一眼时钟，他用剃须刀片割开拉链，用钢丝钳拧开锁扣，弄完已经 11 点 50 分了，只能潦草地在裤子上缝几针，否则就太晚了。午夜就要到了，每个人都必须准时做好准备。
>
> （费斯廷格，1956: 162）

请再次注意，小组潜伏的观察员不只是被动的观察者，对正在发生的事情或预计要发生的事情（显然是妄想出来的）毫无影响。在最后关头，他跟大家说自己还有拉链的时候，整个小组都快要疯掉了。他将小组推到了情绪高潮。

在最后的 10 分钟里，他们把大衣搭在腿上坐着，等着。此时，实际

The 冲突的演化：那些心理学研究无法摆平的心理冲突
Conflicted Mind: And Why Psychology Has Failed to Deal With It

上有五名观察员在场。房间里有两个钟，其中一个走得快一些。当较慢的钟声敲响午夜十二点时，基奇太太叫道："计划没有偏离！"没有人说话。过了五分钟，伯莎说，造物主宣布要稍微推迟一下。到了十二点半，造物主要宣布一件堪称奇迹的事：睡在另一个房间里的基奇先生，晚上九点就入睡了，他先会死去，然后复活。小组成员反复查看他是不是已经死了，但他仍然呼吸正常。造物主（通过伯莎说话的造物主）至少是具有大智慧的。他现在解释说，基奇先生的死亡和复活实际上已经发生了，但只发生在精神层面上。他现在在精神上是活着的，而刚才他不是。最后，在凌晨两点半左右，耶稣（或萨南达）借基奇太太说，让大家喝杯咖啡休息一下。

现在，终于有一些时间来反思了，接下来发生的事情就是认知失调理论的核心了。而观察员们在接下来发生的事情上又起到了推波助澜的作用。费斯廷格指出：

> 为了回应观察员在休息时间催促的信息（那个关于宇宙飞船着陆的信息），造物主声明过，任何想要查找这条信息的人都可以……他找到了这条信息，并大声朗读给大家听。于是大家迅速开始第一次重新解读认知。黛西·阿姆斯特朗（Daisy Armstrong）说道，这个信息当然必须具有象征意义，因为我们要坐进停放的汽车里，但是停着的车不动，所以大家并不会去到任何地方。

（费斯廷格等，1956:167）

于是，他们得出结论："停放的汽车"是他们的身体（当然是在午夜的时候），"飞碟"就是"小组中（可能除了五名研究人员）每个成员的内部光线"。

重要的是，其中一名研究人员用实际行动触发了人们对重新解释预言的探索。他积极地维护着这个群体中的妄想信念体系。基奇太太崩溃了，对着大家失望地啜泣起来，但其中一个观察员在门外与阿姆斯特朗教士聊天，他反馈说，自己的话提升了阿姆斯特朗的士气："他欢快地回到小组成员身边，并让基奇太太明显镇静了下来。"基奇太太振奋起来，开始从耶稣的另外一条消息中寻找关联，灾难已经被叫停了，因为"这一小群人整夜的静坐带来了曙光，因此，上帝把世界从毁灭中拯救回来了"，甚至还离谱地告诉报社这一圣诞节间的好消息。这是她第一次直接向新闻界发表讲话。

她从耶稣处得到下一个消息：圣诞前夜，他们要聚集在她家里唱圣诞颂歌，届时还会有外星人前来拜访。她将此事告知了媒体，还邀请了公众，大概是作为最近与媒体交流的手段之一吧。当然，平安夜并没有什么外星人来访，尽管阿姆斯特朗教士在一次报纸采访中说，这些外星人有可能是"乔装"进来的。当天晚上等待飞船在洪水前将其接走的11名组员中，有6人坚持自己的信念，甚至心中的信念变得更加坚定了，有5人要么放弃了自己的信念，要么心怀巨大的怀疑——后者中就有伯莎·布拉斯基，她可曾是造物主的代言人，但也许在一个名誉扫地的群体里当老大并不会给她带来什么好处。

从对外星人、洪灾和天启失验后的心理反应来说，费斯廷格着重强调了邪教成员为维护自己的信仰而采取的积极主动的举措，其中最重要的是对外公布和对内信仰的改宗行为。对外的改宗行为体现在从之前的哗众取

The 冲突的演化：那些心理学研究无法摆平的心理冲突
Conflicted Mind: And Why Psychology Has Failed to Deal With It

宠到"对媒体态度的急剧变化"（我暂时忘记阿姆斯特朗教士在远早于心理失验前就和新闻媒体方有直接接触了），以及"这个群体在12月21日最主要的期望发生失验后随即能促生出合理化的解释"。合理化的解释就是，这些真正的信徒通过自己的行动拯救了世界。费斯廷格做出的基本假设是：

> 如果能够说服越来越多的人相信这套信念体系是正确的，那么结论很明显，它终究必须是正确的。让我们举一个极端的例子：如果全世界都相信某件事，那么这个信念的有效性就毫无疑问了。正是出于这个原因，我们观察到，在预言失效以后，有更多的人加入了这一邪教。如果改变信念被证明是成功的，那么通过聚集更多的追随者，和同一信念支持者待在一起，信徒们就能减轻失调感，从而变得不那么难受。

（费斯廷格等，1956:27-28）

不过，有几点需要说明。第一，新闻媒体正变得越来越哗众取宠，越来越具有侵入性。要是能直接和它们谈话，想必是极好的吧？毕竟，许多人在媒体的穷追不舍下最后屈服了，即便没什么消息可说，他们还是同意与媒体对话。因此，邪教小组成员最终接了媒体的电话。他们的情况又和其他人有什么不同呢？第二，如果在那个决定性的夜晚，在关键的午夜过后，研究人员没有让基奇太太重新兴奋起来，那么这种通过媒体进行的传教还会发生吗？假如当时任由基奇太太哭天抢地，让她从当晚事件中醒悟，又会如何？她又能否有如此足够的人格魅力来讲述整个事件，并让媒体为之落泪呢？又假如那位研究人员没有敦促大家对当晚的事情进行重新

认知冲突：关于认知失调的研究　**第 3 章**

解释，又会如何呢？用更直白的话说，研究人员的行为真的没有对整个事件结果起到至关重要的作用吗？由于改宗的想法是作为先验假设提出的，因此观察员难道没有影响现场实验的结果吗？第三，我已经说过，那四名（有时是五名）研究人员（相比其他人来说）的确在事件中成了重要和"稳定"的成员，编造的故事成为这小组的一部分（因此严重违反了研究的道德原则，包括民族志研究的原则），这四或五名研究人员是局外人，是从更远的地方听闻这个群体的消息。这对邪教组员来说，用正确的改宗形式来吸引"正确的"的人，这难道不是应该警醒的教训吗？费斯廷格似乎在某种程度上承认了一些相关事实，但依我看来，结论却没什么逻辑。

> 因此，毫无疑问，在规模相当小的团体里注入了四名观察员，在 10 天之内确实对已有成员的信念产生了影响。在学院村和莱克城里，鲜有人会去专门做调查，也不大可能见到什么新面孔，尤其是当大众对这套信念体系非常冷漠的时候，这四名观察员就出现在他们面前了。最重要的是，这四名观察员并不是通过任何共同的朋友或熟人与已有的群体成员产生关联，因此他们这样直接出现，与人们最常见以及一般所预期的成员收录渠道的差异显然很大。
>
> （费斯廷格等，1956: 243）

当然，阿姆斯特朗夫妇认为研究人员是"由'守卫者'派来的"，这进一步证明了守卫者在地球上照顾着我们。不过，我们再次看到，这些局外观察员对小组假想的信念体系的发展和维持的关键程度，甚至他们的到来也做出了贡献。研究人员还相互秘密分享了自己的笔记，这意味着到最

The 冲突的演化：那些心理学研究无法摆平的心理冲突
Conflicted Mind: And Why Psychology Has Failed to Deal With It

后他们能得到以往从一般渠道所无法获知的信息。基奇太太本以为的这个组员的全知全能来自他们和"守卫者"的直接接触，殊不知这只是混入小组做研究的几个虚伪研究人员合作交流的副产物而已。同样，研究人员的行为和背景对整个事件的结果真的没有重要影响吗？如果是这样，那么这对认知失调的概念，以及在群体中拥有足够社会支持的个体采取的积极而直接的应对措施，又有什么作用呢？

费斯廷格在书的结尾处说道：

> 整个调查都需要秘密进行，不暴露研究目的，假扮因相信信念体系的正确性而单纯感兴趣的个体，并且在团体中扮演消极且没有形象力的角色……而信念失信所造成的显著影响就足以为我们提供明确的结论了。

（费斯廷格等，1956: 252）

不过，我认为，研究人员在这个群体中并没有安守被动和默默无闻的成员角色。在某些重要的时刻，我相信他们的某些行为对接下来发生的事情起到了重要作用。因此，我认为，这样所得的行为失信影响的结论远比费斯廷格让我们相信的要弱，更何况是在这群高度脆弱、极易受骗和非常不典型的群体里所做的研究呢！

费斯廷格的《当预言失败时》（*When Prophecy Fails*）是一本详尽的田野调查，在众多学者眼里，这本著作很容易让人回想起社会心理学的黄金时代，这是一本在这个领域被公认的经典之作。认知失调理论观点随后得以发展，并在1957年被记录在第二本书上。在我看来，这本新书有一种转变的意味。在第一本书出版一年后，费斯廷格在第二本书中又想以同样的基本理念，勾勒出一个更宏大的认知失调"理论"。"失调的存在会在心理层面上造成不适，这将导致人们努力减少失调现象，重新实现协调感。"费斯廷格认为，"失调本身就是一个激励因素"，当失调出现的时候，人们就会出现行为的改变，"这是一种减少或消除失调非常常见的调节方式"。当然，态度、观点和信仰也可能发生变化。和之前一样，费斯廷格还是将认知失调定义为"认知之间不恰当的关系"，所以他得出这样的假设（也确实是这样）："如果有机体的行为发生变化，那么其认知元素或与这种行为相对应的元素也会发生变化。"不过，肯定也有这种情况：行为和信仰可能存在分歧，却没有出现失调现象。比如，有人表现出强烈的环保信念，以及强烈的低碳信念（毕竟这是显而易见的外显认知），但他们在日常逛超市的时候，扫过产品的前几秒钟时间里，他们的潜意识却很少注意包装上的碳足迹标签，而在结果上，也鲜有做出低碳的选择。他们会遭受心理失调的折磨吗？这种"激励"因素是否导致了他们的行为发生改变？是否应该注意我们全方位无死角的行为举止，包括买东西时影响视觉注意力和商品选择的那些一瞬间的自动化行为？说真的，选择实在没有什么区别的产品，与我们内心气候变化的态度和消费观念的匹配性真的有很大关系吗？这真的会像费斯廷格假设的那样"心理不适"吗？费斯廷格理论的问题在于，其假定行为与行为认知/知识之间存在密切联系。的确，这是这个理论的核心，但在我们的行为中，还有许多方面我们好像还了解甚少。如果是这样，那么我们为什么要预测态度与行为冲突之时会出现认知失调呢？如果没有失调表现，我们又为什么要预测行为的变化？

强制服从

在费斯廷格1957年出版的书中，有个著名的强制服从研究，其中"强

T_he 冲突的演化：那些心理学研究无法摆平的心理冲突
Conflicted Mind: And Why Psychology Has Failed to Deal With It

制服从"这个术语很有意思，是指"没有经过个体接受的公共服从的简称"。

费斯廷格的研究无论是从理论还是执行上来说都非常简单。如果有人要你去说你不认同的东西（如"我喜欢漫画书"），要么给你丰厚的奖励（如100万美元），要么设置非常严重的惩罚（如"开枪毙了你"），那就几乎不存在认知失调。可是，这会产生什么样的心理影响呢？首先，你很可能会因为奖赏或威胁而深化这种行为，但这不会影响你对漫画书的基本态度。费斯廷格写道：

> 的确，你会在心理上有些许不和谐感，因为你说你喜欢漫画书，其实你并不喜欢。然而，有一件非常重要的事与你公开说出的这些话一致，那就是你知道会有钱将落入你的口袋。相较之下，这点心理不和谐感就可以忽略不计了。
>
> （费斯廷格，1957:91）

同样地，当人们受到枪支威胁的时候，费斯廷格做出了这样的解释：

> 当奖励或惩罚变得没那么重要时，违抗内心带来的不和谐感就会增加。如果奖励或惩罚勉强足够引起公开的行为或表达时，就可能会产生最大的不和谐感。
>
> （费斯廷格，1957:91）

费斯廷格团队所做的研究似乎想去证明，这种方法确实有效改变了人们的潜在观点。他们设计了许多实验，目的是准确定量最低限度的激励来获得行为上的顺从（如说出或写下一份违背自己意愿的声明），从而产生最大的不和谐感,或是对潜在观点和态度产生最大的影响。

这个认知失调理论被一些人认为是社会心理学中最伟大的成就之一。不过,仍有几点需要指出。第一,与等待末日洪灾到来的信徒不同,费斯廷格声称,当预测的事件没有发生时,信徒们会尽一切可能坚持自己的信念。而有关强制服从的研究表明,人们可以轻易改变潜在观点、态度和信念。事实上,在信徒们的案例中,他们已为更多的不协调感(心理上的明显不适和公众的嘲笑)做好了准备,以维持他们的信念。而在这个新研究中,用微小的奖励让人们说出违反自身态度的声明(counter-attitudinal statements),即反态度声明,从而让信念得到改变。第二,在信徒的案例中,很多信徒都说出了显然违背自己内心的话语,包括核心人物基奇太太。比如,当外星人没有出现时,她表达了自己的失望和让小组成员失望的悲伤情绪,一副"都是我的错"的愧疚模样,只不过随后因卧底观察员的鼓励而重新振奋起来。这并不是因为有任何巨额奖励或惩罚,而是由日常社会互动的微小需求驱动的,因为人们对自己的行为负有个人责任。她确实表达出她对由自己写下的失信预言感到失望,但费斯廷格则认为,她内心深处的态度和信念依然完好无损。事实上,他甚至没打算将两者联系起来。当然,这只是日常生活中的一个小例子。我们在公共场合,因为无数(细小而微妙的)社会原因而在谈话中说出许多事,比如,被挑衅、想表现得与众不同、为了融入团体、为了表达是否同意,或想脱颖而出,或是维持或结束对话。我们可能会说很多事情,但我们的观点肯定不会因为要去适应这些("强制服从")的话语而接受改变。费斯廷格是否真的预测准确了呢?比如,在仅仅因社会需求的引导而说出挑衅的话语时,我们的观点会发生改变吗?有人会不辞辛苦地专门去注意自己在日常交流中出现的不和谐感吗?

冲突的演化：那些心理学研究无法摆平的心理冲突
Conflicted Mind: And Why Psychology Has Failed to Deal With It

当然，费斯廷格理论结论的解释受到了许多研究者的质疑。本姆（Bem）于1967年提出，认知失调主要是一个自我知觉的议题。特德斯基（Tedeschi）研究团队于1971年指出，参与者的印象管理是关键。格林沃尔德（Greenwald）和罗尼斯（Ronis）于1978年指出，他们的行为就是通过维持内心的一致来保有自尊而已。不过，很少被提及的一个重要警告是，那些被鼓励说与自己基本信念不一致的话的人所受到的失调痛苦不一定大得非要去解决。费斯廷格在其书的最后一章提出了这个问题，他写道："对某些人来说，认知失调是一件极其痛苦和无法忍受的事情，而有些人似乎又能够忍受巨大的认知失调。"换句话说，对于一些个人（或甚至对很多人来说），他们可能会说一些自己不相信的话，但并不会出现需要处理的失调不适感，因此也不会有行为改变（这非常有意思，尽管他仍想说"失调"现象仍有显现，而他此前把失调定义为"心理上的不适"，但这个定义显然不适用于上述事例）。

还有一个问题：如何表达你违背内心的声明很重要吗？我暂时把话题拉回谢菲尔德健身房，我看到孩子们排着队向布兰登·英格尔自白，告诉大家他们现在就是"赢家"，而他们即将到来的对手是"无名小卒"。他们走完这一流程，我在他们眼里看到的都是他们一个字也不相信，这仅仅是布兰登的"循循善诱"让他们这么做罢了（根据费斯廷格的说法，这是改变态度的完美方式）。在这其中除了缺乏信心外，还有别的原因。他们的话语听起来像是例行公事，小组成员的目光聚焦也没有变化（因此让人联想到谈话本身）。要么全对要么全错。而对于纳兹来说，情况又有不同。他说了那些话，并开始相信这些话，在他以世界拳王的身份被他人打败并受到羞辱之后，他仍然努力坚持自己是最特别的。这当然要比我们相信的费斯廷格认知失调理论复杂得多。

总结

- 费斯廷格提出，当我们所说的和所做的之间出现冲突时，就会产生认知失与"不适感"。随后，便会出现一种压力，意欲减少或消除不和谐感。

- 费斯廷格提出，人们试图改变一个或多个与认知不一致相关的信念、观点或行为；获取新的信息或信念，以提升现有的和谐感比例，从而从整体上减少失调感；或者不去记起或降低那些不和谐认知的重要性。

- 费斯廷格对芝加哥的一个邪教组织进行了详细的观察，这个组织一直在等待一场大洪灾，而他们会乘坐宇宙飞船被送往另一个星球。这项研究有一批秘密观察员潜入邪教组织内部。然而，外星人从未来过，大洪灾也没来过。据费斯廷格说，在预言失败后，邪教成员通过提升改宗人数来应对认知失调所产生的不适感。观察员对邪教成员在特定时期的行为可能起到了重要的作用，因此这项研究的结论可能会遭到质疑。

- 费斯廷格还通过实验研究了认知失调。如果要求你为一个你不同意的观点做出公开支持声明（违反自身态度的声明），并且没有得到任何巨大的奖励或威胁，那么你会改变自己的态度以减少不和谐感。

第 4 章
THE CONFLICTED MIND

表达的冲突
关于双重束缚的研究

表达的冲突：关于双重束缚的研究 第 4 章

我很想念她，她也是这么对我说的。她警告过我，我不可否认。"母亲应该是第一位的，你会后悔没常带我出去的。"我母亲常常这么说。听完，我会不由自主地感伤流泪。"我对你来说不重要，我想你关心路易斯多过关心我。"

路易斯是我的拳师犬，也是招致嫉妒和怨恨的对象。我母亲常说："真不敢相信你会让那只狗亲你，弄得你全身口水。"我一直认为，这种抱怨更多的是出于嫉妒，而不是出于对个人卫生的担忧。有时我甚至觉得路易斯感受到了她的怨恨。

我每天下午都会给她打电话。我会坐在明亮透气的办公室里，透过磨砂玻璃，我都能感觉到学生们在走廊中的欢声笑语在这个忙碌而自私的世界回响。而她则会在正午时分，在厅里独自呆坐在电视机前。从加工厂退休后，她就非常想念从前的工作和自己的前单位，她从一开始就不想退休。办公室外传来的欢声笑语，听起来就像是我在参加派对。她会说："我已经没有生活了，我只是在苟延残喘罢了。我一整天都感到孤独寂寞，而你呢，却在那里享受生活。"

我能感觉到那种早已料到却无法避免的强烈负罪感。即使有充分的心理预期和心理准备，这种感觉也不曾减弱。我有自己的生活、家庭、孩子，有自己的事业和繁忙的工作，而她永远都不会了解大学的工作，也

The 冲突的演化：那些心理学研究无法摆平的心理冲突
Conflicted Mind: And Why Psychology Has Failed to Deal With It

不知道我是如何建立起自己的事业的。她常问我："你什么时候才能回来？"我只能说："真的没有时间，除非我去做讲座或上督导课，但我必须把事情做完。这里竞争实在太激烈了。"

"所以，你想什么时候去上班都可以，却很少来看我。如果我是你，我会感到羞愧的。"我尽量常回家看她，她也会在圣诞节、复活节来看望我，每年七月还会在我家待上半个月，但这是远远不够的。当我真去看她的时候，我还常会带着一台电脑。每当我在前门掏出那台大容量电脑的时候，就燃起了回家后第一次争吵的火苗。"你是来看我的，不是来工作的。把那该死的东西收起来，不然我就不跟你出去了。"

她知道我会尽量把回家和工作相关的活动结合起来，有时效果还挺好。我会带她一起出去。20世纪90年代，我有一本著作入围了某个文学奖，我们还为此一起出席了文学颁奖晚会。我母亲在豪华的招待会上喝了几杯，还和作家布赖恩·基南（Brian Keenan）攀谈上了。布赖恩·基南曾作为人质被关在贝鲁特地下室多年，长期的关押让他养成了小声说话的习惯。因此，我母亲会不停地跟他说："你大点声说话，布赖恩。""我几乎听不见你说话，拜托你说话大点声。"当主持人宣布布赖恩的书《邪恶的摇篮》(*An Evil Cradling*)获奖时，布赖恩吻了我母亲一下。"这个奖是他应得的，"母亲对我说，"他把一切都告诉我了。这么多年来，他一直待在那黑乎乎的死亡地窖里。我告诉他我也深有体会。我说过我也从来没走出来过。"

后来，我们看见安德鲁·莫森（Andrew Motion）在房间里来回踱步。他可是后来的桂冠诗人。他在后来出版了我的第一本非学术性书籍，我也和他在伦敦的出版社附近的酒吧喝过酒。我告诉母亲，我认识他。可是，

表达的冲突：关于双重束缚的研究　**第 4 章**

他在从我们面前经过时几乎是不情愿地点了点头。我母亲也注意到了，随后瞥了我一眼，看看我的反应。"所以，他并不是跟你很要好的朋友，对吧？"我母亲说，"我看你并没有多少好朋友，不像小时候，你所有的朋友都会在我们家的前厅里嬉笑打闹。"

后来，我们散步穿过小镇，来到一家钢琴酒吧。她和那位钢琴师说今天是她的生日，想要一瓶免费的香槟，尽管当天严格来说不是她生日（甚至只是个大概的数字）。钢琴师为她演奏了一首《放过我吧》（*Please Release Me*），以此作为对这个特殊请求的回应。邻桌几个女孩在办单身派对，她们有点吵闹，其中一个因为要结婚了而想来吻我。"你们别惹他，"我母亲说，"现在的小姑娘们可一点都不害臊。"

几年后，我们又去参加了市政厅的另一场颁奖典礼，我的小说《街角的男孩》（*The Corner Boys*）入围了。我得知彭定康（Chris Patten）将作为颁奖嘉宾，而共和党政客格里·亚当斯（Gerry Adams）也会出席。"我要对老格里说几句话，"母亲警告我，"自从他把我们害了一通以后，没别的办法，我要跟他唠几句。"她一直盼望着这场活动，我却一直担心她乱说话。活动整整一天，她都在兴奋地谈论着她曾参加过的颁奖典礼。"你和你哥哥小时候，"她说，"你们在圣马可（St. Mark's）包揽了 JTC 和 CLB 的所有奖项。我的邻居跟我说，典礼没什么好去的，因为贝蒂哥俩把所有奖项都得了。"那天我得出趟门，于是我去买了些东西，后来我发现要迟到了，便从镇上给她打电话，让她自己去那里，我则会直接从镇上出发。

我站在市政厅的后门等她，我看到一辆出租汽车开过大门。司机好像认识我似地朝我点点头，然后从后备厢里把我母亲的轮椅拿了出来。要下车了她还在不停地和司机聊天。在司机为她开门让她出去的时候，我母

The 冲突的演化：那些心理学研究无法摆平的心理冲突
Conflicted Mind: And Why Psychology Has Failed to Deal With It

亲还在问他："你还记得小时候玩过的游戏吗？""现在年轻人的问题就是，根本不知道如何让自己开心。"我缓慢而小心地把她推进市政厅。其他的客人都聚在房间中央，诚惶诚恐地端着酒杯。我注意到所有的男士好像都穿着灰色的西装，女士则穿着优雅的黑色礼服，佩戴着银色的胸针。而我穿着松垮的夹克，母亲穿着粉红色风衣，轮椅上还挂着的当天买的TopShop牌①包包。她的头上顶着我家狗喜欢满屋子追着跑的假发。我们挤过人群后，她说："我饿死了，我还没有吃过饭呢。去给咱们随便拿些什么吃的来吃吧。"

于是，我去找吃的。我给母亲拿了一大杯白葡萄酒。"我渴死了，"她说，"我一整天都没喝水了。"当演讲要开始的时候，房间里到处都是摄像机，时不时还会有一小块圆形区域突然有强光照亮。彭定康正准备宣布北爱尔兰皇家骑警队（Royal Ulster Constabulary，RUC）的未来发展，部分摄像机已经开始录了。其他的参赛者和亲友团站在舞台中间。一位女士穿着昂贵的华服，戴着精美的凯尔特图案银手镯，向彭定康投去了倾慕的目光。我母亲则在聚精会神地吃着东西。

端着小点心的女服务员发现我们离人群远远的，孤零零地站在那里。

母亲对她说："我快饿死了，这些小零食根本不扛饿。"

"女士，这个给您。"女服务员递给她一个更大的盘子。

这时，彭定康开始说话了。

"这是我的儿子，"母亲对她说，"你知道吗，他今晚被提名了，但他不会得奖的。你得被人所认识才能得奖，不是吗？而他呢，一个人也

---

① 一个快速时尚品牌，属于英国最大的服装零售商 Arcadia 集团。——译者注

不认识。"

"是啊,但是能被邀请,也很好呢。"拿着小点心的女服务员说。

"当然,"我母亲说,"我就是这么跟他说的。被请到市政厅,你应该感到自豪。"

"是啊!"女服务员说。

"你见到格里·亚当斯了吗?"我母亲说。

"哦,见到了,"女服务员说,"他可是这里的常客。他和马丁·麦吉尼斯如果不在斯托蒙特到处跑,他们就会永远待在这里,就好像这是他们的地盘似的。"

我母亲坐在轮椅上发出厌烦的声音。"谁信啊?"她说,"他们是在治理国家,但很明显,他们是把想要的所有东西都夺为己有,新教徒却什么好处都没有。"

此时,我靠着墙站着,我注意到我身穿的夹克袖子上有黑色污渍。我盯着那些污渍看了好久,想用唾液把它们擦掉。女服务员则去给我母亲找酒了。

"你表现得太离群了吧,"母亲和我说,"快去和那边的那些人聊天,告诉他们你是教授。"

女服务员端着新的酒和食物走过来了,而且无意中听到了这番话。

"他是教授吗?"女服务员问。

"他的确是,但你完全看不出来。"母亲说。

"那些是他的包吗?"女服务员说,"要是换作以前,你们带着那样的包过来,很可能会被拒之门外的。"

"格里试过带大袋子来吗?"母亲问了这个问题,她们俩都笑了起来。"所以,格里不来了吗?"我母亲问。我想她一定会莫名其妙地感到失望吧。

台上的彭定康看向了我们这边,很可能是笑声引起了他的注意。他在谈我的小说,但我听不清他在讲什么。

"那些蘑菇馅饼里有什么?"母亲问。

"有蘑菇。"我说。

"还有什么?"她生气地问,"你知道吗?有时候你嘴里就是吐不出什么有用的话来。"

女服务员又去拿喝的了,我们仍然站在原地。我装模作样了一下,然后把母亲的轮椅推到面墙的方向,此时她背对着彭定康。"你这样一来,我就什么都看不到了。"她说。我回答说:"没什么好看的。"这时,女服务员回来了,她问道:"你没看到现在是什么环节吗?"此时,彭定康正要宣布获胜者。他说道:"获胜者是……"

我没有听到获奖者的名字,但我清楚那不是我。"没事的。"母亲说。女服务员也说:"没关系,再来点美味的蘑菇馅饼吧。"我们还可以听到房间那头的谈话声。"这家小酒吧什么时候关门?"母亲问。"您想待多久就待多久呢!"女服务员说,又补充道,"只要在合理的范围就行。""那我们再喝几杯吧,"母亲对我说,"我也拜托你,去跟那些人聊聊天吧。如果你不跟他们混熟了,就永远都得不到这些奖。"母亲又转向女服务员,说道:"他的问题就在于从来不说话,只会和那些该死的小姑娘攀谈。不过他在这方面已经很努力了。"

随后，我溜达着去找厕所，我试着对一两个人微笑示好，但没有成功。于是我母亲决定要离开了。她问女服务员："顺便问一下，这附近有电话吗？等喝完这几杯后我们可以打电话叫计程车吗？我们可不想整夜被困在这里，又没东西吃。"于是，我去打电话叫计程车，但是计程车都有预约了，于是我只好在后门的公用电话旁等着。我碰到了一位来自都柏林的女电视制片人，她冲我笑了笑，问我今晚颁奖礼过得怎样。后来我才知道，她是来为爱尔兰电视台（RTE）制作关于今晚的艺术类节目的，但是她所需要的采访现在都已经准备完毕了。当时我想都没想，就把自己被列入候选人名单上的事情说了出来。我知道现在已经赶不上她的采访了，我们只是闲聊而已。"真的吗？"她说道。我看着她的表情，就更后悔说出来了。"真遗憾呢，我们没有早点谈。哦！我的车来了，我要走了。"我对她报以微笑，然后走出了电话亭，没再打电话叫计程车了。幸好，这艰难的聊天我终于混过去了。

我把母亲推到市政厅的后门等出租车。她朝保安笑了笑，保安也朝她笑了笑。"我猜那个男的以为自己很有吸引力。"她说道。我不确定她是不是在开玩笑，所以我假装没听见。此时，我们二人——一个坐轮椅的女人、一个穿着脏兮兮外套的男人，在外面寒冷的夜风中闲逛。那是一位大学教授和他那神气的母亲，从文学奖颁奖典礼现场出来准备回家。这位教授刚摆脱工人阶级的出身，但尚未达到下一个阶级。

这些都是我记得的时刻，我紧紧抓住这些时刻，因为它们代表了一切。在我开始写这篇文章的时候，随着母亲节的临近，这些回忆甚至蒙上了更多悲伤色彩。每到母亲节，我都会给她送花，还给她打电话确认花是否送到了。"花都很美，"她会说，"我把它们拿给我所有的邻居看了，他们都很嫉妒。"每当这时，我都会感到很开心。然后，她又会加一句："如

The 冲突的演化：那些心理学研究无法摆平的心理冲突
Conflicted Mind: And Why Psychology Has Failed to Deal With It

果是你亲手把它们带来的就更好了。"

当然，在今天我是很乐意拿起电话的，为母亲订购鲜花，然后拨通她在贝尔法斯特的旧号码，听她讲……任何事都好。她说的话往往都是对的，有时我真希望在那些忙碌的时期多听听她说话。

我把母亲以及我与她的关系写成文章，发表在《贝尔法斯特电讯报》（*Belfast Telegraph*）上。有一位来自贝尔法斯特的老妇人写信给我，信上说："尽管你说了这么多你们俩之间的故事，但很显然，你们是爱对方的。"她的语气让人感觉这一点好像毋庸置疑。"妈妈有时候就是这样对儿子说话的，"她写道，"儿子也如此。你们好像对彼此都很坏，我却能从中看到爱的光芒。我读你那篇文章的时候都哭出来了。"

然而，这是为什么呢？我们为什么要和对方说这种话呢？为什么我们觉得必须要以这种方式处理彼此的关系呢？这种模式是如何随时间变化而改变的？

如果我们的内心常常充满冲突，那么对着所爱的人说出的话就会引发最为强烈的矛盾。我们会说一些明知道会造成伤害的话，然后冷眼看着伤人的事情发生。我父亲在我13岁的时候就去世了。当我说了伤害母亲的话时，尤其是在我青春期的时候，她总能知道如何反击我会对我伤害最大。毫无疑问，父亲的离世让我产生难以言表的愤怒。她说的话总是类似的，比如："如果你爸爸还活着，他肯定会为你感到羞耻。"直到现在，我还能想象她说这句话的情景：听着她的语调，看着她的脸，夹杂着悲伤和蔑视，但她还有工夫看我的反应，真是残忍的一击啊！

这种对话就像军备竞赛一样，一个接一个升级，而我们都知道，这句话就是核弹级攻击。

表达的冲突：关于双重束缚的研究 第 4 章

当然，我还记得当时的感受，还有我当时的反应：悲伤、绝望、愤怒、沮丧、内疚，通常我都能把它们压制在心里，但有时我也会恶语相向。然而，我从未质疑过这些。我无法评判母亲这句话的真实性和有效性，也无法评判父亲对我一个少年的看法和理解是怎样的。我无法忍受聊起我的父亲，因为那太痛苦了，更不用说谈论他会怎么看我了；如果他还活着，就不会有类似"他会怎么看你"的疑问；像"如果我们不是都沉浸在这无法承受的悲伤里，也许我们就不会这样争吵了"这样的想法也不会时常浮现在脑海中了。然而，事实显然是他没办法活过来。

有时候我会显得更冷静。我会走过去拥抱她、搂着她，她却会变得僵硬（因为事情还没有结束），于是我会把手放开，她则会说："我知道你不爱我，你一直更爱你爸爸。你看看我们在海边拍的所有照片，你总是坐在他旁边，不坐在我旁边。"

而我只能站在那里，眼睛直勾勾地盯着前方，没法动弹，也无法呼吸，她就在我伸手可及的面前啜泣着，我的手却没办法自然而然地抱她。我无法逃离，也不能向前。我只能站在那里，看着这个女人因悲伤而色衰。我知道，如果导致这种悲伤的终极原因不是我（当然是我父亲的早逝），那么我也对问题解决无能为力。甚至当我去英格兰的大学读心理学时，和家乡隔着一条海峡，在贝尔法斯特，他们会强调几英里的水域是那么远，那时我就知道我逃不掉了。

第一学期结束时的圣诞节我回到家，兴奋地谈论着心理遗传学和各种理论知识、巴甫洛夫的狗、斯金纳的老鼠和康拉德·劳伦兹（Konrad Lorenz）的小鸭。或许是因为提到了鸭子，又或许是她想让我去了解人类的情感（如悲伤和失落），抑或是我对于小鸭子对劳伦兹产生印刻效应的

The 冲突的演化：那些心理学研究无法摆平的心理冲突
Conflicted Mind: And Why Psychology Has Failed to Deal With It

描述，这似乎成了压倒我们的最后一根稻草。"鸭子一直紧紧跟着劳伦兹，"当时的我满怀热情，既敬畏又天真地说着，"小鸭子到处跟着他，就好像他是它们的母亲一样。"

听完，她哭了。不是因为这个科学奇迹，也不是因为我们学到了印刻实验，更不是因为鸭子和孩子的区别，而是因为这段大学新生活正在渐渐地把我从她身边"夺走"，因为我眼里只有"拿第一"的野心，因为她没有看到心理学能好好解释她所在意的事情。

格雷戈里·贝特森和双重束缚理论

大约一年之后，我读了格雷戈里·贝特森的经典著作《朝向心智生态学》(*Steps to An Ecology of Mind*)，以便了解 R.D. 莱因等人著作中关于癫狂的新思潮的知识背景。这是当时最流行的思想，精神分裂症现在被视为一种心理突破而不是崩溃，至少在大学里是这么认为的。然而，她对此没有任何感觉。

"你去过珀迪斯本（Purdysburn）吗？"母亲问我，"或者，你知道哪个实验是谁被关起来，被电击到头嘶嘶响的吗？我知道有，但那并不是什么突破。你们反倒可以试试在老玛丽的额头上煎鸡蛋。"

我在大学时被引荐过给贝特森，他可是一位智力超群的伟人。有一天下午，我那位长着络腮胡子的哲学老师严肃地说："他有着威廉·布莱克（William Blake）的远见。"这二位，一位是从一粒细沙中洞见生命真理的哲学大师，另一位则是在基本沟通元素中发现人类交流冲突的心理学家。贝特森提出了双重束缚理论，即沟通意义的小小扭曲也会完全改变整件事。"这就是莱因研究的出发点。精神分裂症仅有部分是由基因决定的，而它主要还是由环境决定的,这在家人之间的密切互动中显得尤为突出。家才是真正危险的地方。贝特森很清楚。"

他靠在一个又笨重又陈旧的棕色皮革扶手椅上,这个椅子无疑违反了一般大学所规定的办公室配置标准。他吸了一大口高卢(Gauloise)香烟,然后老练地把烟扇到了面前的空位置上。那里坐着他的三位学生,都在读二年级,他们都一个劲地躲闪自己的目光,不想和老师接触,也不想和身边的两位同学接触。他短暂地闭了闭眼睛,几乎是在低语,仿佛是在向我们吐露心声:"一沙一世界,一花一天堂,手中无限,刹那永恒。"

这场教学感觉就像要持续到永恒似的。他又睁开眼睛,仿佛刚从沉睡中醒来,又深深吸了一口烟。"所以,你们的家庭是怎样的?"他问道。我们报以沉默。我低头看了看自己的靴子,注意到左鞋尖有些草屑。它从鞋里伸出来的角度有些奇怪,卡在了鞋面和鞋底之间的空隙里。可能这根草已经卡在那儿有一段时间了。"你们中有谁的母亲是有精神分裂倾向的?"屋里还是一片寂静。我慢慢地把草拔出来,轻弹到他那浅褐色却有咖啡污渍的地毯上。

老师说道:"你们的母亲绝对能把你们搞崩溃。你们可能还没有意识到,不知道这些是什么知识,但现在你可以开始用心去感觉。"此时,我则被他的香烟呛得咳嗽,声音越来越大,大到打断了他的话。

他直视着我,径直对我说:"你这一打断的意义可大了。你去问问你的心理学导师有关防御机制的问题。你去问问,实验室里的老鼠会不会有这些症状?"他被自己开的玩笑逗得哈哈大笑。"怪不得他们只去研究老鼠——因为,他们害怕真正的心理学向他们揭示的事实。"辅导课很早就结束了。

The 冲突的演化：那些心理学研究无法摆平的心理冲突
Conflicted Mind: And Why Psychology Has Failed to Deal With It

尽管如此，或许正因为如此，我从图书馆借来贝特森的书，认真读了起来。事实上，这没让我失望。它似乎解释了我的所有疑问。它的议题是宏伟的。正如威廉·布莱克所说，这的确是一沙一世界。它解释了癫狂是对待非理性情况做出的理性反应，讲述了谈话中非理性建构起来的过程，以及部分家庭成员是如何通过自己的行为来传播这种非理性的。所有这些都可以归结为一个简单的行为，即双重束缚，它是一段或一系列的言辞，让对话接收者陷入"不可能解决"的境地，因为这段言辞本身就充满着矛盾。因此，任何回应都是错误的。下面这段在对话和行为描述让我印象深刻，我好像以前在什么地方见过：

> 病房里有一位恢复得很好的年轻人，他母亲来看望他。儿子见到母亲非常高兴，不由自主地用胳膊搂着她的肩膀，她却一下子挺直了身子。他收回了手臂，结果母亲问："你不爱我了吗？"他的脸涨得通红，母亲又说："亲爱的，你别这么容易脸红，好吗？不要害怕表露自己的感情。"这位年轻患者随后和母亲待了几分钟，在母亲离开后，他袭击了一名勤杂工，结果被放倒在了浴缸里。
>
> （贝特森，1973: 188）

更让人痛心的是，这个年轻人患有严重的精神分裂症。他被母亲这种矛盾的交流方式逼疯了，是真的疯了。

贝特森继续写道：

> 但显然，如果这个年轻人能够说"妈妈，当我搂着你的时候，很明显你是有不舒服的表现，而且你难以接受我表达爱的方

> 式",那么这桩悲剧在很大程度上可以避免。然而,身为一个精神分裂症患者,他却不可能做到。他强烈的依赖性和母亲宣泄控制欲的"互动训练"让他无法与母亲谈论他们的沟通方式,母亲却又批评他,将他置于这种非常困难的境地中任由其自行处理,逼迫他接受这种现实。
>
> (贝特森,1973: 189)

第一次读到关于双重束缚的描述时,我感到一阵寒意。不过,像每一个大学生一样,我在自己的生活中看到过人们所研究的各种心理学实例,从躁郁症到妄想。那时我的生活不乏寒意。心理学老师警告过我们,要小心这种外延推论,其解释是,你要对证据有更仔细的检查。然而,我那位大胡子哲学老师则告诉我要大胆一些。"承认自己的经历,与强烈的依赖性做斗争,从家庭的枷锁中解放自己,不要做受害者。"

于是,我回到家,列出自己在生活中所遇到的双重束缚的例子。有些很容易记录,当我和母亲通电话或者我回家时,我就会偷偷地在笔记本上记录:

> 你给我努力准备考试;你从来都不会为我腾出些时间。
> 夏天你怎么不回家呢?记好了,这里没你什么事。
> 你真是个柔情的男孩子;你只是假装深情罢了,因为现在你肯定心怀什么目的。
> 你总是在笔记本上写些什么呢?为什么不注意听我说话?

然而,有些事件就很难记录了,因为它们不仅是口头的,还是高度主观的。这些事件夹杂在语言和非语言行为之间的矛盾中,它们却很容易让

The 冲突的演化：那些心理学研究无法摆平的心理冲突
Conflicted Mind: And Why Psychology Has Failed to Deal With It

人联想到贝特森提及的事件。

我缓慢且仔细地记录下这些事件，交给我的哲学老师：

> 当我去抱她时，她就会变得很僵硬，然后唉声叹气。而当我把手放开时，她又对我的退缩显露出一丝反感。我只能感觉到那反感的表情非常短暂，充其量只是微表情。然而，那声叹息却非常清楚明了。

然而，将我的记录整体看下来，我发现，尽管许多行为可能都是存在矛盾的，但它们还远不足以成为发病源。是不是这样呢？母亲的行为确实有些矛盾，但这就足够了吗？我不敢把我的双重束缚日记拿给哲学老师。我该如何合理化我所看到的微表情？我该如何证明它的存在？此时我眼前摆着一个存在主义议题，让我不断求证于贝特森的书，却又反复退缩，最终，我还是拿起了这本书。

贝特森写道："这位母亲巧妙地用责备掩盖了自己对儿子情感表达的退缩反应。而患儿因为接受母亲的谴责，否定了自己的知觉。"

这样就清晰明了了，双重束缚不仅仅是相互矛盾的交流方式（比如身体僵硬和那声叹息，以及手放开后反感的微表情），还关乎儿子对母亲谴责的接受，同意母亲眼里的现实。换句话说，贝特森认为双重束缚与控制有极强的相关性，不仅与互动过程有关，也与互动行为的诠释有关，更与事件本身的性质有关。控制者控制着局势的"现实"。这使这位年轻的精神分裂症患者，以及双重束缚的接收者、"受害者"，受困于一种两难的困境之中。贝特森解释这种两难："如果我要保持和母亲的情感联结，就不能表现出我爱她；但如果我不表现出我爱她，我就会失去她。"

然而，这显然不是我的感受。我只是觉得我的母亲常"让人难堪"和"不易相处"罢了。我没有像那位患者一样感到内心的两难困境，但我的哲学老师坚决让我坚持下去，他说："哲学将老生常谈的事情复杂化，如果这看起来是清晰明了的，那么这是因为你想得还不够深入。如果这看起来难以参透，你的想法就会开始变清晰了。"我只好朝他眨了眨眼睛，说："好的。"

我翻回贝特森书中那些看似非常简单的事件，在经过进一步研究以后，发现这些事件又近乎不可理解。因此，革命尚未成功。

贝特森还试图详述构成双重束缚的特征。

第一，他认为"必要的成分"如下：它必须涉及两人或两人以上，且其中一人通常是母亲（这一点存在争议性）。我之所以说"存在争议性"，是因为好像没有任何先验的理论来解释其原因。贝特森还增加了限定条件的说明："我们不认为双重束缚完全是单独由母亲造成的，它既可能是由母亲单独所致，也可能是由母亲、父亲或兄弟姐妹共同造成的。"换言之，在他的思考当中，这个角色要么是母亲一人的行为，要么是家庭成员共同的行为，这一点似乎是清晰而明确的。而有意思的是，他引用的支持性临床案例都与母亲有关。

第二，双重束缚往往是周期性的，而不是一次性的，"这套理论假设不会引发单一的创伤经历，而是反复如此的经历，以至于双重束缚的结构已成为一种习惯性的期望"。

第三，它得由一名成员向对方发出一个主要的负面禁令（一级禁令）。一级禁令的形式可能是"不能做这个也不能做那个，否则我就责罚你"，或者"如果你不这样做或那样做，我就惩罚你"。贝特森研究团队认为，惩罚"可能是收回自己的爱，或是表达恨或愤怒，或者是最具破坏性的'抛弃'的方式，这种惩罚方式是由父母表达出的极度无助的情感所致"。

第四，还有一个次要的禁令（二级禁令），这是比一级禁令更加"抽象"的沟通方式，并且再次"以威胁生存的惩罚或信号"表达出来。他写道："这种二级禁令通常以非语言方式传达给孩子，比如姿势、手势、声调、具有意义的动作和有隐藏含义的言语评论，这些都可以用来传达这一更抽象的信息。"他还指出："二级禁令可能会对一级禁令的任何要素产生影响。"如果二级禁令被转译成文字，那将会是"别把这看成惩罚"，或是"责罚你的可不是我""不要管我给你设的禁令""别去担心自己不能做什么事""不要因为我的一级禁令而怀疑我对你的爱"。他还写道，次要禁令可能涉及其他与母亲一起行动的人，这样"父母中的一方可能在更抽象的层面上否定另一方的禁令"。最后的特点是，必须有"第三个禁令，禁止受害者逃离这种困境"。贝特森补充说："如果在婴儿时期就被施加了双重束缚，那么逃离自然是毫无可能的。"

因此，上述特征明确了双重束缚的定义，这篇论文被称为"精神分裂症理论"。然而，在这套理论描述中，并未要求所有特征都有所呈现，这就显得比较奇怪了。特别是在描述这套反复出现的交流模式时，突然转而关注其中之一或之二的当事人（"受害者"）的角度看法，这时候讨论这件事就显得不符逻辑。贝特森认为，当受害者已经学会把自我知觉放置在双重束缚模式中时，上述整套特征就不再是缺一不可的了。此时几乎任何一种双重束缚的过程都足以引发恐慌或愤怒，"这种相互冲突的禁令模式甚至可能以幻觉的形式出现"。

这套解释使得双重束缚在正式定义和精神病理学中的应用上变得更加

困难，因为它们作为定义的特征在实际情况中其实并不是必要的。

这就是老师敦促我去追寻的不可理解的元素。双重束缚是一种相互矛盾的交流方式，除非是在疯子的脑袋里，否则它不需要相互矛盾。如今人们认为，双重束缚与知觉有关，像相互矛盾的禁令这种关键特征有可能需要通过幻觉来想象。因此，我猜我做的双重束缚记录可能不及我原来想的那么有用了。

然而，贝特森在这方面的抱负并没有停下。他后来在同一篇论文中将其归结为一个简单的"配方"（他继续沿用自己的比喻——"成分表"）。他认为，双重束缚的一般特征如下。

（1）当个人处于紧张的人际关系中时，也就是说，在人际关系中，他认为最重要的是准确辨别对方所传达的信息，这样他才能做出适当的反应。（2）此人处于这样一种境况中：对方表达出两个命令的信息，而两个命令相互否定。（3）个人无法评价对方所表达的信息，进而让他对施加在他身上的命令无法形成正确的辨别态度，比如，他不能对这次对话本身 [即"元沟通"（metacommunicative）的概念] 表达自己的观点。

（贝特森，1973: 180）

贝特森承认，双重束缚在"正常"的人际关系中也会出现，其受害者也会表现出防御行为，但当有精神分裂前兆表现时，他们会觉得"这种不正常的事情一直在发生"，最终，他们会对接收到的消息和对方的意图感到不解。根据贝特森的观点，他们对元沟通系统（meta-communicative system）尤其感到困惑，这是一种针对交流本身的沟通系统。

冲突的演化：那些心理学研究无法摆平的心理冲突
Conflicted Mind: And Why Psychology Has Failed to Deal With It

> 如果有人问他"你今天有什么计划"，那么他没有办法通过上下文、语调或手势来准确判断对方是否在谴责他昨天做的事情，还是在发出带有性意味的邀请，抑或仅仅只是在表达字面意思。
>
> （贝特森，1973: 182）

贝特森认为，部分受害者开始关注每句话背后隐藏的含义，这是他们的应对机制（他认为这就是我们常说的"偏执"）；又有些人会将别人所说的话全盘接受，不管"语气、手势或语境"是否相互矛盾，他们都对这些元沟通符号一笑置之 [专业称"青春型精神分裂症"（hebephrenic）]；而有些人则选择无视这些话，"把注意力从外部世界分离出来，转向自己内心" [我们称之为"紧张性精神症"（catatonic）]。

"请不要把这看作惩罚"

舒曼（Schuham）等人于 1967 年指出，贝特森团队在 1956 年的著作（被列入 1973 卷 180 页）中关于双重束缚的详述，与同一论文集里其先前的观点（1973 卷 178 页）相比，发生了一些转变，这毋庸置疑。新一套标准包含关系强度和受害者的动机，比如"他认为必须准确区分传达中的信息，这至关重要"。前后两种标准看似存在着巨大差异。在判断关系强度和动机状态的时候，概念和方法论的问题重要性就凸现出来，这样双重束缚的官方定义也会受到严重的挑战。不过，舒曼也指出："在这篇论文中，两套标准到底是等同的，还是分别适用于两种独立的情境呢？作者的观点尚不明确。"换句话说，在最初的论文中，尚不清楚贝特森及其合著者是否预见了这些新提出的问题。

这两套标准之间还有另一个主要区别,即他们已发表的文献让大家越发感到困惑。在第一套标准中,贝特森团队把注意力放在双重束缚沟通中"层次"的概念上。其中一项标准规定是"二级禁令与一级禁令之间的冲突更多地体现在抽象层面,与一级禁令一样,它们也是通过威胁生存的惩罚或惩罚信号来展示威力的"。他们还提出:二级禁令比一级禁令更难被具象描述,其中有两个原因:(1)二级禁令通常是通过非语言方式传达给孩子的,如姿势、手势、声调、具有意义性的动作和言语评论中隐藏的含义,这些都是传达更抽象信息的方式;(2)二级禁令可能会在任何禁令要素上与一级禁令相冲撞。因此,二级禁令在口头表述上可以有广泛的表现形式。例如,"不要把这看作惩罚""不要觉得是我在惩罚你""你可以对我的要求置之不理""别去想你不能做什么""不要因为初级禁令而质疑我对你的爱"等。

(贝特森等,1973: 178-179)

在第二套标准中,贝特森团队则把重点放在"信息顺序"(orders of message)的概念上,例如,"对方向受害者个体先后传达出两种信息,并且两个信息相互否定的情况。"

舒曼指出,双重束缚中的层次涉及众多不同的维度。在第一套标准里,贝特森团队认为抽象–具象维度最为重要,但在同样语境下他们也讨论了其他层面维度,包括语言–非语言维度、沟通–元沟通维度、字面–隐喻维度、具体事件–语境背景维度、沟通内容–沟通关系维度。

The 冲突的演化：那些心理学研究无法摆平的心理冲突
Conflicted Mind: And Why Psychology Has Failed to Deal With It

语言和非语言沟通

当然，更让人困惑的就是贝特森所假定的这个观点：非语言沟通必定是比语言沟通更"抽象"的形式。不过，这可能会引起严重的争议。某些非语言沟通（如面部表情）的效果可能比语言沟通来得更加直接，在共通性的产生和诠释上更是如此。丹尼尔·卡尼曼认为，对面部情绪的诠释是系统 1 中自动化思考的一种表现——自动化思考、快速反应、不费脑力（如"当你看到一名年轻女性脸色变沉，你就能迅速断定她生气了"）。某些形式的非语言沟通非常具有符号性，其非话语的动作手势（能指 / 意象符号）在形式上与正要沟通的内容（所指 / 意义）相似，如其概念、对象和行为。这会使其更不"抽象"而变得"具象"了。大卫·麦克尼尔（David McNeill）在关于手势的问题上一直持有一致的观点。不过，他于 1992 年指出，手势的交流方式与语言的区别，不仅体现在符号性方面，还在于与符号相反的手势会让其变得更"抽象"。麦克尼尔表示，非语言手势与语言在表达方式上有根本的不同。语言通过分段的意义来传达，因此即时想法就会被分配进其各自段落，并随时间推移而延伸。举例如下。

> 这张桌子可以 [朝天花板向上抬高]
> 手势的符号表达：手放在膝盖上；手向上移动，掌心向下，做一个大幅度动作，手一直向上抬，到达肩膀以上的地方。

这个单一事件是通过语言和相应的标志性手势来描述的。方括号中的内容表示手势的起点和终点。口头表达用线性和分段的方式达到目的：首先确定是什么（"桌子"）要被抬起，接着描述动作（"可以抬高"），随后描述动作的方向（"朝向天花板"）。语言学家费尔迪南·德·索绪尔

（Ferdinand de Saussure）于1916指出，语言之所以具有这种线性分段的特征，是因为语言在本质上是一维的，而意义在本质上是多维的。语言因为其构成单位是一维的，所以只能随着时间的单一维度而变化。正如心理学家苏珊·戈尔丁－梅多（Susan Goldin-Meadow）研究团队在1996年所指出的："这种限制迫使语言将复杂的意义分解成片段，并通过及时组合这些片段来重建多维意义。"

不过，搭配口语的手势动作并不是以这种线性和分段的方式来表达的；相反，它们能在同一时间以一个多维的手势来传达多个方面的意义。以上述手势为例，它不仅描述出了桌子（及其尺寸），还能刻画出其移动（和速度），还有方向，这种多维度的描述均在同一时间表达完成。非常重要的一点是，戈尔丁－梅多指出，搭配口语而来的符号性手势"在空间、时间、形式、轨迹等维度上能够多变化地自由表达，并且无须受困于分段和线性的表达方式而展现复杂的含义"。因此，这会导致非语言沟通更加抽象吗？还是说手势不需要解构成语言单位，而这些语言单位是诠释意义所必需的句法规则，因此手势表达其实没那么抽象？我几乎可以肯定，是后者。

说话是一个自下而上的过程，即把单字的意义组合成整句话的意义。要理解一个句子，你就得从较低层次的单词开始（因此称其为"自下而上"）；而在手势表达里，我们根据手势所表达的整体概念来理解意义。正是这个概念赋予了各个部分的意义（因此称其为"自上向下"）。麦克尼尔提供了下面这个例子。

> 手势是一种符号，它不代表自身而代表其他事物，比如手不代表手，而代表一个事物；手部运动并不代表手的移动，而代

表事物在移动；空间不代表叙述者所占的物理空间，而代表叙述事物的空间；不断摆动的两根手指并不代表手指的摆动，而代表奔跑的双腿。因此，手势是一种符号，但手势的符号类型与言语符号有着根本的不同。手势这种符号具有全球通用性，因为其整体意义不是由个体意义组成的；相反，有了整体意义，每个部分才有意义。比如，摆动的手指之所以意味着跑步，是因为我们知道，这个动作正在整体上描述一个人在跑步的情形。

(麦克尼尔，1992：20)

要记住，即便是由同一个说话者做出摆动手指的手势，也很可能具备不同含义（比如，麦克尼尔指出，它也适用于"在两个选择之间犹豫不定"的意思）。想要证明手势同语言一样自下而上进行，就要用语言表示跑步手势的三个组成部分：手指做成V字形状；两根手指摆动且在整体上向前移动；有在人际交往中相对稳定的含义，无论在哪儿用这个手势都能被识别和正确理解。然而，事实上并非如此。

说话和手势的另一个重要区别便是，不同手势不会像说话那样，组合在一起可以创造出更复杂的手势。

手势，其代表的每个符号都是其意义的完整表达。在大多数情况下，一个分句中会有一个手势，但有时一个分句中也会出现多个手势。即便是这样，多种手势也不能组合成更复杂的手势。每个手势都从不同的角度阐述表达的内容，每个手势都用于呈现不同的空间角度或时间阶段，每一个手势本身都是其意义的完整表达。

(麦克尼尔，1992：21)

表达的冲突：关于双重束缚的研究 第 4 章

手势也以另一种不同的方式传达意义，因为手势并无形式标准。形式标准是所有语言起到定义作用的特征。所有的语言系统的标准都是"结构良好"，任何在其下的话语表达都必须符合这个标准，否则就会被视为表意不当或语法错误。对于手势则没有这样的形式标准。因此，不同的说话者能够以不同的方式表达同一种意思，尽管方式各异却仍能识别相认。正如麦克尼尔所说："正因手势动作缺乏形式标准，每个个体才会对同一件事创造出他们自己的手势符号。每种手势都包含其核心意义，但也因人而异地附带了各具特色的细节。"手势动作这种没有标准的形式在理论上非常重要：

> 正是因为手势无须符合形式标准，所以凡是与说话人相关且颇具其本人特色的意义，手势都能自由表达，而不必去表达言语所必需表达但与情境无关的意义。
>
> （麦克尼尔，1992: 22）

在表 4-1 中，三个说话人都创造出了桌子旋转移动的手势，但是他们各自的操作都不一样。有一个人只用到一根手指，两个人用了双臂；两个人顺时针转动，一个人做逆时针转动；两个人用了两个动作，一个人用了三个动作。这幅卡通故事的图像想表达的是一个混乱的场景：比利坐在凳子上，结果凳子转了起来，连带桌子也转了起来。其中一个人的手势似乎特别强调桌子旋转的速度，另一人强调旋转的幅度，第三个人则对速度和幅度均有表现。

表 4–1	手势的象征性表现
能指：由三个不同的描述人所产生的实际语言和手势	所指：所指的事件
[它像这样旋转] 符号性手势：左手食指做三个快速的顺时针小幅转动动作	比利让桌子转了起来
桌子 [转了起来] 符号性手势：右臂顺时针转两个大圈，而左手先是远离右臂，再向它靠近	
把周围的东西弄得一团糟 [不停地转啊转啊转啊转] 符号性手势：两个手臂均做大幅度的逆时针转圈	

因此，具符号性的手势和语言所传达的意义是截然不同的。语言依靠词汇将意义分解成一个个组成部分，语法再将这些不同的元素组合成有意义的句子；而符号性手势仅用一个复杂的图像就能同时代表多维意义。每一个说话人都无须依赖形式标准的词汇而自动创造出符号性手势，而这一连串的手势也不会组成一个更高阶的手势单位。每个手势都具备自身完整性，并以符号形式呈现描述事物，以整体含义赋予各个部分的意义。

手势沟通利用这种多维和图像化的方式，不仅能将物理变化的事件描述到位，还被用在日常交际的各种"比喻"里。比如，双手靠近代表关系的亲密；一只手或双手上举，代表着更高的道德标准；双手分开则表示当下热议的政治问题不同的立场等。在这些特质组合在一起后，非语言的手势是否比语言更加抽象呢？这还有待观察。不过，你也可以很清楚地为相反观点提供证据：手势的符号性、被形容的事物，以及由此产生的与被描述事物的内在联系，让沟通更加具象，语言则没有符号的特性；而一个手势也代表了整体意义，不需要抽象的语法规则去把接二连三的手势组合起来。因此，你可以认为这比语言更具体。与其相结合的语言本身相比，这些手势表达起来简直毫不费力。然而，也有手势无法适应语言的情况，比如当人们需要有目的性地说谎，或者在特定环境中人们的真实态度与嘴上表达的态度不匹配的时候，特别是当要伪装出"天真无邪"的时候，这不仅会影响到接收的信息（在这里，手势和语言两个沟通渠道所传达的信息是整合起来的），还会影响说话人的知觉。那些说话和手势不相匹配的人更不受欢迎，听众也不敢相信他们说的话。尽管在贝特森讨论语言和非语言行为的"抽象与具象"本质之前，早已有了一些关于手势的研究，但贝特森从没把这些因素考虑在内。

人们很容易得出这样的结论：像手势这样的非语言行为明显比语言更具象，因为它们具有非任意性和符号性。重要的是，手势动作貌似植根于感觉－运动模式，这种模式非常具体，不需要依赖组合规则或语法来表达它们的意思。

然而，非语言沟通在另一个程度上则表现得更抽象，这是因为如果它本身不被编码为语言，那么在它随后被编码为语言（手势结合语言描述）的时候，就需要从其基础的表达模式中做一些抽象化处理了。不过，我们主要是在做分析描述，而不是讨论其在日常互动中的行为模式。

当然，贝特森所举的另外一个例子（"口头表达中的隐含表达"）就比简单直接的表达来得更抽象了，特别是隐含意义又与语言内容的解读有一定关联的时候（"别把这看成惩罚"），或是与人际关系本质的解读扯上关系的时候（"惩罚你的那个人可不是我"）。在家庭互动的背景下，任何话语的隐含表达都是非常抽象的，因为想要理解其意义，可能需要了解之前的对话、互动和经验，从而得出沟通内容的真正含义。因此，研究人员（即使是作为心理咨询师的他们，对人际关系本质有更详细的认知）也很

The 冲突的演化：那些心理学研究无法摆平的心理冲突
Conflicted Mind: And Why Psychology Has Failed to Deal With It

难搞清其中的状况，也很难在任意场景下立刻断定其隐含意义。当然，这并不是说任何话语所暗示的内容对行为都无关紧要，而是为了指出无论是从主位视角还是客位视角来看，对隐含含义的识别都是有难度的。

贝特森研究小组随后在同篇文章中迅速把研究重点转向矛盾信息的"呈现顺序"的概念上，但这似乎没什么作用。信息的呈现顺序真的能等同于双重束缚中的"层面维度"吗？而这个特定的标准，即"关系中另一方给出了先后矛盾的信息"，就等同于"二级禁令与一级禁令在抽象层面上相互矛盾"吗？在这里，一套标准以否认为核心特征，而另一套标准则以矛盾为核心特征。在许多人看来，否认和矛盾的内涵当然是完全不一样的。否认，作为一个过程，看起来是更加主动甚至更深思熟虑的；而相互矛盾的信息，只是日常生活中常会遇到的各种琐事。戏弄、开玩笑、调情、讽刺、讲笑话，这些都会在矛盾的沟通方式中出现。而这些行为是否比日常实践中的否认带有更多的主动性呢？尽管它们时不时地会明显表现为前后信息相互否认的口头表达，从而让总体信息更加模棱两可；比如，用非常挑逗的口吻讨论完中午去哪儿吃饭以后，又表示"我并不是想要约你吃饭，我想你误解了"，但是这种做法是否更具有主动性呢？尚待进一步讨论。

这里还有一个问题非常关键：贝特森研究团队指出，受害者是否真的需要（有意识地）发现自己被视为双重束缚沟通的目标？正如舒曼所观察到的，"如果不需要，那么这是不是相当于否定了观察者所描述的双重束缚的致病性呢"？舒曼随后考察了瓦拉维可（Watzlawick）等人在这一背景下对基本标准的进一步阐述。他们认为，双重束缚不仅是简单的冲突或相互矛盾的沟通而已。在这种情况下，每个人对接收者的反应都是开放的，他们认为双重束缚是一种悖论，在这种悖论中，"选择本身就是不可能的"。

舒曼指出，这种叙述再一次混淆了概念，因为它现在意味着，双重束缚要从人际关系本质中得到确认，而非从沟通模式中得到确认。事实上，瓦拉维可于1963年断言："比如，在求爱的行为中，想象任何情感上的介入都是不太可能的，而在这种情况下，双重束缚就不是核心要素。"这将焦点从沟通模式本身转移到人际关系的本质上，即大多数人际关系都会产生相互矛盾的沟通，只有部分关系才会产生真正的悖论。因此，这使得部分只关注识别矛盾沟通方式的双重束缚的研究变得更加有问题。

舒曼的论文清晰地阐明了在其理论形成后的10年中存在的问题。他指出："这10年间积累了大量文献，包括案例记录、家庭心理治疗师会议记录、临床描述和轶事记录。"不过，他从研究基础方向上否定了这些材料，因为它们不能作为科学证据来验证这个理论。在这个理论提出后的10年里，舒曼发现，只有五项研究采用了稍微科学的方法；而且关键在于，这些研究内容非常简单，并不涉及真实生活中面对面互动的分析，而反观这个理论的全部内容就是实际案例。这些研究有测试记忆的双重束缚，有在模拟游戏中的行为研究，比如音调辨别、隐喻的解析、字句的分析，但唯独没有对多渠道面对面交流的分析。例如，1965年，研究者伯杰（Berger）在研究中要求精神分裂症患者和对照组分别估算他们的母亲进行双重束缚沟通的频率，结果发现，精神分裂症患者的频率明显高于对照组。当然，这种频率的差异可以归因于沟通的敏感性差异，或可视为精神分裂患者怪罪于母亲的表现，因为他们对母亲的行为在整体上持有消极态度（"她要是能保护我，我就不会这样了。"）。

1965年，波塔什（Potash）想在游戏情境中引出双重束缚，但发现退缩行为"对精神分裂症患者既没有排他性也没有差异性"。1961年，乔托拉（Ciotola）试图在实验场景下给出两个难以分辨的听觉音调，从而再现双重束缚场景。然而，实验结果并没能验证精神分裂患者对双重束缚有更严重反应的假设。

1966年，洛伊夫（Loeff）对精神分裂症患者和对照组进行了情绪隐喻的实验，发现精神分裂症患者更容易受到元沟通元素的影响，这与贝特森关于精神分裂症患者在这个问题的预测相反。同年，兰格特（Ringuette）和肯尼迪（Kennedy）让五组被试阅读精神分裂症住院患者父母以及正常子女父母给他们写的信，辨别双重束缚的沟通。每组被试由三名研究人员组成，可这些被试实际上就是双重束缚假设的制定人。结果是，双重束缚的识别评分者间的信度特别低（被试的观察者间信度为0.19），只有一组能将精神分裂症患者与非精神分裂症患者父母的信区分开来。

根据这10年的研究回顾，舒曼对此的态度是非常不看好的。他说，双重束缚沟通所特有的沟通现象究竟是什么呢？人们对此得出的共识少之又少。他总结道："没有证据表明，双重束缚在病理沟通特征上具备独有的或与其他病症不一样的特性，也没有证据表明双重束缚与正常的沟通方式真的毫无关联。……也没有证据表明，这种双重束缚的现象与精神分裂症思维障碍的发展有病因上的联系。"

双重束缚无处不在，又难觅踪迹

人们可能会认为，对双重束缚的探索就此结束了，双重束缚的概念可能不复存在。然而，其实从很多方面而言，情况都恰恰相反。它已成为人们的日常思考。此外，贝特森提出了母亲使用双重束缚的沟通方式对后代造成心理创伤的看法，也逐渐渗透到精神分裂症以外的其他病理学研究中。詹姆斯·布根塔尔（James Bugental）研究团队建立起"双重束缚"的研究形式，用于研究那些"有精神问题"的子女所在家庭中的交流行为。至少，在这次研究中，他们终于对研究对象实行了面对面的互动分析。这些精神失常的孩子由其学校发现，并推荐到一所大学心理系中，这些孩子有各种各样的症状，如"非常严重的或慢性的精神失常行为，或常受情绪问题的折磨"。研究者将他们与"控制组"进行了多手段对照。在他们等待研究开始前的五分钟里，以及让他们谈谈想对家庭做何种改变的时候，研究者都会分析他们的互动交流模式。倘若其在语言内容、面部表情和声调语气这几个方面都与控制组有评分差异，双重束缚就能被当作矛盾的交流方式来看待了（每项分析维度都要经过80%的评委的一致决定方可通过）。

这项研究中得出了这样的结论："患精神疾病的孩子的母亲与正常控制组的母亲相比，有更高比例的母亲被观察到在沟通中传达矛盾的信息，但从父亲角度则没有观察到相同的证据。"这项结论是专门在双重束缚的语言系统下得出的。作者谈及，他们通过对"有效限制"孩子反应的"矛盾信息"进行分析，似乎能做出这样的假设：双重束缚可被视为矛盾的沟通渠道来操作，并"提供了富有成效的研究途径，以解决先前缺乏实证研究的问题"。

粗看这项研究，似乎是有控制变量、具备统计学意义的数据。尽管如此，其整篇论文所使用的语言却难以得到验证。精神失常孩子的母亲在某种程度上也成了"精神失常的母亲"（这是一个简洁但不委婉的转换表达），因为"精神失常的母亲产生的矛盾信息包括语言内容和面部表情之间的冲突，以及语言内容和声调语气之间的冲突"。为了说明这一观点，作者写道："一个母亲常常在这儿窃窃私语地批评。例如，母亲用'温柔的声音'说，'这样很——不——好。'为什么要用'窃窃私语'来形容这个行为？

The 冲突的演化：那些心理学研究无法摆平的心理冲突
Conflicted Mind: And Why Psychology Has Failed to Deal With It

为什么不表述成'单亲母亲（45%问题儿童的家庭是单亲家庭，而在控制组中完全没有单亲家庭的样本）和有问题的儿子（85%的问题儿童都是小男孩）'？为什么不表述成'母亲通过对坐在等候室的儿子不当行为的批评，来对儿子施加适当程度的控制'？虽然是在批评孩子，但是这些单身母亲深知她们全程处在被观察的状态，所以她们柔化了自己的各种批评，其语气也更积极向上。这何尝不是一种比'心理不正常的母亲在给孩子传达矛盾信息'更好的解释？"布根塔尔研究团队得出这样的结论："这个现象与双重束缚假设吻合，但认为矛盾的沟通方式不限于患精神分裂症的母亲。"另一个问题就是控制组的问题，研究人员似乎没有意识到在大学心理学系里开展的实验对被试来说有很大不同（其中有一组人是知道他们在做什么实验的）。研究人员似乎也忽略了样本比例，实验组样本有18个，而控制组只有9个（你还得排除那些没有"符合沟通行为标准"的实验对象），这种设置违反了卡方检验的假设，还有对少量样本的必要修正。因此，任何观察到的与统计预测不符的微小差异，恐怕就是那些身处心理学院的单身母亲（一举一动都在众目睽睽之下）变得不知所措的结果吧（因为评委们确实是这样对待她们的）。

"我对他说，'给我坐好了，你这个熊孩子！妈妈就求你一次，乖一点好吧！'"要是我在这场实验里，恐怕也会和这些母亲们一样大喊大叫吧。在这场实验场景下，母亲们如果能把愤怒化为力量，估计嘴边的麦克风都会发颤。至少，这样她们就不会被判定为因为不正常的交流模式而造成了孩子的"异常"行为了。

还有一个不争的事实，关于精神分裂症母亲的这项假设，研究者提及其理论"在很大程度上参考了轶事资料"。不过，估计他们今后不会再以这项研究为依据了（这只是他们徒劳的希望）。因此，它现在听起来就是基于可靠实证证据的研究了。

这项实验看起来是为了得出一个结论，但在这场缺乏对人类沟通行为的理解、分析和洞察的实验"显微镜"下，结果给人的感觉就是对"心理不正常"的母亲们施加更多的谴责。用双重束缚的概念设定的"标准"，在等同的沟通渠道下出现了一定程度上的差异，这种结论显然有误；但对于那些想把谴责范围从精神分裂症患者母亲扩大至患有其他疾病的人来说，这个结论已足够正确了。被谴责的对象不仅要对精神分裂症负责，还要对其他很多事情负责。

聊到现在，你可能开始在想，问题出在哪儿了？为了理解这一点，我们有必要在更广阔的语境下思考贝特森的研究[如哈特韦尔（Hartwell）在1996年所做的一样]。这种贝特森式精神分裂病患母亲的观点（由特定反复出现"矛盾"的沟通特征来界定）源于更早之前的研究。1927年，哈里·斯塔克·沙利文（Harry Stack Sullivan）将精神分裂症描述为"一种不健康的心理调整策略"。沙利文指出，一旦用这种方式将精神分裂症概念化，实际上就是"为像他这样受过精神分析训练的心理医生治疗精神分裂症提供理论依据"。沙利文的观点源于对一小部分男性精神分裂症患者的治疗，他认为精神分裂症是某些童年经历的结果，尤其与早年的母子关系有关。于是，"诱发精神分裂症的母亲"这一概念由此在他的研究中诞生。列维（Levy）于1931年提出了"过度保护母亲"的概念，这种母亲显然憎恨被赋予的女性角色要求，而且满怀着未达成的野心，因此不让孩子独立。根据列维的观点，"妻子比较强势，愿意承担更多的责任，而且经常贬低其丈夫"。

卡萨宁（Kasanin）等人于1934年将沙利文研究中对精神分裂症早期

The 冲突的演化：那些心理学研究无法摆平的心理冲突
Conflicted Mind: And Why Psychology Has Failed to Deal With It

母子关系的重要性与过度保护母亲的概念相结合，并基于观察而得出了这样的结论：大多数精神分裂症患者都被他们的母亲过度保护和/或排斥过。当然，你会注意到"过度保护"和"拒绝"似乎是两个极端，但它们之间的神秘联系显然就是真正爱意的缺失，取而代之的是"伪爱"的概念。弗洛姆－希曼（Fromm-Reichman）于1948年提出了"精神分裂症母亲"的概念，指出美国母亲在家庭中的权威地位是"主要的家庭问题"，她们的专横可能会对后代的心理健康造成灾难性的影响。

第二次世界大战后，社会巨变，飞速发展，出现了一种全新的社会叙述（在上述语境下却是恐怖的），这一时期的部分特征体现在传统社会中男女性别角色的瓦解。战时，男性奔赴战场，女性则步入工作场所。哈特韦尔指出：

> 有意思的是，女性的抱负不得实现并非致病成因，心理治疗师用于归因的母性特质意义归属才是致病的一大原因。此外，如果精神分裂症患者的母亲开始通过拒绝做家务或拒绝外出工作来实现她的抱负，那么这同样也会成为"导致精神分裂症的原因"。

（哈特韦尔，1996: 280）

哈特韦尔提出一个案例，这个案例源于卡隆（Karon）和罗斯伯格（Rosberg）在1958年的研究，一位治疗师以临床观察为目的，与目标家庭一同生活。报道称，患者的母亲请求他帮忙做家务，治疗师就将其视为母亲的精神分裂症致病倾向的证据，因为她这么做是有意"让男性成员失去男性气概"。而"对家庭主妇角色的敌意排斥"这一特点，是教养态度测试中区分致病母亲和正常母亲的一个维度。利兹（Lidz）等人于1957年将精神分裂症患者的母亲描述为不去履行"妻子的职责"——"她们在主要交往领域公然越轨，而且经常习惯性地忽视或回避丈夫的要求"。还有一个能作为"范式"的案例，利兹和他的研究团队（基于他们带有强烈偏见的纽黑文上流社会样本）的研究，以一位来自富裕家庭的前职业女性为研究对象，她很讨厌做家务，因此误导了孩子对男女性角色的理解，并拒绝承担作为妻子和母亲（均属牢靠的社会身份）所要履行的义务。这就是贝特森双重束缚理论的主要背景。关于双重束缚，哈特韦尔提出了以下观点：

> 它是一种精神分裂症理论，它将引发精神分裂症的不同类型的母亲联系在一起……有专横且不友好的母亲、卖弄柔弱的母亲、满身刻板印象的母亲，以及极具控制欲的母亲，她们如今都被收录到这个理论框架下。帕洛·阿尔托（Palo Alto）研究团队的结论，相当于为正在瓦解的致病母亲理论架构增援。他们将母亲的病理效应设定在超交流水平。
>
> （哈特韦尔，1996: 286）

她还指出："贝特森（1956年）这篇涉及精神分裂症母亲的文章，如今经常被人引用，而母亲的话语则成了人们关注的焦点。"现在你应该能理解，在类似的人际交流理论并没有任何先验要求的情况下，为什么贝特森的所有案例都只涉及母亲了吧？现在你也许能明白，为什么它的某些狡猾话术非得这么表述，才能把如此一系列相互矛盾的发现联系在一起了吧？

贝特森的理论主题均为接近和逃避，道理如同生命本身一样。这是基

The 冲突的演化：那些心理学研究无法摆平的心理冲突
Conflicted Mind: And Why Psychology Has Failed to Deal With It

于这一理念的空想理论。你可以想象其中的空想性，你所在的世界是一个无法理解交流本质的世界。贝特森试图将精神分裂症的各种表现都与这一观点联系起来，而重复出现的具体交流特征似乎是这一观点的核心，这种研究方法看似高明却极其不符合情理。其高明之处在于，它用最简单的假设解释了如此大量的现象。奥卡姆剃刀原则可能是我本科时（甚至是我这辈子）看过的最清楚的实例了，其荒谬性在于，他们收集的轶事案例证据并不能支持任何好比"精神分裂症理论"的理论。不过，他们的确持有一些观点，而持有这些观点是基于某些原因的。这时候，我们就需要从心理学以外的角度来理解其中的秘密。

语言和非语言沟通之间的冲突

整个理论的核心是语言和非语言行为之间的关系。贝特森的众多例子都是基于这种存在冲突的沟通方式。我们已经在手势的例子中略微思考了这一点，但是贝特森还特别提到了许多其他重要领域的非语言行为。如果我们想理解沟通中可能存在的冲突，就需要关注这些沟通模式或渠道之间的关系。这种想法的关键在于，语言和非语言行为本身就是被设计出来做不同事情的。非语言行为（通常包括肢体表达和部分语调语气）是人类情感表达、人际关系建立、人际态度协商和表达的重要领域，它在心理学等研究领域中有着非常重要的历史地位。充满争议的常常是语言，口头沟通的渠道主要用于表达对世界的事实或语义信息。而非语言渠道有其天然的社会功能——"对于动物来说，它的作用是管理最直接的社会关系"的观点由牛津大学心理学家迈克尔·阿盖尔（Michael Argyle）于1972年提出。贝特森写道：

表达的冲突：关于双重束缚的研究 第4章

> 非语言沟通的话语似乎恰恰与人际关系有着牢固的联系……因此，从适应性的角度来看，其关键在于，这种话语的发生方式应该是相对无意识的、并非完全受自我意识控制的。
>
> （贝特森，1968: 614-615）

我们都可以说"我爱你"，甚至有些人还说得轻而易举。不过，与语言方式相比，用非语言的方式假装爱某人的难度相当大，至少贝特森是这么认为的。因此，人们用非语言的方式来表达关系，这类交流方式不太受自我意识的控制，因而可能更能表达真实的想法，但同时也更模糊。我们的身体发出这些信息，却没办法对所传达的信息负责任。

贝特森还指出："非语言沟通方式所起的作用与语言沟通完全不一样，当语言沟通不适合表达的时候，非语言沟通就可以起作用。"他还说："非语言的沟通方式能精确地聚焦在关系上，如爱憎、敬畏、恐惧、依赖等，包含了人与人或人与环境之间的关系。"因此，在心理学等领域的论调基本上会认为非语言沟通能够完成语言不能表达的东西。而另一方面，语言带有强烈的人类属性，关注对世界的思考和抽象的概念，以及对外界环境的复杂信息的沟通。如今语言和非语言行为的功能性分离已成为心理学上一种公认的正统观点。迈克尔·阿盖尔在1979年与彼得·特洛威尔（Peter Trower）合著的一篇文章中写道："人类使用两种完全不同的语言 [语言和非语言沟通]，每种语言都有自己的功能。"这也许是心理学家对语言和非语言沟通，以及两者间关系最基本的，也是最清晰的阐述了。无独有偶，彼得·特洛威尔、布丽奇特·布赖恩特（Bridget Bryant）和迈克尔·阿盖尔在他们1978年出版的《社交技能与心理健康》(*Social Skills and Mental Health*)一书中写道："在人类的社会行为中，非语言沟通渠道似乎是用来处理人际态度的,而语言沟通渠道主要是用来传达信息的。"

这就是双重束缚所依附的广义结构。贝特森认为,这两个渠道之间的关系是造成双重束缚的关键。双重束缚包括"二级禁令在更抽象的层面上与一级禁令相冲突;如同一级禁令一样,二级禁令也是通过威胁生存的惩罚或信号来传达限制"。贝特森指出,二级禁令通常是通过非语言手段传达的,如"姿势、手势、声调……都可以用来传达更抽象层面的信息"。他再次指出,尽管许多非语言信息具有明显的拟象性,但它们还是更"抽象"的信息。要想理解这一点,则可以参考他在其他领域研究人际交流沟通模式时所写的内容:

> 以玩耍、非玩耍、幻想、祈祷、隐喻等为例,即使是在低等哺乳动物中,似乎也存在着一种交流信号,而这些信号都能被识别为具有特定的意义,如"玩耍"等。这些信号显然比它们分类的消息具有更高的逻辑类型。对人类而言,其沟通框架、对信息的标签化,以及赋予意义的行动都已发展至相当复杂的水平。但与此同时,语言对这些信息的区分还停留在非常低的发展水平上。在识别这些高度抽象但至关重要的信息标签时,还是主要依赖沟通中的非语言媒介(如姿势、手势、面部表情、语调和语境)来判断。
>
> (贝特森,2000: 203)

在这个层面的意义上,贝特森认为非语言行为更为抽象。它们可以为你具体描述一种话语。比如,当我说"我爱你"的时候,非语言行为告诉你这个话语意味着:

- 我的真情实感；
- 一个玩笑；
- 一个不友好的玩笑；
- 一种挑衅；
- 只是为了和你上床；
- 想让你也对我说出同样的话，用伊曼纽尔·谢格罗夫（Emanuel Schegloff）和哈维·萨克斯（Harvey Sacks）于 1973 年提出的术语来说，这是"邻接相对"（adjacency pair）的第一部分；
- 道歉。

说话者想表达的含义可能是上述任何一种，而非语言行为在"此类信息的构建和标记"中显得至关重要。这表明，非语言信号在人际关系的信号传递中作用尤为强大。毕竟，作为真诚表白的"我爱你"和作为不友好玩笑的"我爱你"，会给一段关系带来质的改变。

我曾提过，有两组实验证明非常关键：非语言行为在人际关系领域的力量要大于语言沟通。第一组是由加州大学洛杉矶分校的艾伯特·梅拉比安（Albert Mehrabian）完成的，发表于 20 世纪 60 年代末。梅拉比安对交流中的各种沟通渠道（包括单词的实际意义、语气、表情和声调）做了调查，观察它们的一致性和不一致性所产生的影响，以及它们对于人际沟通态度的影响，特别是对于判断好感程度的影响。在第一项实验中，他选择了三个表达喜爱的词——"宝贝""谢谢"和"亲爱的"；三个被判断为中性词的词——"也许""是真的"和"哦"；还有三个表达厌恶的词——"不要""畜生"和"太可怕了"。两位女性说话者分别用积极的、中性的和消极的语气来朗读这九个单词，并配之以相应的表情，然后将这些语音信息播放给几组评委听。在第二项实验中，实验者选择了中性词"也许"。

这一次，说话者运用了不同的面部表情：积极的、中性的或消极的。在这项实验里，给评委们展示的是信息的录音和说话者的照片，并让他们对两项实验的沟通评分，判定说话者给人的印象是积极的还是消极的。

梅拉比安从这些研究中得出结论，反映人际态度的两种沟通渠道——面部表情和语气——起到的作用，远大于语言渠道。而上述三个渠道在传达信息时的相对贡献比例分别是：面部表情渠道占55%，语气渠道占38%，语言渠道占7%。梅拉比安得出这样的结论："当语言沟通的态度和其他沟通渠道暗示的态度不一致时，则其所暗示的部分（非语言成分）将主导人们对于整个信息的判断。"

这项研究第一次直接对语言和非语言渠道在表达人际态度时所显现出的影响值进行了探索，并且研究中的一系列数据也是在流行文化环境中获取的。大多数人可能都听说过，在表达人际关系态度的领域，非语言行为是语言表达作用的13倍，面部表情是语言表达的8倍。因此，乍一看，我们可能会得出这样的结论：非语言行为有相当大的影响，并把这个结论用来支持贝特森的理论。然而，梅拉比安观察到的并非如此。她对这项研究和双重束缚关系的看法是这样的：

> 双重束缚理论的基本假设是，当讨论心理障碍和矛盾信息之间的关系时，后者非常模糊，难以解释。但如今我们知道这一假设并不准确。当信息中的言语部分和暗示部分不一致时，人们仍然可以很容易地了解对方所要表达的真正含义，也可以根据暗示部分做出判断。

（梅拉比安，1971: 86）

换言之,"抽象的"非语言渠道可能是理解"我爱你"话语的关键,但它不会让信息的接收者产生困惑。

然而,梅拉比安这项基本范式的问题在于,它并没有真正去思考语言在人际态度表达中所起到的作用,至少没有用我们通常理解的语言,以及有意义的句子来表达感受,而是用单个词语,如"亲爱的""畜生""也许"。在现实情况中,如果可以不只说一个字,那么没有人会一直用一个词来表达要说的话。"亲爱的"作为一个单词,表达作用有限。而且,梅拉比安在测试面部表情和语言表达线索时,她没有用录影的形式将两者同时呈现,而只用了一张表情照片外加一个词组。换句话说,研究的被试只是简单地看了一张特定面部表情的照片,然后再听到一个词语,就得在脑海中整合这两个信息并做出判断。因此,这项实验并没有真正做到对正常社交行为或社交判断的模拟。这样一来,我们就有必要对从中得出的结论保持警惕。

20世纪70年代初,迈克尔·阿盖尔及其同事在牛津大学进行的两项实验,乍一看似乎触及了其中许多问题。这些实验作为两项重要研究,由阿盖尔等人分别于1970年和1971年发表。事实上,它们不仅是重要的研究,还成了"引文经典"。这些实验的基本方法简单且直接:他们使用三段口头信息,而不是单个单词(在一个实验中,分别是敌对的、中立的或友好的;在另一个实验中,分别是优越的、中立的和低劣的)。分别以不同的非语言风格呈现(友好的非语言风格是"温暖、柔和的声音,开放的姿势,面带微笑";敌对的非语言风格是"严厉的声音,封闭的姿势,眉头紧锁、咬牙切齿")。研究人员自始至终注意确保语言信息和非语言风格对听者在指定方面的评价有大致相同的影响。以下是实验中消息类型中一个关于敌对的语言信息的示例:"我不太喜欢与这些实验被试见面。我常常觉得他们既无趣又难搞。拜托不要在这里转悠太久,也别对实验说三道四。有些实验被试真是让人讨厌。"

看完上述语言内容和语言风格后，评委会对它们的友好程度或敌对程度进行评分。结果再次清楚表明，在人际态度的沟通中，非语言渠道的作用远远超过了语言渠道。比如，在7分制的评分中，7表示非常友好，1表示非常敌对，用友好的非语言风格传达敌对的语言信息，得分为5.17分；换句话说，这套信息组合被认为是偏向友好的（高于中间值4）。当非语言风格是友好的时候，实际上说了什么貌似真的不太重要；同样，当非语言风格是敌对的时候，说话内容也并不重要。在敌对的非语言风格中，人们对友好和敌对语言信息的知觉差异不大，得分分别是1.60分和1.80分。事实上，用敌对方式传递的敌对话语比用敌对方式传递的友好话语稍显友好，后者会被视为一种矛盾型的沟通，即贝特森所称的双重束缚。

迈克尔·阿盖尔根据这些结果得出，关于人际交往态度，尤其是在友好与敌对的维度上，非语言沟通的影响是语言沟通的12.5倍。而在不同层级的人际态度上，即上下级关系中，非语言沟通的影响是语言沟通的10倍以上。

这些数据与梅拉比安的实验结果非常相似。这一系列的研究引起了公众的共鸣，并为意欲研究非语言交流重要性的学者提供了精确的数据。这些研究表明，非语言沟通不仅非常重要，甚至在我们日常生活中了解人际态度的表达以及人际关系的建立时，可将口头语言忽略不计。这也意味着我们可以忽略语言和非语言沟通之间的联系，因为在上述实验中，评委们似乎就是这么做的。尽管在这项研究里他们要证明非语言沟通的强大力量，但阿盖尔同样没有发现信息接收者对信息感到困惑的迹象，"并没有发现双重束缚的现象，当语言和非语言的线索相矛盾时，他们都只是忽视语言信号"。

尽管这两套研究奠定了很好的基础,但在我看来,这两个具有开创性和影响力的研究仍存在一些根本性弱点,这些弱点确实对结论有所限制。让我们看看问题出在哪儿。

第一,在牛津大学的一项研究中,让被试观看一组连续九次沟通的录像,这些录像由一个人来诠释,其中语言和非语言沟通方式都是系统性地变化的,其脚本也被明确编码。因此,这个实验的目的对于任何一个被试来说都是非常明显的,他们很快就能看出来实验者想干什么,因此可能会在实验中顺应研究者的想法。这在心理学研究中时有发生,被称为实验的需求特征(demand characteristics)[不过,有时会出现相反的情况,即被试在弄清实验者想要什么以后,却故意不去做,这就是俗称的"去你的效应"(f... you effect)]。如同这项研究,当心理学实验目的过于明显时,这一直是心理学研究必须面对的坎。

第二,要想准确测量语言和非语言沟通相对应的重要性,就得从一开始测量这两种渠道的影响力。如果单独测量,它们的强度就必须是等同的。因此,这些研究充其量只能告诉大家,在沟通元素强度被人为设定的前提下,人们对某一类沟通的看法如何,而其实验证据不能给出更普适的范围中,语言和非语言沟通影响力的大小。同时,在现实生活中,人们很可能不会这么明确地表达友好或不友好的信息。比如,让我们回到那句不友好的语言内容:"我不太喜欢与这些实验被试见面。我常常觉得他们既无趣又难搞。"这句话除非是在开玩笑,否则谁会对别人直接说出口呢?而用友好的非语言风格(温暖、柔和的声音,开放的姿势,面带微笑)表达出来的时候,可以理解为被拒绝后的自我解嘲,否则除此之外还

The 冲突的演化：那些心理学研究无法摆平的心理冲突
Conflicted Mind: And Why Psychology Has Failed to Deal With It

能做何解读？别忘了，这就是我们在这场实验中能获知的。

如果我们不把信息说得这么明确清楚，那么结果会怎样？如果我们用更真实的语言表达，然后使用相同的基本表达方式，那么又会发生什么？又该怎样理解呢？如此这般，非语言沟通元素还会不会让语言沟通元素显得一文不值呢？我们可以做一个精简的心理实验，用明确但（以我的经验）在生活中常用的一句话开始："麻烦离开这里好吗？"

这句话会通过以下两种方式呈现：

> 友好的非语言风格是温暖、柔和的声音，开放的姿势，面带微笑；
> 敌对的非语言风格是严厉的声音，封闭的姿势，眉头紧锁、咬牙切齿。

这两种情况都不难想象。你也可以试着对着镜子传达这两个信息，或向朋友传递这些信息，后者效果更好。我猜想，在这两种情况下，我都会立马理解其信息的含义，然后走人。第一条信息，我想象是由一位女主人表达出来的，你知道我指的是哪种人。她可能是想让我在一个奢华的派对中回避一下。第二个信息，我想象是由夜总会的保安表达出来的。这两种语言都带有明显的敌意，但女主人在显露敌意的同时，主要也是为了其他客人的利益（因此才有了这种友好的非语言风格）。然而，在传达她不友好这一基本态度时，语言信息比任何伴随的行为都重要得多。这也许称得上是直接却真实的要求，我想，在许多晚宴上大家应该都遇到过（还是只有我这样呢）。

不排除有另一种可能性，即这只是一段陈述，而不是一个请求或命令,就像"你曾经也是个很好的人"这样简单的陈述。

同样是通过以下两种方式呈现:

> 友好的非语言风格是温暖、柔和的声音,开放的姿势,面带微笑;
> 敌对的非语言风格是严厉的声音,封闭的姿势,眉头紧锁、咬牙切齿。

我猜测,友好的风格的非语言行为既不会改变也不会软化这一基本信息。这不是一个友好的声明,其实,用这种方式表达效果会更不友好,因为这就好像说话者已尝试理解,但尽管做出了尝试,她还是说出了这段声明。而在敌对的风格中,说话者可能已经情绪失控了。

需要强调的是,在人际沟通中,心理学家从来没能真正量化语言和非语言沟通的相对重要性。这是一个费时费力的实验。我虽举了几个执行起来好像很简单的例子,但细想从这些实验中得出的结论普遍尚待进一步考证。我们需要具有代表性的不同话语的大样本库,样本覆盖语言的所有功能以及不同的语境。我已经在上面的几个语境中概述过,你也可以想到可能会影响话语诠释的各种语境。毕竟,话语只有在语境中才有意义。

如果你对此表示怀疑,那么让我们回到第一个句子("麻烦离开这里好吗?"),这次是稍微不同的语境。想象一下,夜晚结束的时候,夜总会保安以友好的非语言风格(温暖、柔和的声音,开放的姿势,面带微笑)传递这一信息,是不是觉得突然就变得很友好了?这个时候正值打烊,所有人都得离开。况且,保安是用一种非常友好的方式提出请求的。信不信由你,我真的做过这个实验。我让一个相熟的保安用这种非语言行

The 冲突的演化：那些心理学研究无法摆平的心理冲突
Conflicted Mind: And Why Psychology Has Failed to Deal With It

为请人们离开。然后我去询问其中的一些无辜的顾客，看看他们是如何理解保安的话的。如果那时是晚上闭店，顾客就会表示："很好，保安很有礼貌，也很友好。你是在做客户满意度调查吗？"我还让保安在离闭店还早的时候用同样友好的态度对另一位顾客说相同的话，这个人看起来就显得很困惑了。他在想，保安是不是认错人了？因为身为保安，是不会无缘无故地让人离开的。请思考，这位顾客是如何理解这段整体信息的呢？这种以"友好"的方式传达"不友善"（在这里，我确实需要使用引号标注）的信息？实际上，这位顾客感到的是威胁。"他用一种轻描淡写的方式问我，"第二位顾客解释说，"他真的很不友好，好像如果我不马上走，他就会狠狠揍我一顿似的。可是，我其实什么也没做。这种感觉很令人讨厌。"而当我告诉他这只是个小测试时，他笑了。

正如你所看到的，情况变得更加复杂了。我们能从中得出结论，"人际关系态度几乎都是由非语言行为来表达的"，但它看起来有点站不住脚。而"人类使用两种完全不同的语言，每种语言都有各自的功能"这一总体结论看起来也不那么可靠。

回到迈克尔·阿盖尔的研究，如何才能让研究更具说服力？首先，我们得确保实验室里人们的行为能够反映现实世界的行为。要是我们像实验中的人那样直言不讳，那么想必人人都会显得咄咄逼人吧。要是语言表达不那么直接，并且言出有理、更接近日常生活中人们说的话，那么是不是就不会在这类实验中被当成笑话那样被忽视了呢？重要的一点是，我们之所以还没得到答案，是因为这个实验还没有人开始做。

到这里，你应该想知道，语言是如何在日常生活中以委婉的方式来表达友好的（我脱口而出了几句敌对的话，而我再一次思考你听到这句话后对我的看法）？这里有几点建议，你还可以再加上你自己的做法，因为语言的表达方式可能是相当多的。不过，我建议首先可以开启一个话题：叫对方的名字、赞美、暴露内心、作为回报性的自我披露、问个人问题、做一些口头的约定、分享共同的观点、共享儿时的记忆，以及为对方提供帮助、服务和支持。这些都是语言本身在人际沟通中发挥的作用。

在交流中表达人际态度的时候，这些语言策略与恰当的非语言形式（如面部表情、姿势、微笑和皱眉）相比，谁更重要呢？我们不知道答案，但我的猜测是，这些语言并不像20世纪70年代初那些独具开创性却漏洞百出的实验结论那样很容易被人忽视。重申一次，这并不是要反对非语言交际的重要性，而仅仅是为了表达对语言的平反，以及从人际关系和深度沟通的角度探讨语言和非语言沟通的关系。

我还要对这些研究补充一些更具体的批评，这些批评是必要的，因为他们的结论有着广泛的文化影响力。在牛津大学的这项实验中，这九次沟通只由一个人来诠释，这个人被描述为"一个漂亮的女学生"。换句话说，我们对结果的普适性毫无线索。我们怎么知道结果不是针对这个人的呢？所得结果对男学生来说是否适用、对不那么"漂亮"的学生来说是否适用、对整个大众群体来说适不适用呢？我们不知道。但在几年前，我尝试找了一位男性说话者来再现当初的研究，结果却远没有那么明显。例如，在我的研究中，被试给"友好的语言和敌对的非语言表达方式"打的分为3.90分，与最初的研究结果相比，这次的得分基本上可以认为是中立的，而不是非常敌对的。

此外，在最初的研究中，评分者们看到的语言和非语言沟通是隔着电视屏幕的，并且是录制的特定录像。但在现实生活中，我们在社交时有时会看着对方,有时则不看。这种眼神交流变化取决于关系亲疏、双方的相对地位、坐或站的位置、说话的内容、内容结构,以及交流时的情绪(如害羞、尴尬、内疚等)。在现实生活中,由于各种原因,沟通者很有可能会错过不少关键的非语言信号。在迈克尔·阿盖尔的经典实验中,却从来没有把这种可能性考虑在内。同样,这些实验也未能模拟出现实社交生活的沟通模式及其复杂性。综上所有原因,我们对这些经典实验结果的解释需要非常谨慎。

不过,阿盖尔及其同事也认为,实验中这些精心设计的语言和非语言信息应该对双重束缚理论有所启示。在对上下级态度沟通的研究里,他们"没有发现双重束缚效应的证据"。他们发现,当出现明显的冲突时,沟通参与者会直接忽略语言信息。然而,在有关友好或敌对态度的研究中,他们则发现了一点双重束缚的端倪,即当语言和非语言所传达的信号在积极和消极面上不统一时,做出这个行为的人就会"被认为情绪不稳定、不真诚,以及让人感到困惑"。当然,这并不是这项理论的主要假设。如果贝特森的个案研究能够得出"他们(致精神分裂症的)母亲是'情绪不稳定、不真诚以及让人感到困惑的'"的结论,她们的孩子大概就不会被假定有重大的临床病理问题。毕竟,依据当时的情形,这套带有倾向性的、归因的、带预设的研究结论除了与健康相关外,还有其他原因。我猜测,如果要内化这些沟通现象的归因,或者把责任推到沟通系统本身,情况就会变得更糟。

不过,还有一个非常重要的观点,是关于各种沟通渠道的性质以及它们是如何构成双重束缚理论的。贝特森已经明确提出(正如我们已经看到的):

> 非语言沟通中的信息很可能与人际关系有很大的关系，因此，从适应性的角度来看，重要的是，这种话语的关键应该是通过相对无意识的、不完全受主人控制的方式来进行的。

但与此同时，他说："对信息和带有意义的行为贴标签和框架化，目前已经达到了相当复杂的程度……而我们主要依靠姿态、手势、面部表情、语调和语境等非语言媒介来传达这些高度抽象但至关重要的信息标签。"最明显的结论便是，倘若精神分裂症病患家庭的动态沟通中有复发性的矛盾沟通，那么双重束缚就不是故意产生的，至少并不是故意通过释放权力信息，以及抽象的非语言信号（如框架化和贴标过的信息）等机制来产生双重束缚的。因为这些行为都是"相对无意识的、不完全受主人控制的"。如果要把任何生产矛盾沟通信息的人标记为"束缚者"，就可能会让这个人非常不高兴，因为这代表其所有隐含意义的行为都是经过深思熟虑的。那么，还有可能反过来推断吗？让我们再次回顾这个经典的例子。孩子拥抱母亲，母亲的动作变得僵硬起来，他随即收回手臂，母亲又说："你不再爱我了吗？"

她说出的话语是有意识的行为吗？是抽象而影响深远的元沟通信息吗？母亲传达的信息足以让孩子困惑至极，唯有变疯才能在这种环境中适应吗？不排除这种可能，但这与贝特森所说的两个沟通频道的运作完全是两码事。母亲与其说是一个"束缚者"，不如说是一个"泄密者"。

在我看来，贝特森的双重束缚的逻辑缺陷是非常致命的。它在相互作用的事件里识别出疑点，并想立即从中得出戏剧性的和诅咒式的结论。请再三思以下几点：想象一下，这位母亲在被精神分裂症儿子拥抱的时候确实变得非常僵硬，那个拥抱本身是怎样的？是因为爱得不够吗？这会不会

The 冲突的演化:那些心理学研究无法摆平的心理冲突
Conflicted Mind: And Why Psychology Has Failed to Deal With It

是导致她身体僵硬的原因？或者也可以把这种非语言行为理解成卡尼曼的术语"系统1的思维方式"，比语言行为更自动化、更快、更无意识，这样又可以解释成什么样子？母亲是不是因为这个动作泄露了真实感受，还企图用对儿子的评论来为自己辩解？其实不一定。非语言行为既会受人际关系的影响，也会受当下环境的影响。说不定母亲僵硬的那一幕只是精神科医生或贝特森本人观察到的，也说不定她在众人面前没法表现得很自然？而当她的儿子收回他深情的拥抱（假设儿子的拥抱具备真情实感，因为很多拥抱都做不到这样深情）时，她就更不喜欢被人观察的感觉了。拥抱通常是一系列互动中的组成部分，但这在分析中被贝特森忽略了。为什么仅一位母亲对其接收信息的表现会影响一个人对元沟通的理解呢？难道人类不具备天生的性格洞察，不喜欢通过行为者的性格来解释行为吗？为什么儿子不退一步去想，我的母亲是不是对亲密关系有所恐惧，或是在陌生人面前不善于表达自己的感情？为什么贝特森作为观察者，不会自然而然地想到这种解释？为什么儿子会直接认为是沟通系统本身的问题，而不是母亲的问题（即使真的有什么问题在先，缺乏语境，我们也很难下定论）呢？如果母亲想要的不是这种拥抱，而是另外一种拥抱——一种更深情的拥抱、全身心的拥抱、带亲吻的拥抱，那会如何解释呢？是否也可能是因为那个拥抱对母亲来说还不足够呢？她可能做出了某些暗示，但并不一定是贝特森设想的那样。

除去上面的分析，我们还有没有什么遗漏？贝特森的分析是对行为的孤立观察，是对自然语境的忽视，是对互动中行为顺序的破坏，是对行为和意图简单粗暴的解释。本该属于系统1中的反应却被放在系统2中解读，于是这代母亲就因为其下一代的每个失败而遭到直接或间接的指责，反正人们都认为她们孩子所有的错都是因为她们的错。母亲对我的双重束缚，或者说，在我读本科的阶段，在哲学老师的鼓励和教唆下，我认为我发现了母亲双重束缚的证据。但到了后来，我就不那么肯定了，其实我根本就不确定此事。我想她只是希望日理万机的我能给她更多的爱，以及更多一点理解。不多不少，仅此而已。

误人的心理学

有件物品，我本想置之不理，但有时并不那么容易。最近，我站在我家客房里常常想起我的母亲，想着学来的各种心理学知识，也许我还会想用什么心理防御机制来对待她。这个物品就是我在她卧室最上面的抽屉找到的一个瓶盖，母亲之前就把它放在那儿，但我从没留意过。虽然说这是她的卧室，可她已有12年没住过这里了，尽管过了那么久，房间里仍然有她的味道。这是一种很奇怪的感觉，气味在此流连未散，就像无法摆脱的旧时记忆。我捡起这个瓶盖，凑近闻了闻，想看看它是不是还带着威士忌的味道，但其实我什么都没闻到，它闻起来就像是一块旧金属，满是铁锈味，就像常见的金属栏杆散发的气味。

当然，我还记得母亲喜欢喝酒，每天晚上都要喝上几杯，可能不止几杯。"人生多快活。我只是想和人社交嘛，"她说，"我平常不出门。孤身一人的时候，我就希望能和别人喝一杯。"她会问我当晚给她买了什么威士忌回来，然后对我选的酒挑三拣四：太便宜、太贵、太普通、太奇怪……我总是挑不对，也从来都没挑对过。"我要和你喝一杯，快去把你买的酒拿来。"尽管嫌弃，她还是会去喝，在她近乎仪式感的挑三拣四后，她大概会在两杯下肚的时候起了兴致，脸上有了光彩。

"我希望你别只买一瓶酒。我之前在一家无照经营的店里工作，我们

The 冲突的演化：那些心理学研究无法摆平的心理冲突
Conflicted Mind: And Why Psychology Has Failed to Deal With It

就常常嘲笑那些手上有点小钱的人，说他们过来只买一瓶孤独的酒。我们说，他们真可悲，没有朋友、没有社交，就是个孤独的王老五。我和其他女孩总是说，这种男人通常会在11点一个人孤零零地上床睡觉。只要家里多放几瓶酒，至少你有东西可以期待。长夜漫漫，一切都有可能。"

她向远处瞥了一眼，梦想着那些充满可能性的日子，那时她在城里还算年轻，所有的事情才刚刚开始，她都还没开始思考以后的路。

我向她保证，我不像那些男人那么可悲。

"你喝得太快了，"她说，"要赶上你真不容易。"但她总会最先喝完，暗示我要下楼去续杯了。我给她倒了杯"一切都有可能"的酒。"自从你父亲去世以后，"她常说，"我感到非常孤独，孤独死了。每天晚上我都独自坐在那儿，踝关节不太好，就等着你给我打电话。在我去英国看你的时候，你又总是出门享受，把时间留给各种紧急事务，就是没有留给我。我在工厂工作那么多年是为了什么啊？让你读书，这样你就可以到处乱跑了。"

母亲的眼泪开始一滴滴地流了下来，我真的不忍心看下去。

"我们睡个好觉吧。"我会说，然后把杯子里的酒一饮而尽。

"所以你表现得像个大男人，大电影里的有钱人。"

"我喝得太急了，有点难受。"我会假装这么对她说。这时，我又成了一个孩子，在那破旧加工厂的房子里，潮湿的墙纸快要从墙上脱落。在这之后我去接受了教育，回来以后就成了"小势利眼"。用她的话说，就是一个以自己出身为耻的势利眼，被所谓的教育和外面的花花世界蒙蔽了双眼。我发出更多的干呕声。她在世事沉浮、阴晴圆缺、乐观与绝望杂糅的情绪间大笑了好一会儿，最后才安定下来。

"受过那么多教育，你还在胡说八道。你只有在装傻的时候才会开心，当然，是拿我开涮。别以为我看不见。喝什么能让你难受成那样？你做的这些事一点用都没有。那种小把戏在大学能给人好印象吗？这一点都没有打动我，总有一天你会后悔的。"

当然，这已经成了我分散她注意力的惯用手法了，让她别再去想贝尔法斯特的麻烦事，以及在来英格兰看我的期间别再想在老家可能会发生的事。来英格兰，她要穿过一道海峡，用她的话说这就是"过条河的事"。有时这么做挺有效的，分散她注意力就是需要些伎俩，这也是为什么我总要让她振作起来、克服内疚感。我做了很多让自己愧疚的事。在学生时代放假回家，我不只是对着母亲聊洛伦兹或是埋头学习各种认知理论，我还告诉她艾森克的种族认知差异理论，以及黑人和爱尔兰人为何没其他种族的人那么聪明（在贝尔法斯特，这种话题总能炒热一会儿气氛），以及母亲的双重束缚沟通导致儿子患精神分裂症的事。我和母亲坐在一起的时候，耳边总是想起老师的话，评论母亲对我说的话和那些无声的动作，我还会回顾从前的笔记，在脑海中把这些现象进行编码分析。我用我稚嫩的大学新生的语言，还有稍微改好了点的贝尔法斯特口音向母亲解释，什么是精神分裂症的致病母亲。而她坐在那回头看着我，眼睛里慢慢地涌出泪水，操着一口浓重的贝尔法斯特口音说："你为什么要恨我呢？"

"我恨的不是你，母亲都会这样。她们不是故意的，只是习惯这么做罢了。"

当然，我最终长大成人了，对我做的这些事感到非常后悔。我用一种未经检验和未经证实的理论来应对我内心深处对父亲的渴望，而我和母亲对此都无能为力。后来和母亲聊天，我尽量不去说有实质内容的话，我就是这样，我只是想表现得有趣些（毫无疑问，贝特森也会这样解释的）。我真可笑。

而对于那天晚上，我早该警醒，母亲终于说她忍无可忍了。"我要去睡觉了。我还想着你会对我说些有用的话，你接受了那么多教育，而我只能一个人待在家里。但你就是不说，你就是喜欢拿我当傻瓜。"

她第二天一早就回家了，而我只回家看过她一次。几个星期以后，她在睡梦中离世了，这正是她一直向往的死法。她的死是邻居发现的。我回家准备葬礼时，邻居坐在母亲前房的一张带有花香的垫子上，上面有浓重的薰衣草香氛味。邻居说："你母亲按照她想要的方式平静地走了。"

我又拿起了这个瓶盖。想起母亲经常说我总是买错酒。她还说我是故意买错的。我又闻了闻金属的味道，想起从前和母亲一起分享这瓶酒，人们都这么说，分享一瓶酒。但人已经不在了。他们知道分享是什么吗？除了无法释怀的悲伤，我和母亲还能分享什么呢？这种共同的悲伤本该让我和母亲靠得更近，我却没让它发生。这些心理学理论不仅没有帮助我们，反而让事情更加恶化、糟透至极。

总结

- 双重束缚是指在家庭成员沟通中不时出现的一种矛盾的沟通方式。
- 格雷戈里·贝特森认为，要对双重束缚承受者造成伤害，其矛盾的沟通方式就必须反复出现，并涉及某种形式的威胁。当一段紧张的关系中出现双重束缚时，会对信息接收者造成非常严重的心理伤害。矛盾的信息让接收者对信息失去"理性"的反应，这可能与逐渐严重的精神分裂症思维障碍有关。

- 贝特森提出，双重束缚并不一定是单独由母亲造成的，它既可能是由母亲单独所致，也可能是由母亲、父亲或兄弟姐妹共同造成的。在他看来，这个角色要么是母亲一人的行为，要么就是家庭成员共同的行为，这一点似乎是清晰而明确的。贝特森引用的支持性临床案例都与母亲有关。这便是日后促成"精神分裂症的致病母亲"结论的积累证据之一。

- 根据贝特森的观点，沟通中的冲突包括"二级禁令"，这是比一级禁令更加"抽象"的沟通方式，并且再次"以威胁生存的惩罚或信号"表达出来。二级禁令通常以非语言方式传达给孩子，比如姿势、手势、声调、具有意义性的动作和有隐藏含义的言语评论，这些都可以用来传达这一更抽象的信息。

- 舒曼对双重束缚提出后的 10 年里的研究证据述评并不看好，但这并不真正影响其广泛的传播。舒曼指出，没有证据表明，双重束缚在病理沟通特征上具备独有的或与其他病症不一样的特性，也没有证据表明双重束缚与正常的沟通方式真的毫无关联。……也没有证据表明，这种双重束缚的现象与精神分裂症思维障碍的发展有病因上的联系。

- 然而，"精神分裂症的致病母亲"的观念仍在我们的文化中根深蒂固，这只是在更宏大背景下的表现之一。

- 第二次世界大战后，社会巨变，飞速发展，出现了一种全新的社会叙述（在上述语境下却是恐怖的），这一时期的部分特征体现在传统社会中男女性别角色的瓦解。战时，男性奔赴战场，女性则步入工作场所。哈特韦尔于 1996 年指出："有意思的是，并非女性的抱负不得实现，而是心理治疗师用于归因的母性特质意义归属才是致病的一大原

177

因。如果精神分裂症患者的母亲开始通过拒绝做家务或外出工作来实现她的抱负，那么这也会成为'导致精神分裂症的原因'。"

- 贝特森的分析是对行为的孤立观察，是对自然语境的忽视，是对互动中行为顺序的破坏、是对行为和意图简单粗暴的解释。因此，这代母亲就因为其下一代的每个失败而遭到直接或间接的指责。
- 贝特森的双重束缚理论对语言和非语言沟通行为的协同作用做出了未经证实的假设。这个假设在其定下的规范方面是不一致的。
- 关于双重束缚的作用的经验证据充其量是轶事资料，许多人却用这个理论来指责母亲。
- 在我读本科的阶段，在哲学老师的鼓励下，我发现了母亲对我使用双重束缚沟通的证据，抑或这只是我认为的证据。但到了后来，我就不那么肯定了，事实上，一点也不确定。

第 5 章
THE CONFLICTED MIND

记忆的冲突

关于情感表露的研究

记忆的冲突：关于情感表露的研究 第 5 章

    我坐在特蕾西·埃敏那明亮、通风的工作室里，她的工作室位于东伦敦红砖巷（Brick Lane）附近，冬日的阳光能从外面洒进窗户里。她是一位艺术家，在自传艺术和写作领域，可能没人比她更擅长展露内心的骚动了吧。她有时在创作中用隐喻和寓言来加以伪装，有时却又几乎毫不掩饰。现在，她对身为心理学家的我似乎很感兴趣，想知道我能不能为她的创作提供一些灵感。而此时，我在等着她，随手翻阅着她的作品目录，《当我想到性时……》（When I Think About Sex ...）。上面第一件作品《烂醉如泥的荡妇》（Super Drunk Bitch）是一件贴花结合绣花工艺的毛毯，用大写字母写着简短而尖锐、又不寻常的信息，就好像是一个精神失常的少年在胳膊上刻写的字："愚蠢的烂醉婊子。""小姑娘你叫什么名字？""我是行走地狱的女魔头。"

    "请来这边。"她的助手打断了我，指着一张特蕾西照片前的一张绿色沙发说道。在那张照片中，特蕾西坐在沙漠里，也许是亚利桑那州的沙漠，穿着干净的白色运动鞋，表情严肃，正在看她的第一本书《探索灵魂》（Explorations of the Soul），这本书记录了她的性史。"你是想让她坐在沙发上吧？"助理问道。我微微一笑，说："哪儿都行。"特蕾西前一天晚上参加了埃尔顿·约翰（Elton John）的聚会，并且迟到了很久。

    我问助理："她宿醉得严重吗？"助理答道："我还真说不上来。"她去给我做一杯咖啡，而我则有机会用更八卦和窥探的方式观察工作室的环

The 冲突的演化：那些心理学研究无法摆平的心理冲突
Conflicted Mind: And Why Psychology Has Failed to Deal With It

境，这里有未完成的作品和纪念品，散落一地。有模型汽车、豹子、猫咪瓷器，有一幅画上画着末代教皇昂起头，呈现出他面庞的立体轮廓，还有一张从杂志上撕下来的内页，上面的画面是一个性感女孩正撅着她风骚的蜜桃臀，照片是从背面拍摄的，呈现出了廉价和俗气的画质。我猜，20世纪70年代初，是特蕾西在美国马盖特（Margate）度过的那段童年时期的回忆的副线，也是她童年早期的记忆线索：她11岁时在海滩上被一个陌生人猥亵、强奸，回忆里充斥着大量滥交和非自愿性行为、心理恐吓和暴力。那段日子，特蕾西的心灵就像被黑暗笼罩着，常年远离亚利桑那州的干净的沙漠空气。

水箱上晾着一条黑色的女式短裤，也可能是一条游泳短裤。我知道她是个游泳好手。水壶烧开了，我就把这条短裤翻了过来，果然是一条游泳短裤。这时她到了，穿着一件淡蓝色的衬衫，显得精神抖擞。她走到绿色的长沙发上躺下，舒适而宁静。我很好奇特蕾西·埃敏是怎样的一个人，作为艺术家，她是如何以艺术之名如此坦然地暴露自己的生活和身体的？鉴于她所创作的艺术性质，我想观察分析她的想法，于是用一个问题作为开始：她如何看待周围的人（不仅仅是我）？"有时候我觉得还行，但有时候我真的很多疑。"她说话的时候细声细气，时不时会犹豫一下，语句中还充满着"嗯"声，并且沉思许久。"我有时就是不想让他人看到我内心的感受。不久前，我不得不独自去赶飞机，那时我在外哭了出来。我不想让别人看到我哭泣，于是戴上墨镜遮住。但问题来了，如果我没有戴墨镜，公众看到可能会说'特蕾西·埃敏毫无情绪控制力'。而如果我戴上墨镜，他们就会说'特蕾西·埃敏还以为她是什么大牌艺术名家呢'。"

我补充道："不管怎样，你都觉得会受到惩罚。"她点头微笑。她所概述的便是贝特森经典的双重束缚理论：在这种情况下，无论你选择什么回应都无法逃脱惩罚。你在当下不可能做出理性的回应,不可能向每个人解释你为什么要戴墨镜,因此你戴上墨镜想要隐藏自己的情绪,但一旦戴上墨镜就等于你把自己藏得更深了,你想要躲起来,你害怕别人的看法,对别人看你之后的反应深感怀疑。听到这里,她做了一个轻微的、不舒服的动作。

"人们没有意识到我是很脆弱的。我真的很讨厌在餐厅独处时会有人走过来向我要签名,因为仅仅是去餐厅就已经花光了我所有的勇气了。好了,当我做好心理准备去餐厅,想要隔绝旁人的时候,结果又闯进一个对我抱有看法的人。"

我曾在不记得是什么地方看到特蕾西在"英国最不受欢迎的人"排行榜中排名第41。这会让她有什么感受?"那天我在沙发上睡觉,突然我听到电视上提到我的名字,我就醒了。我知道这些排名都是垃圾,但它还是会打击我的信心。但你知道为什么会有这种排名吧,这都是有人精心策划的。当公众打电话给主办方反馈时,接电话的工作人员会说,'那个歌星吗?我们已经有很多这样的人了,要不你提位艺术家吧,达米恩·赫斯特(Damien Hirst)吗?已经有很多人选他了,要不你选一位女艺术家吧?特蕾西·埃敏?这个不错,我记下来了。'我知道这全是胡说八道,但它就是会让你不舒服。你可以把它合理化,但它仍然存在。"

不过,她合理化的方式是认为有人故意操纵名单而让她难堪。我心想,这是多疑吧。因为在她看来,她在这项榜单上的排名与可能影响人们对她的看法的负面新闻无关,而是与一些更腹黑和蓄谋已久的企图有关。在她眼里,有狡猾的"黑衣人"想要害她,他们就在那里,会在未来某个时间给她一记羞辱。

我想谈谈她早期的经历，于是我提到我非常喜欢她的回忆录《奇异之地》(*Strangeland*)。"这不是回忆录。"她用辩护的声音回答我。

"它不是基于你 25 年的经历而写的日记吗？"我问道。

"这不是日记，这只是我在过去 25 年里写的东西。我不太了解自然和动物，但我知道我自己和我的生活，所以我写的就是这些。"

"作为一名心理学家，我感兴趣的东西，"我略带自豪地说，"是人们记得什么，不记得什么，以及当我们想要理解自己的经历时，记忆是如何变化的。你觉得自己早期经历的复述的背后，这种有意识的反思能够改变你对这些经历本身的记忆吗？"

"也许吧，"她谨慎地回答，"但你还是知道当时的真实情况是怎样的。如果我们都坐在屋里，有人向咱们的窗户扔砖头，那么我们都知道这确实发生了，只是从我们各自的角度来看对此有不同的理解。而从我的角度来看，这些事情就是这样发生的，正如我描述的一样。"

"那么，扔进来的砖头，"我接着说，"你可能会说有人把砖头扔进来是因为有人恨你，而我可能会说有人不小心把砖头扔进了这扇窗户而已。所以我们对真相的看法可能差得比较远。"

"当我把事情写下来的时候，我用的是当下的理解，所以我把它理解为我看到的事实。"

我问她，想让我把这本"回忆录"换个什么名字。

"书，"她有力地回答，"就叫它'书'吧。"

"好，就叫书。书里有个故事，讲的是你 11 岁时在马盖特的故事，当时你在海里游泳，没穿比基尼上衣，因为你忘记带了。你看到一群男孩在旁边玩,你想加入他们。于是他们叫你过来,但其中一个男孩说,'看到了吧?我告诉过你们她就是个男的。'后来他们把你推倒了,然后压在你身上大喊,'男的!男的!男的!男的!'没过多久,你就在沙滩上遇到了'一个全身长满棕色体毛的大块头男人'。你写道,他把你逗笑了,还告诉你,你很漂亮,像一条小美人鱼。接着你写道,'然后我就试着挑逗他。我当时还不到 12 岁,但我知道作为女孩的感觉会很可爱。'"

"当我读到这里时,我对当时发生的事情有一种特别的感觉,我觉得这两件事之间的对比很重要。男孩们因为你缺乏第二性征而欺负你,而那个长满棕色体毛的大块头男人则垂涎你。但我读了后来关于你的采访,你说你是性行为的煽动者,你在书里却没有这么说。书中一开始时男孩们欺负你的事情很关键,这让你的认知变得很脆弱,所以你一开始就和那个男人谈及这件事,而他利用了你的这份脆弱。然而,在几年后的采访里,你突然又要对这整件事情负责。"

我如此这般询问她,她好像有点生气。她把自己的苦难史清晰地注入作品中,而我似乎在质疑,因为我认为,从她口中可以直接得到不同版本的真相。她说:"听着,让我说清楚一点,是我在主导和这个男人发生的事,我喜欢这么做。不过,他不应该任我这么做。即便我已经坐在了他的脸上,他也不应该这么做。他应该想,'这个女孩很可能精神有问题,我应该送她去社会服务机构搞清楚她为什么会干出这种事。'可你要知道,那是 20 世纪 70 年代,他还能有什么办法呢?换句话说,如果我有一个 11 岁的女儿,而她也发生了同样的事情,那么我会把这个男人阉了。这整件事就是错的,错的,错的,错的,错的,错的!"

我觉得这种叙述非比寻常。她要为海边遇到的男人负起责任,并为他

The 冲突的演化：那些心理学研究无法摆平的心理冲突
Conflicted Mind: And Why Psychology Has Failed to Deal With It

开脱（"可你要知道，那是20世纪70年代，他还能有什么办法呢？"），她把所有的责任都推到11岁的自己身上。她要给年轻时的自己安上一个从未有过的动机。但她为什么要这么做呢？是因为特蕾西把这看作一种防御机制吗？因此，在她看来，她能够控制记忆中的一些关键事件，她似乎能成为这些负面事件的受害者；又也许这是为了让大家对她感到震惊，大众觉得自己不能指责一个11岁的孩子因为自身原因而引发一场性骚扰，因此将震惊和愤怒全指向现在的她？她有必要去感受那些让她回忆起童年的消极情绪，还想以此激发自己的创造力吗？或者其实以上两种原因都有？

她继续说道："一些看过我的书的人，说我的经历非常特别，还有书评人说唯一可惜的是这本书应该由一个爱我的人来编辑。问题是，我没有什么参考系，所以从出书角度来说，我太过火了。如果有一个爱我的人来编辑，书里就不会出现这么多过火的内容。没有人告诉我什么该舍，什么该留，因此这本书才会如此地原生态。我知道我必须负责，但这种程度的责任我还是负得起的。好吧，我就是在海滩上给一个家伙做了这种不堪的事情，所以，可以让这个话题过去吗？如果我有一个真正关心我的人，真正关心我的脆弱，那么他可以给我一些建议。说真的，要我承认这些事情，真的太受伤了。"

我试着说："我不明白你为什么一定需要一个爱你的人……"

她打断了我："我想没有人会爱上我。"

"为什么？"我问，稍微抢了她的话，以表示我的惊讶。

"我已经一个人待了这么久了。不只是书上说的，而是我所做的一切。我想我有点过激了，我想我所做的有些事会让人反感。也许你不会反感，因为你是心理学家。我有个朋友是精神科医生，他的工作是研究患有精神病的罪犯。我问他,'你今天工作还好吗?'他说,'哦,我的一个患者今天把自己给阉了。'所以我想说的是,这取决于你看不看得惯,那些被我的故事吓坏的人,说明他们过着受保护的生活。而我的书里真的什么都没有。"

她正巧妙地与我建立一种联结,把我作为盟友,一起去对抗整个世界。"你不会对我的经历感到震惊,你会理解的。"她在对我耳语。她在奉承我,而我在回应她。我问她,身为双胞胎之一,对她的心理有什么影响。

"我觉得我的压力很大,因为我喜欢和别人一起玩。我想我最强烈的孤独感是因为我是双胞胎。我所有的微笑、所有的社交活动都是由酒精推动的。事实上,我希望事情能够自然发展。我不想一直开着酒瓶子,但对我来说,酒精就像打火机。我真的很喜欢那种光芒,但它始终不是真正的能量。喝酒是我走出家门的社交工具。我13岁起就开始喝酒了,但我这么做肯定是有原因的。我在逃避什么?为什么我要躲起来?我经常喝得烂醉,我跑出去跳舞的时候,就把什么事都忘得一干二净了。我曾经很喜欢一个小伙子,我还亲了他,但我一点都不记得了。这是我和他在一起的唯一机会,但我什么都记不起来了。那是一个被忘得一干二净的亲吻,我真的很想知道那个吻是什么感觉。我唯一真正想戒酒的时候,就是我爱上一个人的时候。"

听到她说最后一句话时,我笑了笑,但没有做出回应。她非常强调爱很有可能就是救赎。不过,我转向问她关于性和创造力的问题。对她来说,如果艺术创作者不再那么自由地享受性爱时,他们会变得更有创造力还是更缺乏创造力?

The 冲突的演化：那些心理学研究无法摆平的心理冲突
Conflicted Mind: And Why Psychology Has Failed to Deal With It

"我曾有两年没有性生活，这是相当长的一段时间了。然后我做爱了，我想这过去六个月的作品是我做过的最好的作品。但我想这两年的禁欲是有必要的，它让我理解了性的力量。人们认为我的很多作品都是关于性的，但我还有更多的作品是关于上帝的，比关于性的还多。人们只记得住性的部分，因为那比较容易理解。我有一件很棒的作品叫《与你同眠》（*Sleeping with You*）。我平常一个人睡，而且非常害怕。我经常做噩梦，梦见当我醒来时，觉得房间里有人。一个朋友建议我睡觉时右侧卧，这样我的心脏就不会被压迫，肝脏就能够放松了，否则就会在一种紧绷的状态下睡觉，挤压心脏和肝脏。肝脏与想象力发挥的器官有关，这就是我们在喝醉时会迷失方向的原因。这确实有道理。因此，我创作出了《与你同眠》这件作品，那些螺旋形的东西上有如闪电般的霓虹灯，精致而美丽，我很喜欢它。我创作的一些漂亮的作品好像不是出自我的手，而是出自魔法之手。刚刚说的一切都来自那种坠入爱河的感觉，而当我情绪低落的时候，我是不可能创作出这种作品的，也永远不会明白。这件作品是关于亲密关系的重要性、依赖性、脆弱性，以及和人睡觉需要克服很大困难。"

我问她，和别人睡觉时是否也会做同样的噩梦。

"我试过，我和一个人在一起六年，他说和我睡觉就像睡在电影《驱魔人》（*The Exorcist*）里的女孩旁边一样，我的脸在颤抖，还笔直地坐着。我也会失眠，我也会吃安眠药，但我知道吃安眠药不好。我睡得很早，但大约在四点就会醒来。如果你被剥夺了睡眠，你就没办法享受生活，笑也笑不出来，非常缺水，醒着的时间是正常时间的两倍。我不是因为不开心而睡不着，而是因为睡不着而不开心。"

我发现自己很享受和她在一起的时光。她用无形世界中的持久信念，巧妙地与对环境中物质世界和社会世界的精确知觉相结合，而这种无形世界会对我们的行为产生巨大影响。在你还记得她喜欢告诉别人她那不正常的成长背景的时候，下一秒却能在谈话中迅速建立起融洽关系，这一点让人惊喜。她下意识地以一种特别的方式处理她早年的记忆，从而控制过去。这样，她就不再是荒谬的成人世界中的一个被吓坏的小女孩，而是一个可以在马盖特海滩上玩弄男人的姑娘。她是煽动者，是控制者，至少她现在是这么说的。男孩们可能会觉得她缺乏性魅力，而那个体毛浓密的男人则对她有不同的理解，并达到了目的，这在今天对特蕾西仍有影响。她说："不要随便评判我，其他人可能不会同意你的看法，他们可能还有其他观点。"

从前，特蕾西就一直对关于第六感、模棱两可的超自然现象、算命师和吉卜赛人、死亡和梦境、睡觉时压迫肝脏及其影响想象力等这类问题抱有开放的态度。她甚至告诉我在她第二次堕胎的时候，她就知道孩子有问题，因为"感觉就像肚子里有绿藻"。

我知道她喜欢通过别人的钥匙分析他们的为人，尽管在采访的时候她会拒绝。但即便我非常怀疑，她还是同意愿意为我读钥匙。她说："你非常喜欢甜美可爱和毛茸茸的东西，比如安哥拉兔子，因为你很善于分析。人们并不会将你往多愁善感的方向去想，但你确实是。你的组织能力会让别人不高兴。我之所以这么说，是因为虽然你肩负着许多责任，但你的钥匙却不多。你有所长，并处于领先地位，而我知道这个，是因为你有一把写着'特级大师'的钥匙。谁会拿着'特级大师'的钥匙到处走呢？"

我笑了："是学校给了我那把钥匙。"

"但在你完善的组织下仍有些小混乱，你得回去处理它，因为这会让

冲突的演化：那些心理学研究无法摆平的心理冲突
Conflicted Mind: And Why Psychology Has Failed to Deal With It

某些人很痛苦。你得回去把这件事处理干净。尽管我不知道这是什么，但它可非同小可。"

"可是我从来没遇到过什么大事啊！"我抗议道。

"但是有人会的，你必须把事情处理干净。我之所以能看出来，是因为这把钥匙上有污渍，有记号，而你不是那种会在东西上留下污渍的人。"

在她这无中生有的竭力观察下，我笑了笑。随后，她又把她的钥匙递给我，问我能从她的钥匙里看出什么。我向她投去恳求的微笑，但我清楚自己也该评论一下她的钥匙。我说："哦，到处都没有小污渍，所以钥匙的主人不会留下脏东西。这还有很多钥匙，所以你的生活由很多方面构成的，但你没有我那么有条理。"

她打断了我的话，不耐烦地皱着眉头。"你应该问我的第一件事是，'所有这些钥匙你都在用吗？如果没有，为什么要把它们都穿在钥匙圈上？'你应该能从中看出来，我不太善于扔东西。这意味着我一直背负着心理包袱。你应该告诉我现在就把钥匙取下来，因为你是心理学家，所以麻烦现在就快来告诉我。你应该说，你的大部分问题在于你背负了太多东西，这会造成你内心的压力。"

我把钥匙还给了她，没有回应。我对于为何这个显然那么聪明的人会相信这些而很感兴趣。这是派对上的小把戏，还是让我读她的钥匙，读她那些重要的时刻？她是想用自己的钥匙来暗示我，想引出某种建议吗？她是想帮我分析她自己，以便让我的工作更轻松吗？如果真是这样，为什么要这么做呢？是为了让我对自己的咨询工作感觉更良好，从而让我更喜欢她吗？

我告诉她，我被她在一次采访中说过的话深深吸引住了："和伴侣做爱时想起别人的人真是可耻。"我问她，是否认为人们需要某种虚构的事物来把两个人绑在一起？难道她不相信人都是需要一些谎言来团结在一起吗？

"谎言可能会把你和他人连在一起，但这不适用于我。"

"但你认为人们可以自始至终忍受真相吗？如果有人问你'你还像我们初次见面时那样爱我吗'，你会怎么回答？大多数心理学家认为，爱的感觉最终会随着时间而减弱，这是现实生活中作为生物的事实。"

"你应该对任何问你的人报以坚定的回答'不，我没那么爱你了'，或是'我不像从前那样爱你了，但我在用另外一种方式爱你'。"

我问她，作为一名艺术家，她是否承认自己道出了令公众不安和煽动性的真相、那些伤人的真相、那些让人们讨厌她的真相、强迫一个11岁孩子认为是自己煽动了这场性骚扰的真相、制造出可能在潜意识层面上故意引起敌意和疏远的真相。

她笑了，但没有回答。长时间的沉默让我不得不问她，在这个时间点，她到底有多孤独。

"满分是10分吗？今天的孤独感如何？我觉得是0分。但要是在周一，能打9分。在过去的14年里，我有过两次恋爱。我恋爱的时候只爱他一个人，这是我最大的失败之一，真希望我不是这样啊。我想和不同的人睡觉，但是我不可以，因为我年轻的时候就这么做了。让我再告诉你一些我的事吧。在那段持续六年的恋爱里，我每天醒来都觉得他走了。因此，当他最终离开我的时候，虽然很痛苦，但我还是松了一口气，因为我不需要再抱有那种感觉了。"

The 冲突的演化：那些心理学研究无法摆平的心理冲突
Conflicted Mind: And Why Psychology Has Failed to Deal With It

"但你这么做有个危险，"我说，"这是典型的自我实现预言——你希望他离开，你下意识地发出了这样的信号，而他最终接收到了你的信号。他会心里想，'她总觉得我要离开她，因此我不是她适合的人选，我应该离开。'"

"太伤心了，"她说，"你能感受到这种分离的痛苦吗？一开始他喜欢我的明明就是这种充满活力的独立。"

她显然很孤独，将爱情理想化，直到无法维系的地步。她说，当你做爱时，你永远都不可以去想另一个人，永远都不可以。其实不管她是否喜欢，许多关系的存在都依赖于小小的谎言。

她告诉我，如果她能获得爱情，她就会戒酒。如果她有爱情滋润，她就能更好地控制情绪，在写作中，甚至在艺术创作中也可能会减少一点自我暴露。她似乎觉得，问题的答案就是爱情，但她好像又觉得自己不值得去爱，她会为爱情结束而感到轻松，因为在恋爱的时候，她会觉得自己的爱人无论怎样都终有一天会离开她。

"你看，当我觉得我们的关系要破裂的时候，我没有办法死死抓着不放，"她悲伤地说，"对方会觉得这很可怕，甚至可能比我的整个世界都可怕。我真的不能让他知道这些事。"

在这个悲伤的时刻，我略感尴尬地把目光移开，低头看了看我的笔记，这种悲伤经常在她公然甚至恶毒的愤怒中显现出来。我俩都暂时停了下来，任这悲伤在午后的阳光下悄悄流走。随后，我了问她关于她不加收拾的床、血、大便和卫生棉条的事。

记忆的冲突：关于情感表露的研究　第 5 章

詹姆斯·彭尼贝克和将创伤化作故事的艺术与科学

　　特蕾西·埃敏明确地表达了她无意识的欲求、她的渴望、她的过去，还有她的痛苦。不过，她仍热衷于通过自然流露的、无意识的、不受约束的艺术形式表现出马盖特那段的苦难；也通过回忆录里的语言，或是"那本书"中（有必要这么说）一板一眼的句法、语法和逻辑联结表现出来。二者都讲述了一个关于创伤的故事，二者起初都是在以不同方式诠释创伤的。她的作品《我的床》（*My Bed*）里有脏床单、伏特加酒瓶、内裤、用过的避孕套和血淋淋的卫生棉条，"表现创伤的真实面"，她说创作这幅画让她"完完全全崩溃"，她说道："我在床上以半睡半昏迷的状态维持了四天。当我终于从床上起来的时候，我喝了点水，回去看了看卧室，真的不敢相信我这眼前的房间，我的生活是一摊烂泥，腐朽不堪。"在这里，"图像的功能是用来保护观众免受真实场景的不适感（在那些不可表征的领域，又不具备象征性符号的事物），只让它作为一个创伤点 [如雅克·拉康（Jacques Lacan）的能指（tuché）分析、罗兰·巴特（Roland Barthes）的刺点（punctum）理论]，在展现真实却卑劣、令人反感的创伤时已自我溶解"。但她的艺术作品 [尤其是在 1990 年《我的床》入围特纳奖（Turner Prize）①之后] 却被无休止地热议 ["让我们谈谈艺术吧。"她的生活就像一个为她提供支撑的活体，抑或是起到了反作用。为什么我没整理的床只是一张乱糟糟的床，而她的却是艺术？"因为……我已经把我的感觉传递给同在看这件作品的人了。"见 2008 年 9 月 15 日的《苏格兰人报》（*The Scotsman*）]。

---

① 特纳奖被认为是欧洲最重要和最有威信的视觉艺术大奖，这个奖项以英国绘画泰斗威廉·特纳的名字命名，以发展和推动先锋艺术为宗旨，奖金 2.5 万英镑。——译者注

The 冲突的演化：那些心理学研究无法摆平的心理冲突
Conflicted Mind: And Why Psychology Has Failed to Deal With It

她在艺术中揭示的经历和创伤随后被再次编码成语言。从很多方面来说这都是一个复杂的过程，基于自身经验，从叙述顺序、动机、因果关联、情感角度，通过自传式的在细节上可能相互矛盾的记忆碎片，传达到多维、多层次的艺术作品之中，再传达到各类采访、文章、书籍中相关的话语、论述和写作上。

特蕾西·埃敏的经验，从各种角度来说都可以作为詹姆斯·彭尼贝克的情感表露范式这一重要方法（如果你喜欢，也可以称其为"理论"）的形象案例。这是近50年来建立起来的心理学方法。她的案例也可以回答为什么"当人们用语言表达自己的情绪巨变时，他们的身心健康也会得到显著提高"。彭尼贝克写道："构建故事是人类的自然行为，这能帮助人们理解他们的经历，以及从中了解自己。"这后半句当然是不言自明的。而这种现象也能引导我们提出一些有趣的问题，比如故事的种类、人们如何编排故事，以及哪些故事有助于我们的身心健康，哪些故事不会。彭尼贝克在整个研究过程中，始终聚焦在创伤与身心健康之间的临床联系，这是他的主要贡献。他还指出，如果不去面对创伤事件，你的身心健康就会受到影响。这背后的主要假设是，人类抑制自己的想法、情绪和行为，是需要付出相当大的努力的。而身体和思想具有高度关联性，时间一长，它就会对人的身体和思想产生非常大的压力，还容易引起与压力相关的疾病。彭尼贝克等人于1987年证明了"被归类为抑制情绪的个体，与喜欢表达情绪的人相比，会有更高的癌症发病率、血压更容易偏高，而且普遍患有生理疾病"。因此，争论还在继续，放下拘束，去表达过去或现在的创伤经历的想法和感受，似乎与身心健康改善相关，并且已有明确的证据支持这一点。德罗伽提斯（Derogatis）等人于1979年发现，被确诊为乳腺癌后，最善于公开表达愤怒和抑郁情绪的女性的寿命最长。彭尼贝克和比奥

（Beall）于1986年报告称，被试讲述围绕创伤事件的"事实"以及他们对创伤的感受，被证明对其健康非常有益。自我表露旧有创伤事件产生的积极效用，在彭尼贝克的研究中也多次被证明。他和同事们的实验结果反复得出揭露过去创伤事件而产生的积极影响。博尔科韦茨（Borkovec）等人于1995年评论说，这个结果并不难理解，因为这是"大多数心理语言治疗方法所依赖的假设"。早在1895年，约瑟夫·布洛伊尔（Josef Breue）和弗洛伊德在宣泄疗法的研究中，就强调了谈话疗法（talking cure）的重要性，通过鼓励患者讨论早期的创伤经历和相关情绪来缓解歇斯底里患者的症状。斯泰尔斯（Stiles）于1995年指出："在众多可行的心理治疗方法和理论中，表达个人的想法和感受的益处被普遍认为是有成效的。"而一项最新的研究表明，心理治疗师在整个过程中可能相对起不到什么实质作用，或者至少有时显得有些多余。与心理治疗师的真知灼见相比，最重要的似乎是把经验翻译成语言的过程本身。

然而，在没有治疗师的情况下谈论负面事件，其对健康益处的意义体现在哪里呢？彭尼贝克指出："通过语言，个体能够组织、构建并最终同化他们的情感经历和其可能引发情感的事件。"换句话说，他相信情感表露有三个功效：（1）它在本质上是认知的功效，即谈论创伤或消极的情感经历需要给这些记忆一个连续的、有组织的结构；（2）它允许对所发生的事情进行识别、标记和情感表达；（3）它允许个体对事件的知觉和情绪进行组织和同化，而这些知觉和情绪都基于个体对事件本身的理解。彭尼贝克还强调："将创伤及其图像和情感翻译成语言，要以一种更有组织性、连贯性，以及更简单的方式来编码和回忆经历事件的所有特征。"因此，这也是一种简化的动作，使经历变得更加连贯。这就会面临处理记忆中冲突的地方，这在简化的任何过程中都是必须经历的。

The 冲突的演化：那些心理学研究无法摆平的心理冲突
Conflicted Mind: And Why Psychology Has Failed to Deal With It

然而，其他人则把重点放在了别处。斯泰尔斯于1995年强调了情感表露"通过宣泄和促进自我理解，对缓解痛苦有所帮助。因此，情感表露与痛苦的关系类似于发烧与身体感染：它们既是一些潜在干扰的指标，也作为恢复过程的一部分"。而彭尼贝克则认为，这只是整个过程的一部分而已。博尔科韦茨等人得出结论："语言过程对身心产生益处的机制仍没有定论，因为要将其识别出来是非常慎重的事情。"关于它为何奏效，仍然存在着很多分歧。

奇怪的是，很少有研究人员在这种情感表露范式下详细研究人们是如何谈论创伤或消极情绪的，尤其是在临床证据皆表明这种表露大有好处的情况下。弗朗西斯（Francis）和彭尼贝克于1993年设计了一个文本分析程序，叫作语言探索与词数统计（linguistic inquiry and word count，LIWC），它是对案例中单个词汇项的分析研究。LIWC测量出积极和消极情绪词汇的比例，以及隐含自我反省或自我观察的词汇数量。其中，关于情感表露内容的字数和仅出现过一次的词汇的百分比也被计算在内。这显然是一种测量语言描述内容的粗略方法。彭尼贝克写道："尽管LIWC的研究结果是令人振奋的……但LIWC的问题在于，它只能给我们关于整体一致性、组织和结构的非常粗略的概念。"遗憾的是，"这种方法不能识别人们使用讽刺、隐喻和其他微妙的沟通方式"，而这些在沟通中当然是非常关键的。虽然LIWC自被引入后，这么多年一直都在完善，但是它无法（也不可能）分析说话者在谈话中的非语言行为。这就像通过不同的砖瓦数量来分析建筑在设计或功能上的可行性。要想达到效果，就需要另一种方法，以及明确其假设（人们用孤立的语言表达生活经验和创伤，而且仅用语言，即没有非语言的搭配，这种结论很大概率只能被认为是一种假设）。

在LIWC中，彭尼贝克及其同事观察被试在积极及消极情绪用词、自我察觉用词及因果用词上，以每天为单位所发生的变化。他们发现，与身体健康改善相关联度最高的因素是因果用词和自我觉察用词的增加。彭尼贝克还报告说，这些因果用词和自我察觉的语句的增加，可能与个体对故事叙事架构的更广维度上的重新考量有关。然而，我们同样遇到了先前的问题，这就像在研究使用某些类型的砖可能会影响建筑质量一样，但我们也需要更深入了解这座建筑的设计，从而弄清楚它为什么能维持良好的质量。

关于情感表露为何能起作用，目前学界还存在着重大分歧。看了彭尼贝克的评论，也许你会对此没那么惊讶："大多数对情感表露的研究都停留在其效果的测量，而非识别其潜在机制。"除此之外，还有对实验数据的分析组织问题。因此，疑问依然存在：为什么情感表露能有助于促成这些与健康相关的变化？彭尼贝克认为，暴露创伤经历不仅仅是为了减少抑制过程。他提醒道："用语言给一件事及其带有的情绪贴上标签，会让这种体验变得有条理。而条理性促进了对事件的同化和理解，并减少了相关的情绪唤醒。"克拉克（Clark）指出：

> 通过谈论这件事，个体能够尝试对事件情况进行连贯的解释，并注入其自己对此事件的反应。而人们谈论此事通常会带有计划性和创造力，这将可能得出事件的连贯性、自我觉察、情感反应和更多、更广泛的视角，直接促进问题解决和解释应对。
>
> （克拉克，1993：49）

彭尼贝克认为，将创伤事件语言化让个体整合或认知重组其事件的知觉和感受。换句话说，通过口头表达，人们可以从多方面来谈论这个经

The 冲突的演化：那些心理学研究无法摆平的心理冲突
Conflicted Mind: And Why Psychology Has Failed to Deal With It

历，而表达自己的想法和感受则可能强化对事件的理解。克拉克指出，表达内心对创伤性事件的感受是很重要的，作为宣泄，这和彭尼贝克所认为的如出一辙，同时克拉克也相信"个体对创伤事件的认识有着不断发展的过程，而对其不断更迭的认识做出回应也是非常重要的"。克拉克解释说：

> 在创造和产生交流行为的过程中，说话者有机会对不断发展的成效做出反应。在谈及成效的过程中，谈话者的话语使其能够超越原本的思想和认识。这个过程让谈话者叙述出来的事件版本看起来更真实。这样一来，不难理解当为听众解释这个事件的时候，谈话者更可能对这个版本的"真实性"更有信心。
>
> （克拉克，1993: 37-38）

对于自我表露有益健康的研究，彭尼贝克说："希望语言、认知、社会和临床心理学的专家能够通力合作，以更好地理解这一现象的基本机制。"

还有一个有趣的地方。虽然彭尼贝克多次提到"心理负担之所以有所改善，在很大程度上是因为个体可以通过行为和语言来宣泄自己的创伤经历"，但他从来没有验证过非语言行为的有效性，包括其身上典型的天然的非语言行为，而不是跳舞这种相对自成一派语系的非语言行为。大多数非语言行为和健康关联性研究都没有将语言囊括在内。在文献中，临床医生们显然都没有认识到人类交流形式多样的本质。

很明显，我们不乏测量情感表露有效性的各种方法，但我认为必须明确这些方法的理论依据。一些"传统的"社会心理学家多年来一直在研究语言和文本的材料，他们的研究形式包括访谈情境中的口头回答和问卷的书面回答。不过，问题来了，我们应该给这种语言材料赋予什么样的地位呢？科伊尔（Coyle）指出：

> [传统社会心理学家]通常认为，语言是一种中立的、有色成分较少的媒介，描述事件或揭示潜在的心理过程时或多或少更为直接，出现的问题不大。可以承认，这种材料存在叙述者自我陈述和其他原因带来的偏差，但可以假定通过优化生成数据和收集数据的方法来消除或至少最小化这些偏差。

（科伊尔，1995：244）

其实，许多传统的社会心理学家都想"将人际交流和语境外部的各种特质联系起来"，因此邓肯（Duncan）于1969年"将这种方法称为'外部变量法'（external variable），并将其与结构法（structural）对比。在结构法中，行为是按照其顺序和等级来分析的"。

对话分析法（conversation analysis）源自民俗方法学理论，50多年来在其方法论框架下不断发展，这在很大程度上归功于哈维·萨克斯其中一个核心的问题是语言的指示性，即一个词或话语的意义取决于它的使用环境。换句话说，研究任何话语的含义都需要理解话语使用的场合。哈罗德·加芬克尔（Harold Garfinkel）于1974年将常人方法论（ethnomethodology）定义为"对日常社会生活的实践推理的研究"，即它"是一项以日常常识性活动为内容的分析方法，并将这些分析方法纳入研究课题"。对话分析法在常人方法论中最重要的发展是叙述传播者在谈话中的行为。为了实现这些目标，对话分析法以日常会话产生过程中的情况作为分析内容。对话分析法是对谈话过程中社会活动的交互组织行为的研

The 冲突的演化：那些心理学研究无法摆平的心理冲突
Conflicted Mind: And Why Psychology Has Failed to Deal With It

究，在这一框架内，对话本身就被视为一个主题，而没有涉及更广泛的社会学或心理学问题。赫里蒂奇（Heritage）于1989年指出，每一个对话细节都隐含其重要性，因此不能因"先验认为无序、偶然或相互无关"而对其不予考虑。有人可能会说，人们通过与治疗师、朋友甚至研究人员谈论他们的创伤回忆来克服心结，这显然便是能够应用到研究中的方法。通过对话语内容和形式的详细描述，我们也许能够找到线索解释这种谈话的作用。彭尼贝克指出：

> 将故事传达给别人，需要做到内容连贯。内容连贯包含几个特征，包括结构、因果解释、重申主题、听者的欣赏……在现实沟通中，对话需要故事或叙述传达有序。
>
> （彭尼贝克，2000: 12）

当然，以上这些他们都做得很好，但显然还有许多没有做好的事。

对话分析法注重转录过程中忠实再现对话的细节。这么做的一个主要原因是，它能让读者自行检查对话中各种表达的充足性。对话分析法很少从理论出发，而是以数据为出发点（如萨克斯等人的研究），因此这类研究都倾向于用实证方法来研究社会行为。他们通常依靠个案相关的文本资料细节来做分析。

从一开始，对话分析法就把目标设在谈话的组织过程中，因为对话素材就在真实关系中的人际间进行，其谈话具有真实性和可靠性。对话分析已被用来检验指示性语言活动现象的语境判断和轮流对谈的管理。对话分析法非常多样化。例如，有些研究会分析语言学理论的观点（如问题、歧义或句子），还有一些分析采取案例研究的形式。所有的研究都想找到谈话中的组织性。

还有一个研究人际沟通的方法与对话分析法相关,那就是话语分析(discourse analysis),话语分析是"以功能为导向的方法来分析谈话和文本"。其核心还是谈话的功能性,研究者报以"谈话是有某种目的"的观念,即所有语言甚至是描述,都带有行为导向。话语分析可以在其他社会科学领域找到其根源,比如言语行为理论(speech act theory)、科学知识框架下的社会学,这是话语分析最近的起源之地,以及社会学在社会心理学中的应用。而话语分析反过来又起源于语言哲学,如爱德华和波特(Potter)于1992年所言:"在那里,知识的问题被重新加工成语言问题,具体说来,就是在语言应用下,问题能够很好地被重塑。"

对话分析法都在自然发生的谈话和文本的形式中进行研究。波特与韦瑟雷尔(Wetherell)于1987年解释说,它关注谈话的内容、主题、社交属性,而不是其语言组织。事实上,在对话形式下的语言被视为构成社会现实的基石。对话分析法强调社会现实通过语言构建,并从这项社会文本的研究中理解社交生活和社交互动。强调语言作为构建工具已被视为对话分析法的一大重要原则。产生一段话语的行为,可被视为从可选范围的语言资源中挑选并使用挑选的资源生产出这项事件的一个版本。不过,仍然要注意的是,对话分析法要研究极其丰富的转录文本,这些转录文本由话语者原原本本的详细语言重新创造;相比之下,对话分析法所使用的记录一直是不太详细的(尽管在过去的几年里已有所变化)。对话分析法只在相对较浅的程度下做转录,让读者可以理解话语的程度即可,而不会在意停顿行为、音节伸长等细节,因为研究者预设这些细节不会增加太多话语含义。换句话说,对话分析法通常只研究较为粗略的转录文本。

冲突的演化:那些心理学研究无法摆平的心理冲突
Conflicted Mind: And Why Psychology Has Failed to Deal With It

在过去大约25年,学界致力于创造专为心理学服务的对话分析法。他们的努力造就了"话语心理学"(discursive psychology)的概念,爱德华和波特描述了其核心原则。话语心理学的特征可概括为话语行为模型(discursive action model,DAM),它为大家提供了一个概念方案,用于捕捉话语实操中的特征及其相互关系。它主要由以下三个部分组成。

第一,其关注点在行为或功能上,而不是认知,也就是说,语言材料是用来实现特定的社会功能(如辩护、提问和指责)的,因此它会使用非常丰富的修辞策略来实现。

第二,在建立个案研究时,话语心理学重点讨论主体的利害两难情境、被卷入的利害关系,以及问题是如何通过主体的归因叙述进行解决的。这种两难困境可以这样描述:"在利益两难困境中,说话者的态度是重点观察的内容,也就是说,他们的态度可能被视为具有某种谴责的心理动机。"科伊尔指出:

> 任何事件的版本都只是其中的一个版本,因此这个版本必须比其他版本更具说服力。案例中其他版本有时会在文本中被明确提及,然后再进行否认,但在其他情况下,它们是隐藏在叙述中的。
>
> (科伊尔,1995: 248-249)

因此,讲话者需要进行大量的事实论述,以构建属于他们这一版事件的真实性和客观性,以及表达他们的兴趣点、期待点和关注点。如果想让听众相信他们的叙述就是事件的真实还原,或相信讲话者在描述真实发生的事情,就必须做出大量的事件构建性工作。

第三，话语心理学关注主体对待事件执行方和责任方的态度。话语行为模型有两种可信度分析角度，分别是对事件描述中执行者的可行度，以及说话者本身的可信度。事件的构建方式可能会影响当前说话者描述的可信度，因此这足以成为情感表露的关键内容。

出于这些原因，当时身为曼彻斯特大学的研究生薇琪·李（Vicky Lee）和我开始对旧有情感经历的交流的心理学原理产生兴趣，但我们的研究打算设置在非治疗的环境里，并研究其错综复杂的关联性。

> 我们关注研究对象在描述自己的重要情感事件时，其建构的行为和作用，以及如何实现让描述看起来准确无误，看起来就是对事件的描述，而不是一个主张、一种推测，甚至是一个谎言。这就是人们所说的，口才的神奇力量……以及人们是如何在一段[社交]活动里完成对这项事件的描述的。
>
> （爱德华和波特，1992: 105）

话语心理学认为，事件的社会意义和事件中行动者的社会身份必会在话语中得到积极建构。但我们觉得谈话中的具体特征也值得研究，这在很大程度上源于对话分析法的传统。然而，我们的研究将目光从语言和辅助语言转向非语言行为，为情感体验的叙述提供一个更广阔的分析视角，从而对人类交流的多模态本质有更深入的认识。而且，研究者还是会非常传统地将语言和非语言行为在功能的基本特定假设上区分开来。例如，阿盖尔和特罗尔（Trower）于1979年指出："人类用两种不同的语言来执行其不同的功能。"阿盖尔概述了其所认为的非语言沟通（nonverbal communication，NVC）的四个主要功能：（1）表达人际态度；（2）情感交流；（3）调节或者支持口头表达；（4）表现自我。

但说到这里我们注意到，情感交流是非语言行为其中一项主要功能。而我认为，虽然以上可能是NVC的四种功能，但没有一项是NVC所独有的。语言沟通具备且实际上也能达到这四种功能。有时NVC更具备特定的功能性，但并不总是这样的。我曾提过建议："语言和非语言表达之间的明确功能划分一直以来都是心理学文献的基石，但它可能更多的是人们的想象，而非真实的。"因此，与其找出语言和非语言表达的独特功能，不如研究两者的共同运作。

日常生活中的自然语言并没有与非语言行为脱离关系，因此，就很有必要将非语言行为纳入目前的分析当中，并可以在此过程中观察语言和非语言交流系统的相互作用。关于心理治疗和精神病学访谈，斯海尔德（Schelde）和赫兹（Hertz）在1994年讨论了语言和非语言行为的研究价值。他们表示：

> 在任何一种心理治疗中，患者和医生/治疗师之间的语言沟通都是重要的手段，这点毫无疑问。但与这种沟通同样重要的是双方表现出的非语言行为，非语言行为在很大程度上影响沟通和治疗效果，尤其是在医生和患者之间建立信任关系上。
>
> （斯海尔德和赫兹，1994：383）

魏尔兹比卡（Wierzbicka）于1995年在研究非语言行为的意义时，提出为了"理解人类的交际行为，我们需要对语言和非语言交际进行综合描述"。

早期的对话分析法"很少关注非语言行为在互动中的作用"。其大多数调查工作是电话调查,"为了简化分析工作,我们会自动忽略以说话者导向的非语言行为"。把非语言行为囊括在内的困难在于其复杂性。对于副语言和语调部分的特征,研究者们已经形成了一套连贯的转录程序,但目前还没有一套为非语言行为设计的程序。在传统的对话分析法里,有小部分研究试图将非常有限的非语言行为包含在内,大部分是眼神交流。比如,古德温(Goodwin)研究注视点的组织与对应的话轮分配(turn allocation)和话轮构成(turn construction)的管理。此外,在研究信息接收者倾听时的动作时,古德温还专门研究了点头和挑眉毛的动作,但我们应该警惕,这类非语言行为研究只能当作对话分析法研究史中的例外,而不是常规(也许手势研究除外)。

这么多年来,非语言行为在话语分析法研究中同样严重缺席。考虑到人们已经同意非语言行为能完全改变话语的含义或理解,因此这种研究缺席的现象就更奇怪了。如果"我恨你"这句话以特定的语调、特定的非语言行为(微笑、眼神交流等)来表现,就会极大地改变其隐含意义,从话语分析的角度来看,也会改变话语的行动取向。这就是为什么我们想做一次以谈话中的行为为导向的话语分析研究,但除此之外,我们还分析了连带的非语言行为,并试图解释这些行为是如何对这场谈话起作用的。我们决定把重点放在这几种非语言行为上,其中首要考虑的是微笑。关注微笑的具体原因有很多:(1)微笑很常见,它是所有面部表情中最常见的一种;(2)它能明显被人所知觉,"微笑是最容易识别的表情。人在300英尺以外的地方就能识别出笑容,而且笑容比其他情绪表情的曝光时间更短";(3)微笑作为非语言行为的一部分,它对人际态度传达的影响很大。在一项研究中,阿盖尔等人通过语言和非语言信号来研究友好和敌对态度的交流,他们将友好的非语言风格成分描述为"亲和、温柔的语调、开放的微

The 冲突的演化：那些心理学研究无法摆平的心理冲突
Conflicted Mind: And Why Psychology Has Failed to Deal With It

笑和放松的姿势"。他们指出，如果这些非语言暗示是友好的，"那么就会认为[说话者]对自己有一个积极的态度（她喜欢我）"。此外，被试"倾向于认为这位微笑的倾听者是真诚的，即意图诚实"。1985年，在一项与之相关的发现中，艾克曼指出："人们很难不对别人的微笑做出回应……人们喜欢看到别人的微笑，这是广告人都知道的事实。"微笑（和眼神凝视）也很重要，因为这两种形式的非语言行为已经被证明处于人际交流亲密度的中心，与他们的言语行为（如话题的亲密性）相平衡。

然而，通常被称为"微笑"的面部表情实际上并不是单一一种面部行为。艾克曼（Ekman）于1985年总结出了"18种微笑，每种表情及其表达的信息都不同。微笑能传递许多积极的情绪：享受、身体或感官愉悦、满足和快乐……（但是）人们在痛苦的时候也会微笑"。他指出，还有假笑（false smile），用于让别人相信自己正处于积极情绪的状态，但其实自己不是。还有伪笑（masking smile），用于有意隐藏自己经历的消极情绪。艾克曼于1989年指出，他在1985年描述的18种不同的微笑类型中，只有一种特定类型的微笑——享受感微笑（enjoyment smile），伴随着积极的情绪（如享受、幸福或快乐）。弗兰克（Frank）和艾克曼于1993年指出："虽然很多场合都会出现各种不同类型的微笑，但实验表明，享受感微笑似乎才是人们真正感受到快乐或幸福的笑容。"

因此，在过去的研究中，分不清微笑的类型可能会导致一些令人困惑的结果和明显的矛盾。艾克曼于1992年评论说："如果20世纪的科学家们读了1862年法国神经解剖学家G.B.杜兴·德布伦（G.B.Duchenne de Bologne）的著作，就能避免这种困惑。"杜兴提到了享受感微笑[①]，即艾克

[①] 19世纪，杜兴在治疗一个因为肌营养不良而导致面部表情丧失的患者时，发现用电刺激面部的相关肌肉收缩，从而产生特定的表情。——译者注

曼所说的真正感受到快乐或幸福的笑容。后来，艾克曼为了纪念这位法国人，于 1989 年将其命名为"杜兴式微笑"，杜兴认为可以通过识别面部的两块肌肉来区分。第一块肌肉是颧大肌，能将嘴角向上提，角度指向颧骨。第二块肌肉是眼轮匝肌，它位于眼眶周围，将脸颊和前额的皮肤拉向眼球，在眼角后方产生鱼尾纹。根据杜兴的说法："第一块肌肉（颧大肌）能够听从主观命令，而第二块肌肉（眼轮匝肌）是由心灵感受到甜蜜的情绪而起的……而伪造的欢乐、虚假的笑声，并不能引起后者肌肉的收缩……"

弗兰克和艾克曼认为，享受感微笑和其他微笑的区别源于其基本神经解剖学功能。面部表情貌似有两种截然不同的神经通路来调节，一种是出于主观意志的、有目的性的面部动作，另一种是非自愿的、情绪化的面部动作。基于神经解剖学的知识，结合杜兴的观察，艾克曼和弗瑞森提出预设："杜兴观察到的眼轮匝肌/颧大肌构造，是一个在形态学和动态标记上识别到的笑容面部肌肉特点，它们在快乐的情绪下产生协同作用，这种快乐情绪是基于其他原因而不是快乐本身。""享受"是一个非常笼统的术语，涵盖了各种不同的积极情感体验，包括感官愉悦、受到赞扬、完成任务后的成就感、放松、满足或愉快的感觉。然而，艾克曼和弗里森又认为，在所有这些"愉快"的情形下的微笑与没有快乐情绪的微笑是不一样的。

尽管艾克曼和弗里森也提出了另外几种区分快乐和其他形式微笑的方式 [主要是通过"对称性检测法"（bilateral symmetry），以及由渐长和渐隐来识别享受感微笑的方法]，但杜兴提出的形态学特征的建议才是被广泛测试、复制和记录的方法。比如，在实验室环境中，艾克曼等人发现，人们在看让人愉快的电影时比让人不愉快的电影更常露出杜兴式微笑，但在这期间表现出的其他类型的微笑频率没有差别。抑郁症患者出院时比入院时会表现出更多的杜兴式微笑。同样地,在心理病患得知诊断症状改善后,杜兴式微笑也有相应的增加。在目前的研究中,研究者通常将具有杜兴标志特征的微笑(被称为"杜兴式微笑")和其他不具备杜兴标志特征的微笑(被称为"非杜兴式微笑")作为识别标准,而这套标准已成为非常重要的判断标志。

第二个重点关注的非语言行为是注视。同样,选择注视的第一个原因是它的知觉显著性。阿盖尔和库克(Cook)提出:"当看到一张人像的时候,实验对象主要看人像的面部,尤其是眼睛和嘴巴。"阿盖尔指出:

> 根据尼尔森(Nielsen)、埃克斯林(Exline)和温特斯(Winters)及肯顿(Kendon)的研究,在西方文化中,他们已经掌握了一段两人谈话中双方眼睛运动的典型模式。互动通常始于一段眼神交流,这段交流表明双方看起来都做好了互动的准备。而一旦交流开始,双方就会在对方眼部区域间歇地注视,目光停留时间长短不一,通常为 1~10 秒。
>
> (阿盖尔,1963: 105)

第二个原因是,在社会交往中,注视是一种影响力极强的人际信号,并且有学者提及,它对亲属关系的信号传递至关重要。我和埃利斯(Ellis)于 1986 年指出:"注视会受到两人或两人以上相互间的喜好程度影响……并成为一种强烈的性兴趣信号。"不过,注视并不一定与爱憎有关,它还可以表达相反的意思,即攻击和敌意。倘若一直用眼睛盯着别人,那么不管是有意还是无意的,都容易挑起事端。眼神能够反映出支配地位,有时也能体现羞耻或尴尬的情绪。因此,注视在社会交往中会受到许多不同因素的影响,被大众认为是一个重要的信号。

描述语言和非语言行为之间复杂关系的尝试目前还相对较少,但在这两个领域分别展开了大量的研究,这一现象相当令人吃惊。关于注视,我和埃利斯指出:

> 在多数早期关于说话者注视的分析研究中,大多局限在数量的测量上,而不是研究这种行为的精确模式。这些通过语言来探索注视模式的研究,通常使用过于普遍甚至有时是比较模糊的语言类别来划分,如"备注"或"问题"。结果是,所得的注视模式表现出了相当大的差异。
>
> (贝蒂和埃利斯,1986: 137)

肯顿对谈话中注视模式的调查研究是迄今为止最为深入的。他注意到,说话者更倾向于在流畅的谈话中看着听众,而说话犹豫时则不会。肯顿也描述了注视模式在"短语"和"短语边界停顿"时的反应,这是他研究分析里的主要研究单位。他发现,说话者倾向于在短语将要临近的时刻看着对方,在短语边界停顿处继续注视对方,但在下一个词句开始前目光会稍微离开。肯顿还注意到,目光会在"话语"结束时有较长时间的凝视。然而,这项研究的主要问题是,作为分析核心的语言单位,"短语"或"话语"等并没有被定义清楚。

在我的心理学生涯早期,我做过注视分布与即兴讲话计划阶段关系的研究,特别是"时间节点"(temporal cycles)上的区别,其中包括犹豫阶段和流畅阶段。当时我对其二元语言互动录像记录进行逐帧分析,有如下发现:

The 冲突的演化：那些心理学研究无法摆平的心理冲突
Conflicted Mind: And Why Psychology Has Failed to Deal With It

> 说话者注视与即兴发言的复杂语言模式相关。说话者往往会在最流畅的时候与听众有更多的眼神交流。如果他们在演讲计划阶段没有转移视线，那么在讲话时被干扰的次数就会显著增加，尤其容易在开头产生口误。时间周期似乎反映了即兴讲话的总体规划阶段对说话人的注视模式有很大的影响。
>
> （贝蒂和埃利斯，1986: 144）

之前已有不少关于语言和非语言行为关系的研究，研究者均从不同理论角度探讨了这个问题。1983年，我还想从认知科学的角度切入这个问题，基于这样的一个假设：监控听者的互动行为与组织演讲在认知上并没有兼容性，并且在了解对方认知产生背后的原因和话语隐含的需求后，讲话者的目光注视规律就很好预测了。因此，对话分析法自一开始就从交流互动管理的视角来研究语言和非语言行为的关系，并研究将语言和非语言行为组织起来达成交互的方式。在现存的讨论研究中，其关注点都有很大区别。我们对谈话的行为导向感到好奇，因此对非语言行为更广义的功能性定义也很感兴趣。

而我们要问的问题是，如何利用非语言行为来影响话语的整体行为取向呢？

我们选择了三个主要的假设来检验。第一个假设是，语言和非语言行为（微笑和注视）在情感表露中会共同作用，因此，当语言是积极的时候，非语言行为也会是积极的（更多的微笑、更多的注视）。第二个假设与第一个假设正好相反，即语言和非语言行为这两种渠道是对立的。因此，当谈话非常消极时，说话人就会用积极的非语言行为来抵消这种消极影响。这很像肢体和谐中所表现出来的，人们有时会模仿对方的姿势，而朋友在争论"友谊小船能否继续"的时候，会表现出更高层次的一致。第三个假设是，从总体上说，情感表露中语言行为和非语言行为之间没有关联，但非语言行为常用于标记转折或者两部分之间的关联。

这项研究是薇琪·李博士研究的基础部分，实验中有54名大学生接受录像并谈论两件事，一件是积极的情绪体验，另一件是消极的情绪体验。在这本书里，我对这项研究进行再现和详细的微观分析，这个项目里只有一名女被试（被称为"S"），她在与我们的研究人员（被称为"E"）谈及一件事的时候，引发了强烈的消极情绪。尽管这是一个（非常有局限的）个案研究，但它暗示了在情感表露中，不同类型的非语言行为有时会伴随语言一起被运用到叙述当中。这种分析与将LIWC应用于语料库的分析有很大区别，但我认为，它的确通过谈话和互动的细节向我们揭示了情感表露中语言使用的建设性和功能性本质。

创伤性事件的叙述

女被试讲述了她在一家美国医院担任助理护士和护工时发生的事。当时，她要把一位患者从轮椅转移到床上。然而，这本应是非常简单和顺利的操作却没有按计划进行。患者执意自己走路，却摔了一跤，折断了两根肋骨，随后又刺穿了肺，两周后死亡。

我们关注这个人如何积极构建起她对事件的描述，包括对事件的感受。我们还研究了描述本身是如何呈现社交行为的，如归因、指责和辩护。而分析语言时，我们重点关注被试对护士和患者这两种角色进行描述时的区别。

Th e 冲突的演化：那些心理学研究无法摆平的心理冲突
Conflicted Mind: And Why Psychology Has Failed to Deal With It

她的叙述特别有意思，因为正如萨克斯于1984年所说的："当遇到一个事件时，作为见证者或涉事者、亲历此事件的人……讲故事的人有权讲述这个故事，他们通过讲述所见和所遭受的事情，为这项权利提供可信度。"

为了将一件情感事件归类为负面事件，它必须偏离或与日常"正常状态"下的知觉形成对比，并因此体验到比平常更不愉快或更不积极的感觉。然而，说话者也必须提供解释，让听者推断出她是什么样的人。正如我们在这个案例分析中所看到的，她以自己的消极感受来总结自己的叙述。以下是基于盖尔·杰斐逊（Gail Jefferson）所采用的惯例所转录的女被试的谈话详细记录。有关所使用的转录惯例，请参阅本章附录。

转录对话

1. S：↑呃：嗯（0.5）好吧，这个↑负面事件发生在（0.3）当时我在

2. 在同一家医院工作在↑美国。（0.7）

3. 嗯（0.6）我在那儿做——做护士助理和°护工,°（0.5）

4. 然后，呃，我本来要把一个<u>患</u>者从轮椅上转：移到

5. 床上

6. E：是啊

7. S：然后嗯（0.2）我<u>实</u>际上不知道这个——这个患者有过（（这种

8. 不听<u>劝</u>：告的历史。））（（声音带着笑意））

9. E：是的

10. S：所以嗯（0.7）我把他扶到床边的凳子上，（0.5）

记忆的冲突：关于情感表露的研究   第 5 章

11. 然后我就跑出去叫护士过来，（0.2）因为转移患者时

12. 护士必须在场

13. E：对

14. S：然后嗯（0.2）我就让他在那儿稍微等会儿（0.2）他就站起来决定自己试着走一走

15. 看他自↑己：：能不能走（0.9）

16. 所以嗯（0.4）当他站起：：来以后（0.6）他呃他就↑<u>摔倒</u>了，

17. 他摔在了旁边的，呃就像——像呃一个↑贴<u>墙</u>吧台上：

18. E：嗯

19. S：然后呃（0.2）他的肋骨摔断了。（1.0）

20. **然后呃我——我赶回去看他的时候他刚好**

21. **要摔：倒在地，**

22. **所以我——我冲过去，在他摔在地上前**

23. **接住他，**

24. **然后我想办法在他摔的时候给了他一个缓冲（0.2）**

25. **你懂吧，我趴了下来，**

26. E：是的

27. S：然后呃（0.3）我按了紧急救护铃，去叫医生过来，还有

28. 做其他救助措施。

29. 但是嗯（0.5）后来我们发现他断裂了两根肋骨，

30. 后来嗯（0.2）↑三天以后（0.2）骨头刺破了他的（（肺部

31. （0.4）））（（笑））然后他死：：了（（两周以后））（（笑））

32. 然后嗯（0.2）我觉得这都是（0.3）<u>我的责任我的错</u>

33. 竟然让他独自待在病房

34. （0.3）

35. E：对的

36. S：然后呃（0.2）我们有个（0.1）纪检委员会帮我（0.4）

37. <u>证</u>：明了不是我的错，（0.8）

38. 然后呃（0.1）我只记得我（（<u>在</u>：那儿））（（声音带着笑意））真：的真的

39. 很难受真的（0.2）感觉（0.4）

40. 跟这件事脱不了干系，然后我——我（0.6）

41. 我为我的工作<u>缺</u>位而感到非常愧疚，而且——而且我是想

42. <u>帮他</u>的，（0.2）

43. E：对

44. （0.1）

45. S：即便那真不是我的错，因为我只是走开一下（0.3）

46. 你懂的，是他非要↑自↓己站起来的。

47. E：对

48. （0.4）

49. S：但现在留在我记忆里的只有那种感觉，非：常糟糕因为我觉得

50. **我要为**（（他的死））（（笑））（（**负起：：责任**）），（（声音带着笑意））

51. **后来我把这些呃**（0.3）°**事同**（0.1）

52. 纪检委员会聊起这件事，然后还要提供°（0.1）（（证↑词：：然后））（（声音

53. 带着笑意））（（还有其他））（（笑））各种事。

54. 所以（0.2）这对我来说真是一场噩梦（（1.2））（（笑））（（根本就是噩梦））。

55. （（声音带着笑意））

56. 嗯（0.6）接着——接着我还要去（0.5）嗯纪检委员会，↑每

57. （（几个星期））（（声音带着笑意）），因为（0.3）我真的哭得很厉害，而且

58. °让我很煎熬，°而且还让我呃（0.1）变得比较激动。

获取信任与责任归因

被试在叙述之始是从积极的角度来构建自己的：她是一个有能力、关心并愿意帮助患者的人。毕竟，不是每个人都愿意在医院做护工的。她一直在重复"我在工作"这句话。

1. ↑呃：嗯（0.5）好吧，这个↑负面事件发生在（0.3）当时我在

2. 在同一家医院工作在↑美国。（0.7）

3. 嗯（0.6）我在那儿做——做护士助理和° 护工，°（0.5）

这种重复有助于强化她的关心和努力的形象。她在那里做事不是为了娱乐，而是在履行一项责任。陈述中利害关系的两难问题，以及如何在陈述汇报中通过归因来处理这些问题，这两点是非常重要的。归因是对社交世界中某一特定事件发生原因的推断。"归因过程"（attribution process）这个术语是社会心理学家提出的，是将事件与结果归因联系起来的推理过程。关于归因过程，最有影响的理论是凯利（Kelley）于1967年提出的理论。凯利认为，在回答他人行为的"原因"时，我们主要关注以下三个方面。

- **共识**（consensus）。指的是对特定刺激物的反应，其他人要与目标人有相同的反应程度。因此，共识信息关系到人与人之间的差异。如果所有人的反应都和目标人一样，就认为其共识度很高；如果从观察角度来看只有目标人做出反应，就认为其共识度很低。

- **行为一致性**（consistency）。指的是个人的行为在一段时间内保持稳定不变的程度，即一个人能在多大程度上在不同场合对同一种刺激事物做出类似反应。因此，一致性的信息来源于行为随时间的变化而变化。如果一个人在不同的场合对同样的刺激有相似的反应，一致性就被判定为高；如果一个人在不同的场合对同一刺激有不同的反应，一致性就会被判定为低。

- **行为特殊性**（distinctiveness）。指的是此人是否对某种特定刺激事物有特殊反应，即这个人能否对不同刺激事物做出相同反应。因此，特殊性关系到不同刺激的事物。高特殊性意味着这个人对不同的刺激事

物有特殊的反应行为，而如果一个人对广泛的刺激事物的反应是相同的，他的行为特殊性就很低。

凯利的理论认为，共识、行为一致性和行为特殊性三者协同作用对归因过程的结果产生了一定的影响。其模型认为，为了使目标人的行为被归因于本人（即个人或性格归因），其共识和行为特殊性都应该偏低，而一致性应该是高的；相反，高共识、高一致性和高特殊性的人，根据模型，应该属于刺激物归因。而在最后，凯利的模型推测，低一致性，特别是低共识和高特殊性的归因，都应该属于环境归因。

在对创伤事件的描述中，被试说：

4. 然后，呃，我本来要把一个患者从轮椅上转：移到

5. 床上

7. 然后嗯（0.2）我实际上不知道这个——这个患者有过（（这种

8. 不听劝：告的历史。））（（声音带着笑意））

从凯利的模型来看，案例中的被试可以被理解为模型中的"这个人"，而患者可以被理解为"刺激物"。说患者有过不听劝告的"历史"，被试则是在暗示其他护士在照顾这名患者时也会遇到这个问题，即其他护士也告知他应该做什么，但是他不听（换句话说，这就是"高共识"的例子）。被试直言，患者的这种不听话的行为以前就发生过（"高一致性"），而这又暗示着，大多数患者并没有不听医嘱的黑历史（"高特殊性"）。因此，这是用一种看似松散的对谈集合了凯利模型的三大维度——话语中的高共识、高一致性、高特殊性，并以此通过对话引导听众（甚至或许是她自己）走向刺激物归因。换句话说，她在微妙地表达自己的不满，把很有可

能归因于她的责任推卸到不太负责任的患者身上,她这么做就塑造了两个截然不同的形象,自己(负责任、认真遵循指示的护工、"履行转移患者的职责"、循规蹈矩的人)和患者(不负责任、任性、所有的护士都觉得照顾他有困难)。她下面的论述进一步加强了这一点。

10. 所以嗯(0.7)我把他扶到床边的凳子上,(0.5)

11. 然后我就跑出去叫护士过来,(0.2)因为转移患者时

12. 护士必须在场

通过描述她对遵循指示的必要性,她把自己描绘成一个凡事都照章办事的人。她一开始就解释她必须离开这个房间:"因为转移患者时,护士必须在场。"而她也愿意接受对她定下的规定。这与患者形成了鲜明的对比,患者被描述为有点不负责任、(习惯性)违反规则的人。此外,她抢先把自己没有和患者待在一起的责任归咎于必须遵守医疗机构制定的规则,从而避免了任何直接针对自己的潜在指责。换句话说,她暗示自己通常会一直和患者待在一起,但出于需要"跑出去叫护士过来,因为转移患者时护士必须在场……",她没有和患者待在一起。这个理由是通过职位角色来表达的。她是医疗队的一员,合乎规定且奉命行事。其所在的组织类别是一种隐式的角色的描述方式,是一种间接的归因方式。通过这种方式,她能在这件事的过程中淡化自己的作用。

14. 然后嗯(0.2)我就让他在那儿稍微等会儿(0.2)他就站起来决定
    自己试着走一走

15. 看他自↑己::能不能走(0.9)

16. 所以嗯(0.4)当他站起::来以后(0.6)他呃他就↑摔倒了,

17. 他摔在了旁边的，呃就像——像呃一个↑贴**墙**吧台上：

19. 然后呃（0.2）他的肋骨摔断了。（1.0）

词组"稍微"与动词"决定"形成了直接对比。当说到"我就让他在那儿稍微等会儿"时，她是在对自己的行为表现出不确定或犹豫不决，好像她知道她确实不应该离开患者，但是她没有办法，因为她必须遵守规定，在这种情况下必须有护士。然而，当她说，患者"站起来，决定自己试着走一走"时，动词"决定"意味着患者的决定是有意识的决定，以此暗示他恣意妄为的性格。因此，我们又一次看到了护工和患者之间的对比，即护工由于不得不遵守规则而手足无措，而患者却主动打破规则。

成对的对比

这位护工各种口头形式的"成对对比"反映了其个人能动性和自我构建中的易变性。一组对比由两个连续的事物或话语组成，它们在某种程度上有着相互对比的效果。这种对比是一种重复出现的修辞结构，它在许多类型的"说服"交流中都是重要的手段，许多市场交易者和政治家都会用这种手段。阿特金森（Atkinson）在其1984年出版的著作中指出，他认为政客使用的语言，如"许多政治辩论都会有支持'我们'的主张与反对'他们'的言论，那么把两者放在一起对比的辩论技巧在打包传递信息的时候游刃有余、被广为所用，也就不足为奇了"。阿特金森认为，如果说话者能给听众展示谜题，他就有"很大机会激起听众的好奇心，从而激发他们倾注的注意力"。这些动词形式的主要优势是"它们组成了信息的主旨，这个信息本身既简短又完整"，它们还"是树立竞争对手格局的简单高效的方法"。阿特金森得出结论，这两个对比细节在长度、内容和语法结构上具有相似性，这是形成对比的典型方式。在我们所分析的这组陈述中有许多成对对比语句。（N）表示否定，（P）表示肯定，这与说话者在每组对比语句中所反映的个人能动性有关。

第一组对比

A1　然后呃我——我赶回去看他的时候他刚好要摔：倒在地，（N）

B1　所以我——我冲过去，在他摔在地上前接住他，（P）

第二组对比

A2　然后我想办法在他摔的时候给了他一个缓冲（0.2），你懂吧，我趴了下来，然后呃（0.3）我按了紧急救护铃，去叫医生过来，还有做其他救助措施。（P）

B2　但是嗯（0.5）后来我们发现他断裂了两根肋骨，后来嗯（0.2）↑三天以后（0.2）骨头刺破了他的（（肺部（0.4）））（（笑））然后他死：：了（（两周以后））（（笑））（N）

第三组对比

A3　然后嗯（0.2）我觉得这都是（0.3）我的责任我的错，竟然让他独自待在病房（N）

B3　然后呃（0.2）我们有个（0.1）纪检委员会帮我（0.4）证：明了不是我的错，（P）

第四组对比

A4　我为我的工作缺位而感到非常愧疚，而且——而且我是想帮他的，（0.2）（N）

B4 即便那真不是我的错,因为我只是走开一下(0.3),你懂的,是他非要↑自↓己站起来的。(P)

解释

在第一组对比中,两个句子(A1 和 B1)都说得很大声。在对比的第一句(A1)中,护工说她"赶回去看他的时候他刚好要摔倒在地"。在这里,她表现得自己更像一个观察者。她,她自己,远没有那么积极主动,因为要摔倒的是"患者"。然而,"刚好"这个词暗示着她的反应不慢,从整体上看,这句话暗示她当时肯定不会离要照顾的患者太远。这一观察者角色与对比中的第二句话(B1)相比,第二句话呈现的角色更积极主动。在这方面,说话者表现得更为积极主动。因为她没有走太远,所以她能设法"在他摔在地上前接住他"。因此,她把自己描绘成一个负责任的人:出于工作需要,她不得不离开一会儿,但没有走太远。

在第二组对比中,第一句话(A2)再次反映了她的积极能动性,因为她描述了自己当时表现出来的积极行为。她说,她"想办法在他摔的时候给了他一个缓冲",这表明,如果她当时没有在场,情况可能会更糟。在患者摔倒的时候,"我趴了下来"可以弱化事件的戏剧性:如果他撞到地板发出"砰"或"嘭"的一声,可能会导致不一样的结果。第二句话(B2)她的积极行为与因跌倒而产生的消极后果形成了对比。她说:"后来我们发现他断裂了两根肋骨……""我们"一词在她的自我介绍中非常重要,她是一个"了解医术"的人,是医疗团队中被接受和重视的成员。她把自己定位在一个医学话语中,一个充满医学关怀的语境中。通过描述她对患者病情的了解,她把自己描绘成一个了解医疗知识的人、一个医疗机构愿意向她透露患者病情的人、一个拥有"与专业相关的演讲资格"的人,这时,她就能让自己的描述的可信度不容易被削弱。因此,在前两组对比中,她在描述自己所做的行为(B1 和 A2)和无法控制的消极后果(A1 和 B2)下,凸显了自己的主动举措和积极角色。

在第三组对比中,她在第一句话(A3)中接受了部分关于她的责任("我觉得这都是我的责任我的错,竟然让他独自待在病房")与第二句(B3)责任转移的引证形成了对比("我们有个纪检委员会帮我证明了不是我的错")。请注意,她强调"我的"这个词,在这其中,在她的自我建构里也出现了不同的变化。一方面,她用"我们"这个词把自己塑造成医学"专家";另一方面,她说"我觉得这都是我的责任我的错,竟然让他独自待在病房",即把自己描述成医疗团队的边缘人。她本可以说"他们觉得这是我的责任",但她没有。因此,在这个意义上,对"我"这个词的选择是为了淡化她身上的潜在责任,因为即使她觉得这是她的责任她的错,其所在的医疗机构和在医学领域的专家也没有这么说。

根据波特和韦瑟雷尔的观点,研究话语中的可变性,是一种阐明话语功能的方法。话语变化发生在话语当中,由这句话的行为取向决定。他们认为,在目前主流的心理学研究方法中,当研究个体的一致性时,通常都试图最小化叙述里的可变性,或者甚至不将其考虑在内。而另一方面,话语分析法却积极寻找这些可变性。"话语在实现不同功能的时候发生转变,而变化这一性质可以为它要实现的功能提供线索"。因此,目前她身上的责任已经被她的描述抵消,这足以证明自我构建的语意变化在谈话中的作用。当她把自己视为不被指责且单纯的照顾者的角色时,她就把自己塑造成低一等的医疗机构成员;而在其他地方,她则标榜自己作为医疗团队的一名可靠的成员,是"内行"的。

上面的三组对比句按顺序呈现，它们组成了一个列表。已有证据表明，由这三个部分组成的列表在不同类型的话语中（如政治演讲、法庭对话和日常谈话）具有重要的修辞功能。杰弗逊在列表中强调，特别是由这三个部分组成的列表，可以用来构建完整或有代表性的描述。在这里，这三组对比句与第四组相区别，被一段关于她自己感受的谈话相区分。因此，在描述了这个不幸的事件之后，她重申了自己的为人：一个有同情心的人，是能够体验某些感觉的（如"非常非常伤心"）。第四组对比句与第三组相似，她首先描述了自己的感受（"我感到愧疚"），这可能关系到她要接受的谴责，然后通过"这不是我的错"来否认谴责。她继续为自己不应该受到谴责而正名，这有双重作用。第一，她当时有"赶回去"，这意味着她在某种程度上试图纠正这种情况，或至少有想过减轻可能严重的后果。第二，她说患者是"自己要这么做的"。

因此，她把责任从自己身上转移到了患者身上。她用第三组和第四组对比来表明，尽管她感到有一定程度的责任（A3 和 A4），但事件的事实和医疗当局都为她开脱了责任（B3 和 B4）。

她在叙述的最后说，她对整个事件感到多么难受。她重申了自己的感受，并对患者的死亡承担了一定的责任。

情感表露中的非语言行为

在非语言行为方面，我们研究了杜兴式微笑和非杜兴式微笑，以及注视是如何在这些对比组中被组织起来的。分析详见表 5–1 和 5–2。

我们假设，就这些对比组句来说，非语言行为应该有许多相互作用功能。比如，非杜兴式微笑和注视可以做到以下几点。

- **增强对比度**。如果我们能看到非杜兴式微笑和眼神注视在对比组中的积极部分（P）明显高于消极部分（N），那么非语言行为就可以用来强调言语信息的积极内容。
- **标识过渡**。非语言行为可以用来强调两个对比之间的过渡。
- **改善对比**。如果非杜兴微笑和注视在对比中的负面部分（N）比正面部分（P）有更高的表现，就可以认为非语言行为可以减少负面的影响内容。另外，我补充很有趣的一点：杜兴式微笑常发生在没那么故意的地方，以及表露出真正情感的地方。

我们测量了每组对比句的持续时间，然后测量其杜兴式微笑、非杜兴式微笑和注视的持续时间（见表5-1），以及非语言行为在各组对比句中（开始和结束）所占总时间的百分比（见表5-2）。

表5-1 对比组两部分的总时长以及杜兴式微笑、非杜兴式微笑和注视的时长

		持续时间						
		总时间	杜兴式微笑（开始）	杜兴式微笑（结束）	非杜兴式微笑（开始）	非杜兴式微笑（结束）	注视（开始）	注视（结束）
第一组对比	A1（N）	2.7	2.7	0	0	2.7	1.8	0.9
	B1（P）	1.8	0	1.8	0	1.8	0.5	1.3
第二组对比	A2（P）	7.0	2.7	4.3	1.5	5.5	2.2	4.8
	B2（N）	9.4	4.4	5.0	2.9	6.5	4.9	4.5
第三组对比	A3（N）	4.8	4.8	0	0	4.8	3.1	1.7
	B3（P）	4.8	1.6	3.2	0.8	4.0	3.1	1.7
第四组对比	A4（N）	3.1	0.9	2.2	0	3.1	2.7	0.4
	B4（P）	3.4	1.2	2.2	0	3.4	3.0	0.4

表 5–2　杜兴式微笑、非杜兴式微笑和注视在每组对比句中所占的总时长百分比

		杜兴式微笑 开始	杜兴式微笑 结束	非杜兴式微笑 开始	非杜兴式微笑 结束	注视 开始	注视 结束
第一组对比	A1（N）	100	0	0	100	67	33
	B1（P）	0	100	0	100	28	72
第二组对比	A2（P）	39	61	21	79	31	69
	B2（N）	47	53	31	69	52	48
第三组对比	A3（N）	100	0	0	100	65	35
	B3（P）	33	67	17	83	65	35
第四组对比	A4（N）	29	71	0	100	87	13
	B4（P）	35	65	0	100	88	12

杜兴式微笑的分析

第一组对比

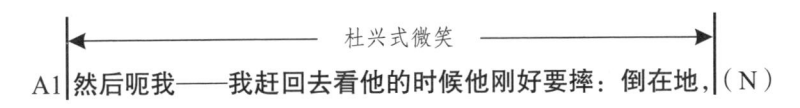

A1 ｜←──────── 杜兴式微笑 ────────→｜
A1 然后呃我——我赶回去看他的时候他刚好要摔：倒在地，（N）

B1 所以我——我冲过去，在他摔在地上前接住他，（P）

杜兴式微笑在第一组对比的（N）部分被发现，但在（P）部分却完全没有。

第二组对比

　　　　｜←──── 杜兴式微笑 ────→｜
A2 然后我想办法在他摔的时候给了他一个缓冲（0.2），你懂吧，

　　　　　　　　　　　　　　　　　　　◂杜兴式微笑
我趴了下来，然后呃（0.3）我按了紧急救护铃，去叫医生过来，
还有做其他救助措施。（P）

B2 但是嗯（0.5）后来我们发现他断裂了两根肋骨，后来嗯（0.2）

　　　　　　　　　　　　── 杜兴式微笑 ──
↑三天以后（0.2）骨头刺破了他的（（肺部（0.4）））然后他死：
了（N）

虽然杜兴式微笑在这个对比组的两部分都有出现，但（N）部分的微笑相对多于（P）部分。当她谈到后果的时候，她脸上的笑容是最明显的，当她说"两周后，他死了"的时候，还笑了起来。

第三组对比

　　　　　　　　　　── 杜兴式微笑 ──
A3 然后嗯（0.2）我觉得这都是（0.3）我的责任我的错，竟然让他独自待在病房（N）

B3 然后呃（0.2）我们有个（0.1）纪检委员会帮我（0.4）证：明了
不是我的错，（P）

在对比组的（N）部分，她始终保持着杜兴式微笑，而在积极组的第（P）部分，她的笑容变少了。

第四组对比

A4 我为我的工作**缺位**而感到非常**愧疚**，而且——而且我<u>是</u>想**帮**他的，❲←杜兴式微笑→❳（N）

B4 即便那真不是我的错，因为我只是走开一下（0.3）❲←————杜兴式微笑————❳，你懂的，是他非要↑↓自己站起来的。（P）

在这里，对比组中的（P）部分比（N）部分呈现出更多杜兴式微笑。

非杜兴式微笑的分析

第二组对比

A2 然后我想办法在他摔的时候给了他一个缓冲（0.2）❲←—非杜兴式微笑—❳，你懂吧，我趴了下来，然后呃（0.3）我按了❲←非杜兴式微笑→❳紧急救护铃，去叫医生过来，还有做其他救助措施。（P）

B2 但是嗯（0.5）后来我们发现他❲←非杜兴式微笑→❳断裂了两根肋骨，后来嗯（0.2）↑❲←非杜兴式微笑→❳三天以后（0.2）骨头刺破了他的（（肺部（0.4）））然后他死：：了（N）

与杜兴式微笑类似，非杜兴式微笑在（N）部分里比在（P）部分里出现得更多。

第三组对比

A3 然后嗯（0.2）我觉得这都是（0.3）<u>我的责任我的错</u>，竟然让他独自待在病房（N）

B3 然后呃（0.2）我们有个（0.1）纪检委员会帮我（0.4）|←―非杜兴式微笑―→|<u>证</u>：明了不是我的错，（P）

在这里，非杜兴式微笑只短暂地出现在对比组中的积极部分。

杜兴式微笑与非杜兴式微笑的共同分析

第一组对比

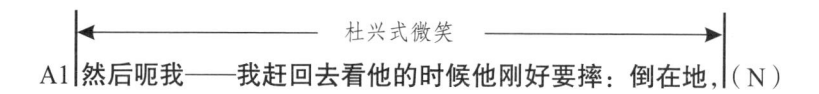

|←――――――杜兴式微笑――――――→|
A1 然后呃我——我赶回去看他的时候他刚好要摔：倒在地，（N）

B1 所以我——我冲过去，在他摔在地上前接住他，（P）

第二组对比

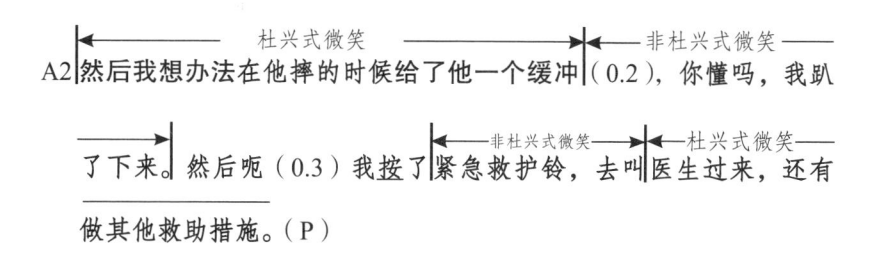

|―――杜兴式微笑―――→|←―非杜兴式微笑―→|
A2 然后我想办法在他摔的时候给了他一个缓冲（0.2），你懂吗，我趴了下来。然后呃（0.3）我按了|←―非杜兴式微笑―→|←―杜兴式微笑―→|<u>紧急救护铃</u>，去叫医生过来，还有做其他救助措施。（P）

|―――――|←―非杜兴式微笑―→|
B2 但是嗯（0.5）后来我们发现他断裂了两根肋骨，后来嗯（0.2）↑

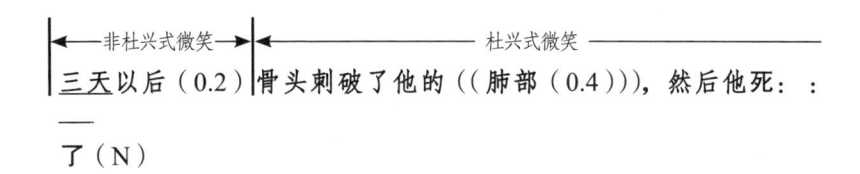

|←──非杜兴式微笑──→|←────── 杜兴式微笑 ──────|
三天以后（0.2）骨头刺破了他的（（肺部（0.4））），然后他死：：
了（N）

当时，这段描述出现这么多笑容着实让我们感到惊讶，不管是杜兴式微笑还是非杜兴式微笑，都贯穿在这组对比句当中。同样有意思的是，非杜兴式微笑常常紧接在杜兴式微笑前后，好像杜兴式微笑本来就需要带上这种非语言行为似的。

第三组对比

|────── 杜兴式微笑 ──────|
A3 然后嗯（0.2）我觉得这都是（0.3）<u>我的责任我的错</u>，竟然让他独自待在病房｜（N）

|←非杜兴式微笑→|←杜兴式微笑→|
B3 然后呃（0.2）我们有个（0.1）纪检委员会帮我（0.4）证：明了<u>不是我的错</u>｜（P）

第四组对比

|杜兴式微笑|
A4 我为我的工作<u>缺位</u>而感到非常<u>愧疚</u>，而且——而且我是<u>想帮他的</u>｜（N）

|←────── 杜兴式微笑 ──────|
B4 即便那真不是我的错，因为<u>我只是走开一下</u>（0.3），你懂的，是他非要↑自↓己站起来的。｜（P）

注视分析

第一组对比

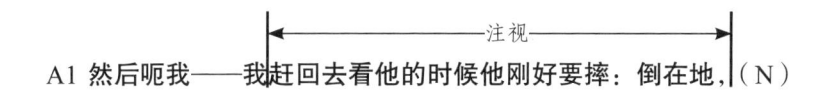

A1 然后呃我——我赶回去看他的时候他刚好要摔：倒在地，(N)
　　　　　　　　　　　　|←————注视————→|

B1 所以我——我冲过去，在他摔在地上前接住他，(P)
　　　　　　　　　　　|←—注视—→|

眼神注视在（N）部分比（P）部分中出现得更多。这其中的假设可能是眼神注视对负面信息有改善效果。

第二组对比

A2 然后我想办法在他摔的时候给了他一个缓冲(0.2)，你懂吧，我趴
　　|←—————注视—————→|

了下来，然后呃(0.3)我按了紧急救护铃，去叫医生过来，还有
　　　　　　　　　　|←—注视—→|

做其他救助措施。(P)

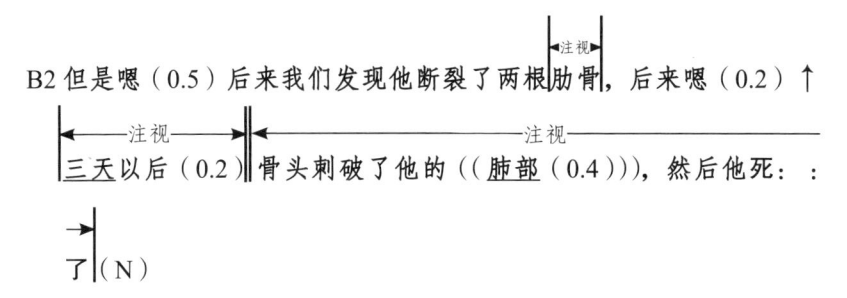

B2 但是嗯(0.5)后来我们发现他断裂了两根肋骨，后来嗯(0.2)↑
　　　　　　　　　　　　　　　　　　|←注视→|

三天以后(0.2)‖骨头刺破了他的((肺部(0.4)))，然后他死：：
|←注视→|　　　　|←————注视————→|

了|(N)
↑

与第一组对比相似，注视更多集中在（N）部分，而不是（P）部分。

第三组对比

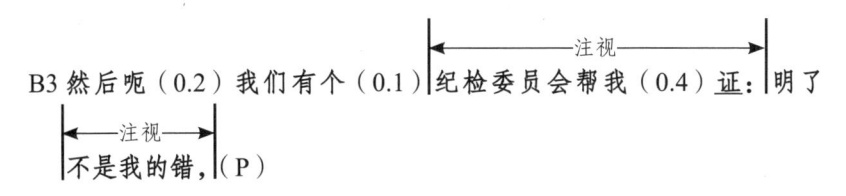

A3 然后嗯（0.2）我觉得这都是（0.3）<u>我的责任我的错</u>，竟然让他独
自待在病房（N）
（注视标记覆盖"我"至"错"，及"然后嗯"前段等）

B3 然后呃（0.2）我们有个（0.1）纪检委员会帮我（0.4）<u>证</u>：明了
不是我的错，（P）

在这组对比中，注视出现的频率不相上下。

第四组对比

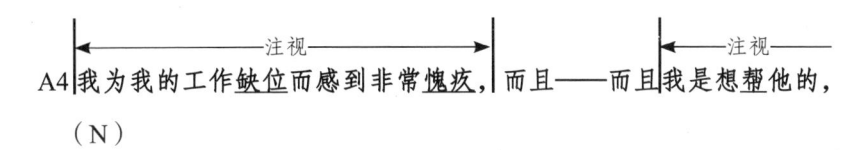

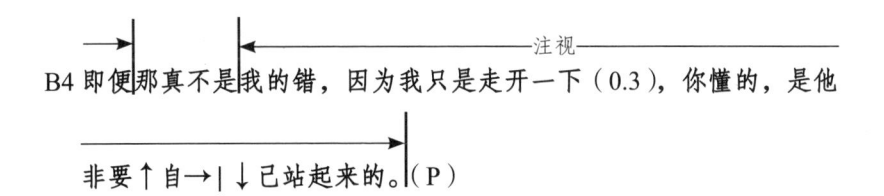

A4 我为我的工作<u>缺位</u>而感到非常<u>愧疚</u>，而且——而且我是想<u>帮</u>他的，
（N）

B4 即便那真不是我的错，因为我只是走开一下（0.3），你懂的，是他
非要↑自→|↓已站起来的。（P）

在这组对比中，注视的频率是相同的。

The 冲突的演化：那些心理学研究无法摆平的心理冲突
Conflicted Mind: And Why Psychology Has Failed to Deal With It

杜兴式微笑、非杜兴式微笑、注视的分析

第一组对比

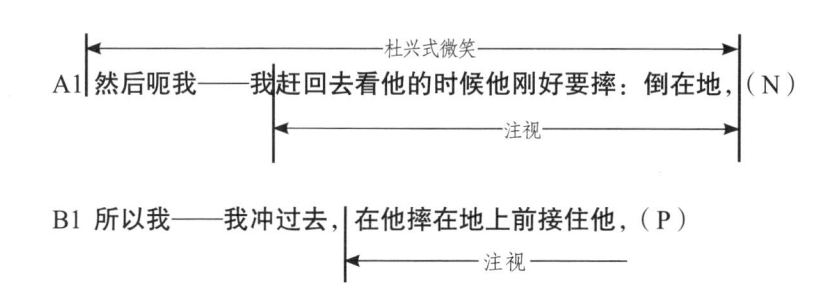

```
         |←―――――――――杜兴式微笑―――――――――→|
A1 然后呃我——我赶回去看他的时候他刚好要摔：倒在地，(N)
         |←―――――――注视―――――――→|

B1 所以我——我冲过去，|在他摔在地上前接住他，(P)
                    |←―――注视―――→|
```

第二组对比

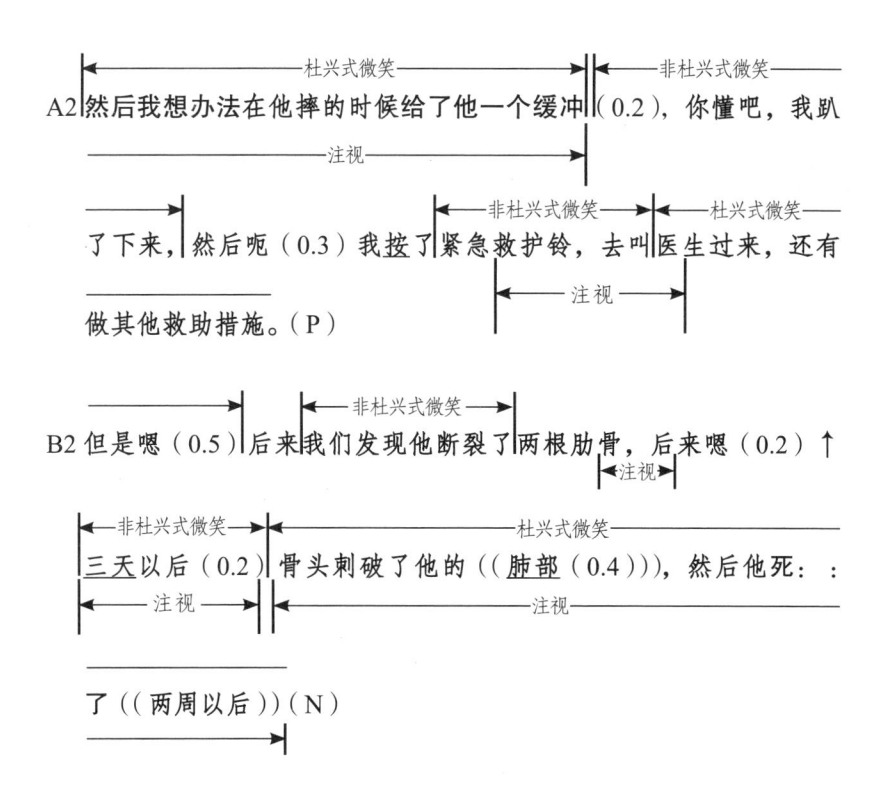

```
       |←―――――杜兴式微笑―――――→|  |←―非杜兴式微笑―→|
A2 然后我想办法在他摔的时候给了他一个缓冲(0.2)，你懂吧，我趴
       |―――――――注视―――――――→|

                    |←―非杜兴式微笑―→| |←―杜兴式微笑―→|
了下来，然后呃(0.3)我按了紧急救护铃，去叫医生过来，还有
                           |←――注视――→|

做其他救助措施。(P)

           |←―非杜兴式微笑―→|
B2 但是嗯(0.5)后来我们发现他断裂了两根肋骨，后来嗯(0.2)↑
                                              |←注视→|

   |←非杜兴式微笑→| |←―――――杜兴式微笑―――――→|
   三天以后(0.2)|骨头刺破了他的((肺部(0.4)))，然后他死：：
   |←―注视―→|    |←―――――――注视―――――――→|

   ——————————————
   了((两周以后))(N)
   |←――――――――→|
```

232

第三组对比

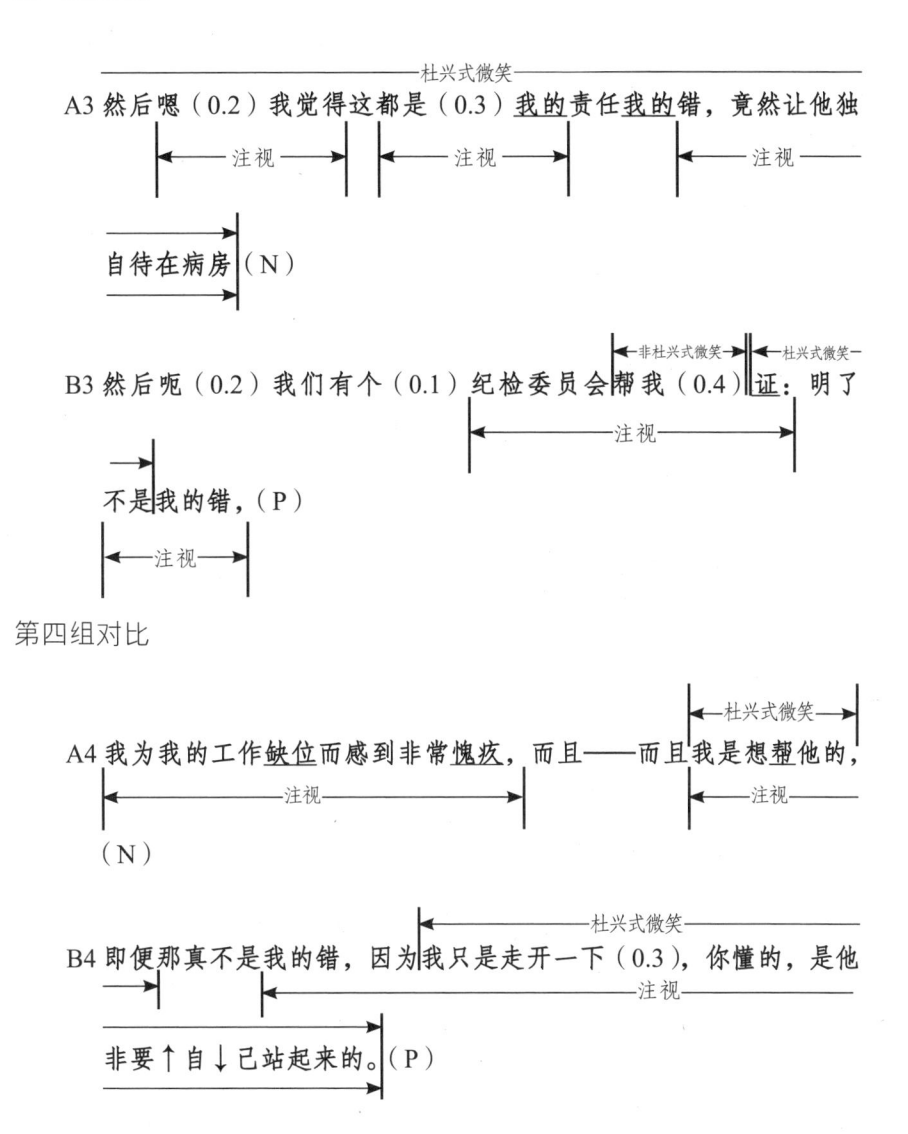

```
                          ┌——————杜兴式微笑——————┐
A3 然后嗯（0.2）我觉得这都是（0.3）我的责任我的错，竟然让他独
   ├————注视————┤├————注视————┤     ├————注视————┤

├——————————┤
自待在病房（N）


                                    ┌—非杜兴式微笑—┐┌杜兴式微笑—
B3 然后呃（0.2）我们有个（0.1）纪检委员会帮我（0.4）证：明了
                          ├————————注视————————┤

├————————┤
不是我的错，（P）
 ├——注视——┤
```

第四组对比

```
                                         ┌————杜兴式微笑————┐
A4 我为我的工作缺位而感到非常愧疚，而且——而且我是想帮他的，
   ├——————————注视——————————┤     ├————注视————┤

（N）


                                 ┌——————杜兴式微笑——————┐
B4 即便那真不是我的错，因为我只是走开一下（0.3），你懂的，是他
 ├—注视—┤              ├——————————注视——————————┤

      ├——————————————┤
      非要↑自↓己站起来的。（P）
```

我们发现，杜兴式微笑往往在对比组中的消极部分出现。此外，注视也在对比组的负面部分出现得更频繁。还有一点，杜兴式微笑和注视都正好落在对比组的正反两部分中间，从而突出了对比的两部分之间的过渡。

情感表露过程中会发生什么

这种探索性的分析，目的是为了弄清情感表露的过程，以及从心理和医学角度来看它的作用是什么。这是一段关于意外死亡责任的叙述。如果常人就这一事件（患者在医院摔倒，摔断了两根肋骨，肺部被刺破后去世）的公正性有所了解并展开讨论，还知道这个事件发生在护工本应在场却缺席的情况下，人们就很可能会认为患者是这场医疗事故的受害者。因此，说话者（即护工）应该受到责备，因为她在去叫护士的时候，使得患者无人照料。然而，通过对话语的分析，我们发现了说话者利用说辞巧妙地将责任从自己身上转移开的几种方式，并将自己而不是患者包装成一宗没有按计划进行的事件的受害者。

我们还试图突破（传统）话语分析法的狭窄边界，获得更广阔的话语交流图景。由于日常生活中自然流露的表达与非语言行为间确实无法脱离关系，因此我们认为在分析中囊括一些非语言行为形式，并研究语言和非语言交流系统间的相互作用，就可能获得更丰富的观察结果。结果表明，对比组句作为叙述中的基本结构，发生在其中的无差别微笑和眼神注视并不是随机发生的；相反，这些形式的非语言行为主要发生在对比组句中的负面部分。换句话说，护工在谈论最负面的部分时，各种形式的微笑和注视是最多的，这与她的主观意志相关。例如，当她描述患者"肺部刺穿，两周后死亡"，以及描述自己当时的感受"我感觉这全是我的责任我的错,让他一个人留在那里"时,她不断表现出笑容,同时还有相当高频的注视。这些结果该如何解释呢？非语言行为在此的作用很可能是作为自我构建的一部分,她想表现出自己是善良和负责的人,并表明自己可以处理这些事情。毕竟,她讲的故事有利于她,在这个故事中,她摆脱掉了所有她个人对这起事故会受到的谴责和承担的责任。说到微笑,一开始看去,在对过去负面事件的描述中如此频繁地出现杜兴式微笑和非杜兴式微笑,似乎有点奇怪和矛盾,但拉法兰西(LaFrance)和赫克特(Hecht)于1995年指出,"微笑可以减弱对潜在错误行为的负面判断",并将这种现象称为"微笑宽容效应"(smile-leniency effect)。拉法兰西和赫克特于1995年调查了微笑的社会意义,特别是可能发生的学术不当行为的微笑宽容效应,研究是什么引发了这种效应,以及各种笑容(杜兴式微笑、假笑和苦笑)是否产生了不同程度的宽容。结果显示,微笑的被试比不微笑的被试能得到更多宽容,但有趣的是,他们并没有被认为罪行有所减轻。微笑类型并没有显著影响人们对他的宽容程度,即所有上述讨论的微笑效果差别不大。在微笑宽容效应的变量中,"举个例子,认为目标更讨人喜欢、顺从或老练"的判断,其中最能解释微笑在效应中的影响的是这个结论:微笑趋向让实验目标显得可信可靠。拉法兰西和赫克特认为,这样的结果"是有道理的,因为这个案例可能涉及违法行为。最相关的维度似乎是实验目标的诚实和善良,而微笑有助于增加这些品质的知觉"。他们得出这样的结论:"当人们想要从违规情境中摆脱责任时,他们的策略是,如果追责对象仍留有存疑,就保持微笑。"在我们的研究中,被试在其叙述中最负面的部分笑得更多,可能是想把自己塑造成一个善良和值得信赖的人,从而让人们对可能追责到她身上的错误行为有所改观。

然而,值得注意的是,杜兴式微笑主要出现在对比组句的否定部分,而非杜兴式微笑出现的频率则要低得多，并且在否定和肯定部分出现的频率大致相同。拉法兰西和赫克特认为，微笑类型并不是影响微笑宽容效应的重要因素。但埃克曼又会如何解释这一发现呢？毕竟，拉法兰西和赫克特假设杜兴式微笑，这种享受的微笑通常伴随积极的情绪，如幸福、愉悦或享受。事实上，弗兰克和埃克曼指出："微笑似乎可以表明快乐或幸福的真情实感。"埃克曼会不会去辩护，当这位护工谈论负面事件时，她是在真诚地微笑吗？这是否意味着，当她谈论这些负面事情时，她感受到了真正的积极情绪？有人认为，如果埃克曼的判别标准正确，我们就会在最负面的叙述中发现更多的非杜兴式微笑。然而，埃克曼等人也指出："杜兴式微笑是任何积极情绪的信号，比如……解脱。"埃克曼说到他决定"用'享受感'这个概念来粉饰娱乐、放松、感官愉悦、成就的骄傲、兴奋的激动、完满和满足"。他还提出，上述不同的积极情绪可以被认为是"享受"这一情绪大类的一部分，"兴奋、解脱和满足可能都是同一情绪主题的不同变体，就像烦恼、狂暴、怨恨和愤慨都是愤怒这一情绪大类的组成部分一样"。如此说来，被试在说出自己最负面的经历时可能已经体验到真实的解脱感了吧。

在谈论创伤中最负面的部分时，被试不仅表现出更多的杜兴式微笑，有时还表现出更多的注视。阿盖尔和库克指出："许多研究发现，有更多注视的人被认为更加诚实可信。"比如，在一次实验中，当拍摄演员有更多的对视时，人们就会认为他更有效率、愿意做出更多改变，或是能提供更多信息。阿盖尔和库克认为，总的来说，"研究证明眼神交流更多（以及看得更久）的人可以为自己塑造更有利的个人印象，并且更受欢迎"。因此，被试可能将注视行为作为自我构建过程的一部分，在这个过程中，她将自己构建成一个可信的人。在格雷厄姆（Graham）和阿盖尔的术语中，注视可以被用来加强她的自我构建。然而，鲁特（Rutter）和斯蒂芬森（Stephenson）这两位学者虽不是质疑注视行为和拉近两人关系这种目的之间的关联，但他们于1979年提出，注视的主要功能是监视他人身上的信息，而不是交流情感。因此，一个人在叙述最负面的部分时注视更加频繁，很可能是想知道自己传达的信息被接受的程度如何。毕竟，在他人面前表露情感是一个互动过程，无论对象是你最好的朋友、治疗师，还是实验研究者。作为互动过程中的一部分，我们必须对注视和微笑行为都有所了解。

在我们的研究中，被试详细讲述了一个很可能会怪罪在她身上的故事：一位由她照顾的患者死了。然而，在她讲述的这个故事里，自己并没有受到责备，她运用上述各种方法构建出了叙述，将责任推给了患者。她不需要把所有的事都说出来，她所做的只是把特定事件说出来而已。她在故事最糟糕的环节露出杜兴式微笑，大概是为了松一口气，并同时密切关注实验倾听者的反应，以判断她讲述这段故事所带来的效果。我认为，这也许能给我们一些关于情感表露心理机制的启发。

那么，情感表露对自身的影响是什么呢？彭尼贝克如是说："构建一个好故事的净效果是，我们对情感事件是有记忆的，我们所编造的故事相对简短、紧凑，并且肯定少不了偏见。"他接着说：

> 讽刺的是，好的叙述可以使我们复杂的经历变得更简单、更容易理解，但同时它也会扭曲我们的记忆。把痛苦转化成语言最终会让我们忘记，或者说得更好听些，从创伤中超脱。

（彭尼贝克，2000: 13）

The 冲突的演化：那些心理学研究无法摆平的心理冲突
Conflicted Mind: And Why Psychology Has Failed to Deal With It

不过，这套主张确实能引发出很多问题。比如，什么是"好的叙述"？我们能接受多大程度的偏见？我们记忆中的冲突程度是如何与叙述建构和"超脱于创伤"的能力建立起联系的？我们的实验案例表明，事件发生的原因与事件内容同样重要。任何连贯的叙述，尤其是当它被改写成"简短、紧凑的故事"时，都需要包含这个元素。然而，通过计算某些语言类别的字数来描述这一过程既低效，也不精确（如 LIWC）。很简单，这不是语言发挥作用的方式。在案例中，护工编造了一个恣意妄为的患者的故事。因此，这不再是一个医疗疏忽的案例，而是两个对比强烈的人的案例，患者对事故和死亡负有责任。她的非语言行为帮助她将自己塑造成了一个得体、贴心的护工的形象，在这种情况下她已尽其所能了。但对于心理学家来说，我们还没有完全（甚至一点都没有）弄清杜兴式微笑和那些笑声的含义，因为笑时她正展开描述的是事件中最悲伤的部分。在叙述的这个时间点上，她一直在注视着倾听者，这其中的作用可能是查看她的叙述对倾听者来说接收程度如何，而她的杜兴式微笑很可能是在自己的叙述达到了其社交目的以及说清了责任归属后所表达出来的解脱之感。这件事不能怪她，这是这段话的重点。

也许我们能从这个案例中得到的最重要的信息是，情感表露这一过程并不是认知或情感过程。如果我们构建了一个关于创伤经历的描述，但没有人接受，那么我的猜测是，无论是在身体上还是在心理上，我们都没办法走出创伤。当然，这是一个经验主义的问题，未来可能会有人去解决它。我们今天讨论的情感表露成果的关键，是被试对从实验室"倾听者"处接收到的信息的处理，以及解脱后脸上露出的真正笑容，因为她所说的话被人听进去，并且被接受了。

同样，特蕾西·埃敏讲述自己 11 岁时在马尔盖特的海上遭遇性侵的经历，也是一个关于责任的故事。在某种意义上，它就是关于责任的故事，因为责任蕴含在这个故事里面。她告诉我们发生了什么事，还隐晦地和我说了原因，责任一直在其字句里。但在特蕾西·埃敏的案例中，这似乎是一种对责任的绝望追求，在某些叙述下（在不同的情境中），她作为性的煽动者，对发生的性行为负有明确的责任，但在她的回忆录中却不是这样。在她的回忆录中，男孩们对她实施的言语暴力非常重要，这就是她感到脆弱的原因，并随即与这个男人攀谈上了。而他则利用了特蕾西的脆弱感。然而，在其他采访中，她以一种让大家大跌眼镜的方式承担了整个事件的责任。这么多年过去了，这个回忆仍然存在着不确定性、不一致性和危险（不仅仅是她生活中的这件事）。给事件套上一个"原因"会给人们带来一些控制感。那么，这个案例该如何套用到彭尼贝克的方法上呢？要是用彭尼贝克的治疗方法，她就得一遍又一遍地讲这个故事（只讲三遍就够了），直到她可以"忘记"并"超脱这段经历"。或是说，她比较特殊？她拥有这段矛盾的记忆，拒绝将其编码，也许这就是她用使用过的避孕套、伏特加酒瓶和脏内裤来表明她的潜意识不允许意识的语言进来参与并消化这段经历的原因。有时候，我们需要好的故事，也需要坏的故事，这样才能在个人、情感和心理上都存活下来。

总结

- 如果长时间不去谈论自己的创伤事件，就很可能会遭受身心健康威胁。抑制创伤的经历会让人感到压力重重。
- 被归类为抑制情绪的个体，与喜欢表达情绪的人相比，会有更高的癌症发病率、血压更容易偏高，而且普遍患有生理疾病。
- 放下拘束，去表达过去或现在的创伤经历的想法和感受，似乎与身心健康改善相关。
- 詹姆斯·彭尼贝克用大量的临床证据表明，讲述创伤事件相关事实，并结合他们对创伤的情感感受，会对健康大有裨益。
- 彭尼贝克还表示，大多数对情感表露的研究都停留在对其效果的测量上，而非识别其潜在机制。即使是在今天，这个疑问依然存在：为什么情感表露能有助于促成这些与健康相关的变化？彭尼贝克通过分析这些叙述中的单个词汇来回答这个问题。
- 在一个情感表露的案例中，研究者使用了对话分析法。案例详细记录了被试的注视和微笑，以及它们与叙述内容的关系。解释事件原因以及就个人行为的追责是分析的重点，这就是"意义的追求"的组成部分。非语言行为（如注视和微笑），是构建和传递恰当陈述的关键行为。
- 在我们的实验中，当被试讲述自己经历中最坏的部分时，非常留心自己说出的话被接收的情况，并在这段时间露出了真实的（如释重负的）杜兴式微笑。
- 他人如何看待此人对创伤性事件的描述，很有可能是心理康复的关键。
- 这很可能表明，情感表露既是一种认知或情绪行为，又是一种社交行为。

附录

转录惯例

摘录自波特（1996：233–234），修改自杰斐逊（1985）。

1.C：你是那个时候离开的吗？ =

2.W：= 后：来他走了，那是——[将]近两年前的事了。

3.C：[°对°]

4.W：他走开了。只是（.）象征性地走开了。

5. （0.8）

6.C：↑好↓吧。所以（0.5）从我的角度听↓来，（.）你

7. 过上了（0.5）富裕，以：及（.）更丰富的生活，

8. 我得：去搜集些史[料来放进去——]

9.W：[对的，嗯…… =]

10. [嗯（.）对：的（.）是对：的]

11.H：[= 对啊（.）那（.）简直就是]° 我°想<要>的

解释

- 划线：表示说话者重读的单词或单词音节（如"走开"）。
- 冒号：表示音长在前（如"然：后"）。冒号越多，时间越长（如"啊：：："）。
- 箭头：表示语调的明显升降（如"↑好↓吧"）。
- 第1行的问号表示疑问语调（与参与者将其视为问题的话语没有必然的对应关系）。

T^he 冲突的演化：那些心理学研究无法摆平的心理冲突
Conflicted Mind: And Why Psychology Has Failed to Deal With It

- 句号：表示一个完整的语调（不一定是语法上的句号）（如第 2 行）。
- 第 6 行中的逗号表示连续的语调（不一定是语法上的逗号）。
- 破折号：终止标志，表示一个词或声音的明显而突然的终止（如"感恩——感：恩节"）。
- 第 2 行和第 3 行、第 8 行和第 9 行、第 10 行和第 11 行之间的中括号表示重叠对话的开始和结束。
- 当一个人说话和另一个人说话之间没有间隔时，用等号标记（第 1 行和第 2 行、第 9 行和第 11 行）。
- 括号中的数字表示停顿的时间，以十分之一秒为单位 [如"(0.5)"]。括号中只有一个实心点的地方 [如（ . ）]，这是一个可以听到但短到无法测量的停顿。
- °：表示说话者的声音比上下文都小（如"° 对啊°"）。
- 比上下文更响亮的话语是黑体[1]（如"**在那儿**"）。
- 解释性注释放在双括号内 [如"((笑声))""((站起来))"]。

---

[1] 原文使用的方法是采用大写的英文字母，但是这在中文中无法实现，故使用黑体。——译者注

第 6 章
THE CONFLICTED MIND

角色的冲突

关于服从的研究

角色的冲突：关于服从的研究　第 6 章

除夕夜对大卫来说一直是个特别的日子。自他年幼时，他爸爸还在世的时候就这样了。他母亲说，他的父亲黑得就像克拉克·盖博（Clark Gable），他总在午夜的钟声敲响之际，带着他的小儿子，手里拿着一小块煤，走到灰色小街上敲邻居的门。家家户户都会小酌一杯酒迎接新的一年的开始。贝尔法斯特的人们都住在那些潮湿的小加工厂里，一无所有，分享着他们仅有的一点东西。

不过，那似乎是很久以前的事了。

大卫从里屋的富美家（Formica）牌桌子上拿起一小张银箔，打开又检查了一遍。如果温度太高，这张银箔可能会融化。他数着那些粉红色的小标签，把它们整齐地排成一行，中间留有规则的空隙。他知道，如果他弄丢了一块，就会招致一场争吵，可能比争吵还要麻烦。

在市政厅时，他把钱给了朋友罗布拿去交易。我们在外站着淋了好几个小时雨后，他赢了。这是大卫和罗布的第一次。他非常紧张。罗布在这方面是个老手，他达成了很多笔交易，经验很多。

那天晚上，他坚持让大卫和他一起进城，因为他说"想有人陪"。罗布的话总是不说透，请求里总藏着威胁。罗布说他要进城去见一位老朋友。"我想让你跟我一起去……只是陪陪我而已。"那是星期天的晚上，贝尔法斯特的所有店铺都关闭了，酒吧也关了，公园里的秋千在星期天还会

The 冲突的演化：那些心理学研究无法摆平的心理冲突
Conflicted Mind: And Why Psychology Has Failed to Deal with It

被锁起来，以免孩子们在祷告日玩得太疯。大卫那天去了两次教堂，当时他是初级教堂执事。

罗布很擅长让你做他想做的事情，方法是对你真正要做的事情说得很模糊。开始你会同意他的小请求，但到最后你才发现整件事的全貌，你才明白事情没那么简单，可那时候就太晚了，早已没有退路。他事先没有解释他们那天晚上要在市政厅做什么。这个"朋友"是生意上的熟人，交易在几秒内就完成了。大卫站在尽可能远的地方，尽量不引人注意，嘴里嚼着粗呢大衣的带子，不知道是不是受了点鼓励，他把它塞进他粗呢大衣的左口袋里，那是他的幸运口袋，这个口袋里没有破洞。当然，这是罗布的主意。他说大卫看起来比他更无辜，他无法反驳。罗布说"把它们放在你的口袋里"后，大卫甚至都没有点头回应就直接做了，就是这么直接。我想，这大概是一种命令吧。

当时贝尔法斯特街头戒备森严。动乱封锁了市中心，每天晚上都会发生炸弹爆炸事件。公共汽车可能会停在路边不再开了。他们要是不走运，就得步行回家，甚至还可能会被抓起来。当然，警察或军队搜的是武器，而不是那些小小的银箔。大卫正在练习要说的话。"爱桃心"，他只能想到这个，令人神魂颠倒的爱心。他的心扑通扑通地跳。罗布开了个玩笑，但话又说回来，他又没犯错。大卫就是那个携带毒品的人。"我希望你能讲好你的故事，"罗布说，"你是个读书人，你会没事的。你看起来那么老实。"大卫母亲也这么说他。"你最好把我们的故事讲清楚。"罗布嘲笑大卫惴惴不安的样子。

大卫得到的"回报"是一颗药丸，这比在罗布卧室里帮他"看管"毒品的人得到的报酬要多。罗布说，他的母亲会搜他的包，大卫得帮他把包藏在拉丁文和物理课本下面,稍微露出点银箔,以记得他的包藏在哪儿了。这是他第一次做这种事。大卫告诉过他,自己不想沾染迷魂药。罗布回答说他别无选择,他说:"我们已经在一条船上了。"

因此,他只好待在里屋的桌旁仔细看管着罗布给他的东西。母亲在楼上打扫,扫把在卧室角落里扫着地,发出无精打采的声音。他把银箔放进口袋里,匆匆赶了过来。房间里找不到可疑之处。到处都是课本,每面墙上都贴着海报,天花板上挂着几张从杂志上撕下来的图片,摇摇欲坠,抽屉里装满了他为罗布看管的各种各样的东西,他往往都是被逼的。抽屉太满了,满得一点都打不开。

"看看这烂摊子,"他母亲会说,"你把这房子弄得像个垃圾场。"

"不管怎么说,要是没有我帮忙,它就是个垃圾场。"他说。

那年圣诞节,曾有人谈论爱尔兰共和军(Irish Republican Army, IRA)停火的事情。他母亲说,北爱尔兰防务协会(Ulster Defence Association, UDA)说了,如果爱尔兰共和军停火,那么他们也会停止杀戮。可他们说话像小孩一样,到了最后,"再也没有人相信他们的屁话"。因此,爆炸事件还在继续,时不时就会发现有人被割喉致死。据他母亲说,他的头会被一根线吊着。但他不会让这件事毁了他的心情,"头怎么能悬在一根线上呢?脑子里又没有线",他还记得他嘲笑了自己的聪明,一个读书人的聪明。

可是,前一天晚上却很不妙。母亲总是让卧室的门开着,她总在预感有什么事发生的时候会这样做。"我觉得爆炸离史密斯菲尔德很近。你觉得是不是在那里?"

The 冲突的演化：那些心理学研究无法摆平的心理冲突
Conflicted Mind: And Why Psychology Has Failed to Deal With It

"我想睡觉，"他朝母亲大喊，"每天晚上都没法完整地聊聊天，我也是受够了。"

"我只是想找个话题，"她说，"你都不想跟我说话，你父亲在世的时候可不是这样的。"随后开始抽泣。

他躺在那里，想着他的父亲，后来他也哭了，但只会偷偷地哭。后来，再一次的爆炸声把他从哭泣中拉了回来。这次爆炸可能是在史密斯菲尔德吧，他想。

第二天晚上七点左右，莫克来了，是他母亲开的门，然后在周围转来转去，假装在整理："你俩今晚出去迎接新年吗？我希望我能去。"

"只是喝几杯啤酒而已。"莫克说，大卫则从母亲身边绕过去，挤出了门口，摸了摸他的幸运口袋，喃喃地说了声"再见"。

"罗布的阿姨出去过新年了，"莫克说，"咱们有整栋房子可以玩。你带了什么？紫雾吗？"

"与其说它们是紫色的，不如说是粉红色的，"大卫说，"不过这可是真货。"

"最好如此。"莫克威胁说。

"其实是罗布拿到的，"他回答说，"他做的交易，我只是替他看管它们。"

他知道，只有这么说才能让莫克闭嘴。

那帮混混都已经到了，奶油店的杰克·布鲁斯正在演唱《生不逢时》（*Born under a Bad Sign*）。一个小伙子带了五罐竖琴啤酒，显然他在来的路上已经喝了一罐。"我不想喝啤酒，"罗布说，"我听说它会让毒品不起作用。"知道罗布会做这场狂欢典礼的司仪，大卫识相地把银箔递给罗布。他知道罗布会负责的，罗布最喜欢看戏了。

罗布把银箔卷起来，慢慢地把它们递了出去，手还做了些漂亮的动作。"我可以用啤酒漱漱口吗？"带啤酒的男孩子说道。

"吞下去就好了，"罗布说道，"不要喝啤酒。用你自己的口水。"他又对着大卫说："这个给你，拿着。"大卫就照做了。

接下来的一个小时，他们都坐在另一间阴暗潮湿的小房间里，这是他们所知道的唯一一间房间，但这间房间点着蜡烛，所有人都盘腿而坐，默默地等待着什么事情的发生。

当有人动了动时，约翰率先看到了闪烁的余影。他说了句"天哪"，然后大笑起来，如释重负。随即，仿佛有一种神奇的传染过程，这一小群人都兴奋起来了，他们都弓着背，穿着粗呢大衣和裤子，下摆又湿又厚。时间慢了下来，蜡烛的火焰随着音乐起舞，很快找到了节奏，照亮了这群笑得很灿烂的人，他们的脸从红色变成了绿色。这时候，贝尔法斯特终于和平了。罗布开始轻轻地摇晃着身体，脸上带着一丝嘲弄的笑容，大家都聚精会神地看着他。

"我是怎么跟你们说的？"他说道，"我说过我要拿上好的行头，大家都可以搬到伦敦去做大买卖，除了这位读书先生——他要去上大学，不会理我们了。而我们会去伦敦，不用钱！"大家都捧腹大笑。大卫感觉到一股醇香，他就要融化在柔软而华丽的垫子里了。他感觉到所处的房间变了样子，变成一个山洞，灯光摇曳着，墙上的文字随着变幻的影子若隐若现。大卫坐在那儿，想大声地把墙上的文字读出来，他想这上面有些是拉

The 冲突的演化：那些心理学研究无法摆平的心理冲突
Conflicted Mind: And Why Psychology Has Failed to Deal With It

丁文。当他慢慢地把拉丁铭文念给大家听的时候，罗布说道："看你这人就是想显摆，真是个读书人。"

这个夜晚纸醉金迷，漫漫长夜浪到荼蘼。所有原本又脏又廉价的坐垫，现在看起来都像是柔软的天鹅绒材质，那么高级华丽。大卫看了看他的朋友们，有些人在咯咯傻笑，有些人用手在空气中摸索着，有些人随着墙上变幻的颜色而摆动。此时，门突然被毫无预兆地打开了，一个身穿长大衣的高个子女人站在门口，目瞪口呆。所有人都被这位不速之客的表情逗乐了，有些人开始把衣服穿上，没有人为此感到紧张，可大卫的心却因为这突如其来的场面吓得怦怦直跳。接着，房间里的灯打开了，有人大声说，真的是他的阿姨，她提前回来了。大卫只记得自己好不容易站了起来，和其他人一起推搡着准备出去。他们跌跌撞撞地走下楼梯，上了街。房子的主人则在他们后面破口大骂。大卫半途都用跑的，他的心从没跳过这么厉害，而其他人则一个个地消失在黑暗中了。雨终于停了，他停下来喘了口气，还没醒过来的他看到水坑变成翠绿色。他从来没有见过这么美妙的事物，直到今天他还记得。他往里踩了一脚，溅起的水化像街灯上飘出的灿烂火星，在空中飞舞。他站在空无一人的街道上，踩着水坑，注视着这神奇的光影，像孩子一样咯咯地笑着。

一辆宝蓝色的出租车从他身边开过。显然是迷路了。也许车里的人想出去旅行吧。他想表现得友善些。毕竟，他还有一小包药可以与人分享。

他小心翼翼地踏在地面上，地面像轮船的甲板一样来回翻滚。出租车里还有另外两个人，他们的脸像气球一样红，好像可能会爆开一样。他俯下身去，蹒跚着，尽力去听他们想干什么，还要控制住自己不要咯咯笑出声来。一个男人一把抓住他的衣领。

"谢谢啊！兄弟，"大卫说，"我还以为我会摔倒呢。"

"你怎么回事？"那人说。他仔细地看着大卫。"这人好像磕了药。"他对其他人说，"贝尔法斯特大街上满是恐怖分子在游荡，而这个小混蛋还想着在北贝尔法斯特这神仙地方乱晃。"他们都笑了。大卫也还在咯咯地笑，他控制不住自己。他们跟他说，他这么走路回家太危险了，他们知道回他家是顺路的（"你再说一次你住在哪里？在图书馆前面还是后面？"利戈尼尔图书馆是一个宗教和社区的无形领土标志，那里能保证他的安全）。这就是苦难中的好处——当有了共同敌人的时候，你似乎自然而然就有了随时准备照顾你的伙伴或盟友。

回去的路上没有人说话，大卫看着沿路的街灯变换着颜色，就像射向天堂的探照灯。罗布此时正坐在门前的台阶上等着他。他们当然认识罗布。大卫对此并不感到惊讶，这在他眼里又增加了罗布的威力值和魅力值。罗布尽其所能地把自己的真实状态藏起来，他不想让大家知道他自己也站不稳了。可车上的人还是嘲笑着这两个无法自控的男孩，然后开着他们那辆老旧的柴油出租车离开了。他俩都坐在台阶上，一直到早晨，直到他们身上的酸臭味散去。

几个月前，罗布从山基尔河来到这里，很快组建起他们这个小团体。大卫是跟着他的朋友在邓莫尔体育馆里的演唱会上认识罗布的。在他印象中，这个男孩在人群里穿着特别时髦，身上有股独特的气质。大卫和朋友比尔以及两个不太熟的女孩在一起。罗布不认识他们，但可能模模糊糊地认出了他们，也可能是嫉妒他们有女孩子陪。于是，在几分钟闲聊过后，他从牛仔夹克里抽出一把短柄斧，朝比尔的脑袋猛砸过去。比尔情急一避，一个没站稳从阳台上摔了下来，躺在那里呻吟。整个事件毫无缘由，

The 冲突的演化：那些心理学研究无法摆平的心理冲突
Conflicted Mind: And Why Psychology Has Failed to Deal With It

就这么发生了。两个女孩尖叫着跑开了。罗布转向大卫说："下一个就是你了。"而大卫只是站在那里，吓得一动不动。罗布盯着大卫看了几秒钟，这几秒钟似乎过了好久，他的面部表情丝毫没有改变过，随后他突然大笑起来。笑完，罗布和朋友们转身离开了，大卫的右腿不由自主地颤抖了好几分钟，呆站在那里看着罗布一行人的身影渐行渐远，心里还在纳闷刚才发生了什么事。他跑下去扶他的朋友站起来。那是他第一次见到罗布。第二天晚上，在大卫出去跑步的时候，罗布出现在大卫家门口，和大卫的母亲聊了一个小时。大卫至今都不知道他是如何获知他家地址的。当大卫跑完步回家，他母亲跟他说了刚才发生的事："多可爱的小伙子啊！"这句话把大卫吓出一身汗。"他很善言辞。不像你，你只会站在那里满脸冒汗，什么都不说。"

罗布神秘莫测。一天晚上，他在街角抓了一位老朋友"打着玩"，打了大约20分钟。这孩子被罗布锁住了头，在肮脏的街道上被拖着走，一只鞋还搞丢了。这整个荒唐离谱的举动持续了太久，让旁人连看都觉得难为情。不过，正是他的神秘莫测和相对远大的见识，让他在街头小帮派里迅速站稳脚跟。在当时的贝尔法斯特，神秘莫测可能会是极大的优势。在街头，暴力更加持续，如果人们对你保持警惕，那么这对你来说是件好事，因为他们永远都不知道你接下来会做出什么荒唐事。他手上握着一种极具杀伤力的权威，没人敢质疑他的言论和意图。他知道如何得到自己想要的东西，他是个厉害的诱导者。他跟大卫说，他想让大卫和他一起去买东西。看得出来，他需要一些新装备。于是，他们从皇家大道的伯顿商店开始，在几家店里转悠。大卫从窗外眼巴巴地望着橱窗里的东西。罗布在商店里偷了一条牧马人牛仔裤和一件皮夹克。为了庆祝，他们去 Wimpey 餐厅吃了午饭。大卫告诉他，他身上没有钱（他把我的钱也花光了）。罗布说，你不需要花钱。他们坐在餐馆正中央，每人点了一个双层吉士汉堡、两杯可乐。他们吃完，罗伯要了账单，然后告诉大卫和他一起去厕所。罗布偷了一个女服务员的空账单本，在上面随便写了两杯咖啡的钱。他对大卫说："你在结账的时候把这个交给服务员就行。"这是一场考验。当然，大卫照做了。罗布就站在收银台后面死盯着收银员，还往她的桌子上扔了几枚硬币。收银员说，她看到他俩点了东西吃。罗布则矢口否认道："就算你请我，我也不想吃这里的狗屎。"没想到，收银员没收饭钱就让他们离开了。于是，这家餐厅成了他们周六的固定饭堂。

为了缓和动乱中双方的紧张关系，当地教会决定为当地的新教徒和天主教徒组织一次迪斯科舞会。大卫预感这么做会搞出很大的麻烦，尤其是派两个资深的教会执事去做门卫。他母亲常说，他俩都是好人，都是年轻的基督徒，完全不知道接下来会发生什么可怕的事。罗布好像是要跟谁证明似的，舞会开场不到10分钟，他随便找了一个小伙子，他是个天主教男信徒。罗布走向那个人，朝他打了一拳。这一拳的力气可太大了，连罗布自己也摔在对方身上。在场的一个人说，如果罗布没有摔在他身上，那么这个小伙子本来是不会摔倒的。教堂的看守立刻把所有的灯都打开了，舞会也因此早早结束。不过，大卫在这糟糕的夜晚记得最清楚的是，有个天主教小伙子被大卫关在了圣马可教堂的底层大门里。罗布让他的团伙将其围成一个步步紧逼的半圆形，被围殴的小伙子吓坏了。罗布先打了他一拳。小伙子的嘴开始流血，脸色变得煞白。罗布拽着他的胳膊把他拽到身边，告诉大家，每个人都必须揍他。他说："大家一起上吧。"可是，这帮人犹豫了一下。不是因为他们不习惯打架，而是因为他们不喜欢这种情形，或许是感觉这不公平，或许是看到了那个小伙子无助的神情，又或许是瞬间想到这件事的后果。在那个时候，没有人能忍心打下去。直到今天，大卫仍记得他朋友雷脸上的表情——困惑中带着质疑，尽管雷是个厉害的打手，但他也没有罗布脸上的刻薄。雷在人群中喊出了一句响亮的话，挑战着罗布的权威。

"算了吧！"雷说，"这样不太好，我们就行行好放他走吧，不值得。"

罗布生气了。他顿了顿，又狠狠地打出第二拳，带着强烈的报复心。那小伙子的鼻子都喷出血来了。罗布一边低声嘟囔着一边走开了。他还没习惯自己的命令有人敢违抗。

好像没有谁想要回家，但大卫预感到等一会儿会有大事发生，因此他还是回家了。"今晚回得很早啊，"他母亲说，"舞会怎么样？"

第二天早上，大卫听说自从昨晚那件事以后，街头的一个小伙子被刺伤了膝盖，他不得不劫持了一辆公共汽车带他去医院。在去医院的路上，那把刀还卡在他的膝盖里。大家至今还记得，这早已成为一个当时街头的笑柄。罗布后来加入了新教准军事组织阿尔斯特志愿军，他们专门制造炸弹杀害无辜天主教徒。他在一个葬礼上放了一枚炸弹。后来，他因参与6起谋杀和2起谋杀未遂罪而被判终身监禁，还因13起爆炸和持有爆炸物、枪支和弹药而加判20年监禁。

说实话，我见证着整件事的始末，我对其中的命令、指示和痛苦感到好奇，当然这其中还有对权威的服从，但我也注意到，权威有多种形式，在日常社会生活中，权威以特定的方式被实现和构建。罗布毕竟不是一个传统意义上的权威人物，但在我们的社群里（我能在场证明），他的确有相当大的权威。可是，为什么我们要听从别人的指示，即便我们明知道那是错的？我们在什么条件下又会保留不同意见呢？为什么那天晚上我们和那帮伙伴在圣马可教堂门口，选择拒绝痛打那个吓到半死的小伙子呢？大卫又是如何逃离罗布的控制的？我又是如何做的呢？

斯坦利·米尔格拉姆和服从实验中的角色冲突

著名心理学家斯坦利·米尔格拉姆（Stanley Milgram）开创了心理学中非常经典的服从实验。20世纪60年代早期，在耶鲁大学进行了服从研究，这是心理学中最著名也是最臭名昭著的实验之一。在实验中，人们被安排执行一项教学任务，如果"学生"（与研究者串通的表演者）答错一道题，"老师"（实验的实际被试）就必须在"学生"身上实行电击惩罚。斯坦利发现，65%的被试都会继续遵循对"老师"的指令（"每次他回答错误，你就要把电击档位上升一级。""如果学习者在合理的时间内——比如五秒内——不能给出回答，就可以算作他回答错误。""请继续。""继续往上加。""你别无选择，必须继续往下执行。"）。他们会继续执行，随后直到机器上亮出"危险：强烈电击"的最高电压警示，同时发出听起来非常可怕的电击声。米尔格拉姆的研究似乎表明，当一个（传统意义上的）权威人物会为人们的执行行为承担责任时，人们都倾向于直接服从命令。

在第一个变量实验中，"学生"在一个不会被"老师"看见的单独房间里。在第二个变量实验中（即声音反馈），米尔格拉姆让"学生"预先录制受电击的抱怨声，随着电压的增加，叫声会越来越痛苦。在这里，有62.5%的"老师"会继续加到450伏的最高电压。而当"学生"和"老师"共处一室时，"老师"在看到学生装出来的痛苦表情和声音后，有40%的人会加到最高电压。在最后一场实验中，"老师"必须用自己的力量，将"学生"的手推到电板上。在这种情况下，有30%的被试会坚持到最后。米尔格拉姆得出这样的结论：假若受到权威的指示，并且权威会对执行结

The 冲突的演化：那些心理学研究无法摆平的心理冲突
Conflicted Mind: And Why Psychology Has Failed to Deal With It

果负责的时候，那么即便没有任何明显施虐倾向或心理变态的普通人，也会因服从命令而继续施加电击，从而杀死一个陌生人。

米尔格拉姆详细说明了一些服从实验被试的情况。37 岁的焊接工布鲁诺·巴塔（Bruno Batta）是坚持到最后的被试。米尔格拉姆写道：

> 当电压达到 330 伏的时候，"学生"不仅拒绝接触电击板，还拒绝回答问题了。巴塔生气地转向他，责问道："你最好给我回答，尽早结束。我们不能在这儿待一晚上！"场面残酷而恐怖：在他控制尖叫着的学生并给他施加电击的时候，他脸上是麻木不仁的冷漠。他似乎并不是享受这一惩罚行为，而仅仅对自己达成了工作要求而心满意足。当电压加到 450 伏的时候，他转过头恭敬地问道："教授，接下来我们还要干什么？"他的语气表现出一个实验被试的配合意愿，与刚才面对"学生"时的顽固形成了鲜明对比。
>
> （摘自布拉斯，2004: 96）

米尔格拉姆显然从一开始就对这项研究的潜在意义感到困惑。在写给美国国家科学基金会（National Science Foundation）社会科学负责人亨利·里肯（Henry Riecken）的信中，他写道：

> 研究结果可怕得令人绝望。它告诉我们：在恶势力权威的领导下，想让公民免受残暴非人的对待，人性，或是美国社会塑造出来的人格并不可靠。在美国，如果政府足够坏，那么它到底能不能找到足够多的道德低能追随者来实现其受个人意愿支配的国

家级死亡集中营制度，就像德国的集中营那样？不久前，我还天真地怀疑其可行性，而现在我想，仅在纽黑文市就能招满执行人员了。有相当比例的人只会照做他们被要求执行的事情，不管执行的内容，只要认为命令来自合法的权威，他们的良知就不会受到谴责。

（摘自布拉斯，2009：100）

在研究初始，他就将其与死亡集中营和纳粹做了类比，他写道：

[我的]实验研究范式……从科学的角度来表达对权威更广义上的担忧。这一担忧来自我的时代，特别是身为犹太人的我，来自第二次世界大战的暴行……大屠杀产生的心理影响激发了我对服从心理的研究兴趣，以及为这项研究实验形式奠定了雏形。

（摘自布拉斯，2004：62）

他的研究的具体想法来自所罗门·阿希（Solomon Asch）的从众实验。这项实验表明，在一系列感性判断任务（通常是关于特定线路的长度）中，在面对周围多数虚假的判断结果时，毫不知情的被试趋向于做出错误的判断决定。米尔格拉姆写道：

我一直在想办法让阿希的从众实验更深入人性本质。我认为，阿希实验的线性判断是他最致命的缺陷。我想知道，团体是否能对个人施加足够影响，让其去做更有文化意义的行为，比如对他人不断施加电击。但要研究群体效应……你必须知道在没有

The 冲突的演化：那些心理学研究无法摆平的心理冲突
Conflicted Mind: And Why Psychology Has Failed to Deal With It

> 任何群体压力的情况下，被试的表现如何。就在那一刻，我就改变想法了，把所有研究都集中在实验的控制上。一个人在实验者的命令下能做出多出格的事情？想到这里，实在是激动人心……
>
> （摘自布拉斯，2009: 62）

托马斯·布拉斯（Thomas Blass）表示，这一"激动的时刻"，实际上受启发于阿道夫·艾希曼（Adolf Eichmann）[①]于1960年5月11日在阿根廷布宜诺斯艾利斯家中被绑架事件，他因杀害600万犹太人而在以色列上庭受审（1960年3月，在给研究导师奥尔波特的信中，布拉斯讲到自己的研究计划时并没有提到服从实验。但在同年6月给阿希写信时，他却又提了服从实验）。布拉斯还以顺带一提的口气讲到，艾希曼是在1962年5月31日午夜前夕被处决的，也就是米尔格拉姆结束服从研究的四天以后。米尔格拉姆很可能是故意设计出这一实验范式来反映这个重大社会事件：在这种安排下，实验者扮演的就是艾希曼的角色，服从命令，然后再给其他人下达命令。在描述自己的被试行为的时候，米尔格拉姆很难保持中立。他想研究那些"道德低能追随者""脸上的麻木不仁"，他们面对来自"合法权威"的命令，能够保持"良知不受谴责"的心态服从命令，坚持到底。而"合法权威"的概念看起来并不需要优雅正统地构建起来。实验研究者身穿灰色实验服，而不是白色（这样被试就不会把它混淆成医学实验了）、面无表情的指令（"请继续"）、研究者甚至把实验地点设置在布里奇波特市中心，远离耶鲁大学的象牙塔（注意，此时完全服从的人数比例从65%下降到47.5%）。米尔格拉姆解释说：

---

① 纳粹德国的高官。——译者注

有一种假设可能是，如果具有破坏性的命令被人们视为合法的，它们就很有可能需要某种制度环境作为支持。但从实验中可以明显得知，人们身处的环境不需要是一个特别有名或杰出的机构。只要是科学实验室，被试就可以认为它和其他实验室一样具备权威性。

（摘自布拉斯，2009:109）

然而，如果一个素未谋面的身穿灰色长袍的男人让你对另一位陌生人（根据米尔格拉姆所说，如一个47岁的胖胖的爱尔兰人、"举止温和顺从，没怎么读过书"的形象就是"完美的受害者"）实施电击，并且你能够做到电击机器显示"危及生命"的程度，那么你能继续下去仅仅是因为这一"制度秩序"。无论是从哪个方面来讲，其观察结论都比较奇怪。这是哪种类型的制度呢？制度秩序难道不是由工作中既存的等级制度构成的吗？在这种既存的制度下，人们了解并认同支配他们的各种显性及隐性规则。这些被试都是陌生人，是临时的参与者，此时此刻，我预想他们只受一份临时合同的约束（毕竟，他们都是由招募广告而来，申请并签署了实验协议），并且大概是想尽快摆脱这种奇怪的实验设定。而也许想要离开这儿的最直接的办法就是继续按指示做下去，因为要是和这里的实验者争吵反而会花更多的时间。

为什么我对它的评价是"奇怪"呢？第一，因为这种情况在现实情况中不太可能发生。你为什么要给47岁还有心脏病的老好人实行电击惩罚呢？第二，这个穿着灰色实验服的奇怪科学家威廉斯（Williams）先生（有哪个科学家会穿灰色的实验服呢）对"学生"的尖叫和一次次的恳求（的录音）毫无情绪反应。第三，这位"科学家"一遍又一遍毫无感情地

The 冲突的演化：那些心理学研究无法摆平的心理冲突
Conflicted Mind: And Why Psychology Has Failed to Deal With It

说出四句类似的要求："接着干。""请继续下去。""你别无选择。""你必须继续下去。"这是一位负责任的科学家能做出的事吗？第四，科学家威廉斯先生还打破了自己的规则。毕竟，威廉斯已经向"学生"解释过，虽然电击有点痛苦，但并不危险。但在几分钟之后，他就指示"老师"去给"学生"施加电击，还在机器上显示"学生"处于"危险：强烈电击"的警报。这两个要求的设置显然是相互矛盾的。电击要么会对人身造成伤害，要么不会。因此，这位科学家如果不是对"学生"撒了谎，就是对"老师"撒了谎，或者他对双方都撒了谎。那么，这算得上什么权威机构呢？工作人员为被试介绍实验设备，并将被试介绍给"学生"，在这短短时间内就要建立起权威性，所以伪装工作就为机构语境和秩序环境的建立起了重要作用：机构的名称[耶鲁大学、布里奇波特研究联合公司（Research Associates of Bridgeport）]、科学仪器和（灰色的）实验长袍，当然，同样重要的还有科学家的语言和行为举止。这位科学家对"学生"的痛苦没有表现出一点真实的人本反应，其态度从来没有变化过，也没有对语境有所塑造。那么，这种导致盲目服从的制度权威是如何建立起来的？

米尔格拉姆在想，为什么在耶鲁大学和布里奇波特市中心进行的实验两者差异不大？他说：

> 我们可以从研究中清楚地得出结论，机构的名声或独特性不太必要……也许是机构的类别、其功能，而非地点的性质，帮我们赢得了合法性……我们的被试可能会想只要是个科学实验室，它们就没什么区别。

（摘自布拉斯，2009：109）

这是一个奇怪的论点。他提到，只要你随便声明一下你是一名科学家，被试就会听从你的命令。在我看来，这一点可信度都没有。这里尽是些装出来的东西，记忆实验是假的、被试是假的、电击器是假的，但彼此矛盾的实验要求是真的，在实验中，签署了同意书的被试走进了这场实验，身处在各种矛盾的线索里。过去也有心理学家持有过类似观点。宾夕法尼亚大学的科学家马丁·奥恩（Martin Orne）将其职业生涯的一大重点放在研究被试的要求特征上。要求特征是指，在被试弄清研究者的实验目的后，他们就会向那个方向去做从而让研究者达到目的。毕竟，他们来到实验室，都想做一个合作有建设性的实验被试。穿灰色实验服的科学家已经告诉被试，该如何做才能成为一名好被试。而被试也装模作样地扮演好自己的角色，因为他们不想搞砸这场实验。据布拉斯所说，米尔格拉姆对此回应道："正如奥恩实验结果所说，被试所谓流汗、颤抖、结巴都是装出来的，这么说跟现实一点关系都没有，就好比血友病患者血流不止，就是为了让医生给他止血而已。"

不过，我们下结论的时候当然也不需要这么绝对，被试要么就是自愿折磨他人，要么就是装模作样。那么，要是被试感觉这场实验不对劲，他这时会有怎样的反应呢？要是被试选择学习灰衣科学家脸上毫无波澜的表情态度，哪怕"学生"尖叫不已呢？要是事先录制的声音和电击时间点对不上呢？毕竟，人对"会话"延迟的自然性和合理性是非常敏感的，比如电击时间点与尖叫和哭声的对应性。如果他们感觉到实验并没有什么实际意义，那么会发生什么？有什么学习实验至于把学生杀死呢（如果对方真的死了，这位"老师"有什么好处呢）？要是他们意识到自己心目中的科学家从一个理性和公正的形象变成一个明显不公正和非理性的形象，与心理预期有所落差呢？但同时，他们也认真听取了实验介绍。他们已经理

The 冲突的演化：那些心理学研究无法摆平的心理冲突
Conflicted Mind: And Why Psychology Has Failed to Deal With It

解了赋予他们的角色，以及他们来到这里参加实验的意识形态基础（即对科学和知识的追求）。他们已经理解了说明，至少在低电压的情况下，理性地遵循了要求做的行为。从理性上讲，他们同意签订这个短期合同，这意味着违约会有点尴尬。在这里，我们可以看到被试内在冲突的另一个方面。这不仅仅是也不一定只是道德良知和制度秩序之间的冲突，也可以是系统1和系统2的冲突，被试脑袋里那个快速、直观的思维系统告诉他们事情不太对劲，但慢系统要求他仔细听科学家的指示，并决定好好地在这个研究里扮演好自己的角色。那么，被试出现的"出汗、颤抖和结巴"会不会受到了这个原因的影响？米尔格拉姆把这个选项排除在外了。但很明显，相当多的被试表示，他们对现场发生的事情有些不确定[例如，威廉·孟德尔（William Mendel）说，他曾怀疑"这件事是否真实……但实验环境氛围太好了……所以我对这整件事信以为真了"]。

换句话说，我认为有几个因素可能影响着米尔格拉姆的实验。不管是米尔格拉姆还是那些反思这个实验的人（如津巴多），都没有对这两种假设进行测试，从而得出服从性比例和非语言行为之间的影响关系是怎样的。

1961年12月27日，米尔格拉姆在《变态心理学和社会心理学期刊》(*Journal of Abnormal and Social Psychology*)上发表了第一篇关于服从实验的文章，但遭到了拒稿。1962年，《人格杂志》(*Journal of Personality*)的编辑爱德华·E. 琼斯（Edward E.Jones）以其缺乏理论解释为由第二次拒绝了它。据布拉斯称，琼斯认为这是"一种社会机制上的胜利"。这篇文章最终在1963年受到邀请，得以在前者重新发表。

《纽约时报》在研究成果发表后不久就发表了一篇关于这项研究的文章，因此这项研究的消息很快就传遍了全世界。正如大家所说，从前的观

点都成了历史。这其中涉及的伦理问题困扰着许多人,但米尔格拉姆本人显然平安无事,他写道:

> 对大多数被试来说,这项实验算是一次积极的经历,丰富了他们的见识,我这么说毫不夸张。实验让他们有机会进行自我洞察,让他们获得社会对人的控制性的一手资料和个体认知。
>
> (摘自布拉斯,2009: 115)

根据布拉斯所说,米尔格拉姆写道:"极少被试表现出看希区柯克(Hitchcock)惊悚片的紧张感。"不过,他的被试对此却不同意。威廉·梅诺德(William Menold)说,在实验过程中,他"笑得歇斯底里,但其实并不好笑……太奇怪了。我的意思是,我完全失去了推断能力"。他把自己描述成一个"情绪崩溃"和"绝望"的人。赫伯特·维纳(Herbert Winer)报告说,他回家以后对自己受到欺骗感到非常生气,恼怒于自己为何不尽早停止实验。而米尔格拉姆则被其他媒体形容成对各界的批评感到"瞠目结舌"。

米尔格拉姆总是说,他想研究人们的实际行为,因为这会与问卷或人们回答的答案相反(在服从实验中,他测试人们的实际行为,而非仅仅询问他们会做出什么行为。例如,人们在回答这个问题的时候往往"答非所问")。然而,为了反驳各界对他研究的伦理批评,米尔格拉姆给出了一份后续问卷(附在研究报告上),表明这项实验的被试不会受到长期伤害。他写道,43.5%的被试表示,他们"很高兴参加了这个实验";只有10.2%的人报告说他们在实验中感到非常烦躁不安;63.6%的人表示,他们完全不会为实验感到烦恼。而另一个结果又表示,60.2%的人在实验期间感到

The 冲突的演化：那些心理学研究无法摆平的心理冲突
Conflicted Mind: And Why Psychology Has Failed to Deal With It

痛苦不已，这就非常奇怪了。布拉斯似乎并没有看到米尔格拉姆为捍卫自己的服从研究而讽刺或否认"其他研究方法（如自我报告问卷）固有的相对主义和模糊性"。

他在1960年10月10日写给他的导师奥尔波特的信中提到，服从实验似乎是一个更大研究项目的前奏，即服从权威的德国性格。毕竟，米尔格拉姆的博士研究课题是从众心理和民族性格（与挪威和法国形成对比），所用的是阿希伪造出来的主流群体范式（bogus majorit paradigm）及其对感性判断的影响。但这项工作从未开展过。或许是因为这项新的服从实验受到的争议和负面风评，也或许是因为先前美国被试的服从程度使得德国样本几乎没有"改进"的空间了，因此，他不能说德国文化的独特性造就了先前发生的大屠杀事件。

大约在完成服从实验12年以后，米尔格拉姆为了把他的经验观察结合起来，提出了一种借鉴自进化论和控制论的理论。他假设，在敌对环境中，以权威为主导的社会群体具有进化优势，在这种环境中，领导者可以越界他人的道德良知，从而用更具侵略性的方式做事。如果每个人都遵循自己的良心和道德，群体就无法协调行动。而从人人自治状态到统一的系统运作模式转变，需要领导者进入人们的"主观状态"，即个体放弃对自己行为的责任。米尔格拉姆写道：

> 从主观的角度来看，当一个人将自己定义为由一个更高地位的人来管制和委派任务，他就处于代理者的角色。在这种情况下，这个个体就会认为可以不再对自己的行为负责，而是把自己定义为实现他人愿望的工具。

（摘自布拉斯，2004：216）

然而，布拉斯和其他人也看到，这解释不了实验中被试的服从程度随条件变化的现象。毕竟在这几种条件下，他们都受到地位更高的权威人士的管制。但还有一个更紧迫的问题待解决。米尔格拉姆是否研究过威胁生存的恶劣环境（如20世纪70年代贝尔法斯特），以及我们在哪儿可以找到归顺和服从的局限性？抑或他只研究处于非常理冲突下的个体，在前几分钟内说得通，过一会儿又自然说不通了？导致这一特定结果的事件、条件和指令是什么？米尔格拉姆曾在1960年写信给政府机构寻求研究资助，"当个体面临一系列对他的指令时……我们就会问，哪些条件会增加他的依从性，哪些又会降低他的依从性"。米尔格拉姆发现，在服从实验中，从部分被试积极提出异议的情况可以看出，服从行为最有效的解除方法是得到他人的支持。在贝尔法斯特，我从中学到了不少。就在围殴天主教小伙子的那一天，我明白了这个道理。虽然这只是一瞬间的事，但这一瞬间让我一直无法忘怀。这件事削弱了罗布的权力。这一短暂的非语言信号告诉我们，除了罗布，其他人都不想这么做。随后，持有异议的人一个个站了出来。这是有条件的，作为一个过程的一部分。但我们还不知道这些非语言信号在真实环境中的作用。

遗憾的是，这位爱出风头的斯坦利·米尔格拉姆博士并没有想到这一点，在日常生活中，有许多微妙的信号为我们指引着方向，也向他人泄露了我们的感受。他本可做成一部舞台艺术作品（后来将其做成了更具戏剧性的电影），在真实情境下研究这些过程，了解人类行为，看人类如何解决内在冲突，可惜他并没有在真实场景下做研究。更遗憾的是，他的研究没有离开实验室。米尔格拉姆认为，他给出了关于人性的惊人结论、情境的影响力，以及沉默的罪恶。但他所考虑的情境并不是真实的，我相信，他的所有被试都或多或少地知道这一点。我们至今仍在等待这一重要问题的答案。

The 冲突的演化：那些心理学研究无法摆平的心理冲突
Conflicted Mind: And Why Psychology Has Failed to Deal With It

服从实验为什么会导致这样的结果

当然，米尔格拉姆的研究会受到必要的审查，这只是时间早晚问题。可这一晃就是 50 年。根据穆扎费尔·谢里夫（Muzafer Sherif）在 1975 年对米尔格拉姆的研究成果所做的评价，这种审查尤为重要："米尔格拉姆的服从实验在社会心理学领域乃至整个心理学领域都算是一项最突出贡献。"许多著名的心理学家都对米尔格拉姆的学术成果进行了批判性的评价，其中包括斯蒂芬·赖歇尔（Stephen Reicher）、亚历山大·哈斯拉姆（Alexander Haslam）和阿瑟·米勒（Arthur Miller），他们在 2014 年《社会问题杂志》（*Journal of Social Issues*）上发表了一篇文章。文章开头写道："我们将概述米尔格拉姆在实验中讨论了普通人成为施暴者的过程原理，并予以重新审视。"在米尔格拉姆在耶鲁大学论文发表的 50 周年纪念日，他们表示：

> 这篇文章的目的是为了检验研究的当下意义以及解答社会当中最紧迫的问题，即人们该在什么时候听从权威的命令？尤其是在什么时候会按照指示实施暴行？我们是否有概念性的工具来回答这些问题，从而防止日后再出现类似的暴行？
>
> （赖歇尔等，2014: 394）

看到他们用这样的开头来展开对米尔格拉姆实验的批判，我感到有点出乎意料。关键在于，米尔格拉姆研究的被试并不是真正暴力的实施者，就更别说是暴行了，他们仅仅参加了一个没有人受到真正伤害的心理学实验。因此，无论米尔格拉姆的研究结论为何，它都没法告诉我们普通人是如何开始实施暴行的。它可能可以告诉我们，心理学被试在被批准的"行为"中能有怎样的表现,而这些行为也许给他们带来了不少(隐性的)困扰,因为当时的情境非常矛盾且让人困扰。逻辑告诉我们,对于一个回答不出问题或被电死的人,再给他们一记电击并无助于他们学习知识。那么,这位穿灰色实验服的科学家从事的是什么样的科学研究呢?不过,他们的论文框架就是如此。甚至当他们批评米尔格拉姆研究的"道德危险性"和其固有的"分析弱点"时,他们似乎仍然认为,实验行为足以煽动真实暴力,到那时所产生的悲剧不言而喻。他们坚信这一点,说道:

> 在米尔格拉姆实验之前,我们还能从自己和暴行罪犯的种族差别中求得一些心安。尽管他们的暴行制造了不少恐慌,但至少我们可以认为其暴行与自己无关。不过自他的实验出台后,我们再也无法怀有这份心安了。研究结论表明,每个人自己都有可能成为罪犯。因此,没有参加实验的我们也被卷入这场闹剧之中,我们不单是观众,也是潜在的参与者,因为我们不禁会问:要是我身处他们的境地,我会怎么做?我们会拒绝服从(如我们一直以来相信的行为),还是会继续加强电击(害怕自己做出的行为)?

(赖歇尔等,2014: 397)

我认为这个问题需要重新定义:当我们面对一个矛盾的权力从属关系时,我们会如何反应?不管有多奇怪,我们都会按要求去做吗?

赖歇尔及其同事于 2004 年指出,在这三项"服从"实验中,完全服从的比例从 0 到 100% 不等,因此,这不仅是服从实验,也是关于"不服从"的实验研究。这一点当然非常重要。他们还质疑米尔格拉姆对个体特定行

The 冲突的演化：那些心理学研究无法摆平的心理冲突
Conflicted Mind: And Why Psychology Has Failed to Deal With It

为原因的理论解释，并批评米尔格拉姆使用"主观能动"（agentic）的概念。他们认为，这一概念有很多缺陷：它不能解释在不同版本实验中为什么会有不同程度的服从。因为米尔格拉姆并没有提出相关理论，足以证明自主水平是服从程度的基础。他们还强调了这样的一个事实：当"学生"声嘶力竭地抗议时，被试最有可能不再服从或不会达到实验者的要求。他们提出了这样一个问题：是否会出现被试完全"专注于其被试义务，忽略周围一切"的情况？他们为什么要去听"学生"凄惨的反应呢？他们紧接着还提出了一个非常重要的观点：如果你注意到实验中使用的命令语句，你就会发现这些命令远达不到直接要求的级别。实际上，其中三个是"出于实验需要的礼貌请求或正当理由（'请继续''实验要求继续''实验必须继续'）。只有第四个命令构成了一个明确的指令——'你别无选择，只能继续下去'"。

在重新评估米尔格拉姆的实际数据时，实验证据似乎还传达了一个这样的信息：当每次使用直接命令时，被试都没有遵守。当被试面对这种直接命令时，他们的反应很明显是非常消极的。米尔格拉姆自己还举了一个"老师"的例子，这位"老师"说："如果这是在俄罗斯，也许我会听你的，但这是在美国。"换句话说，无论米尔格拉姆的实验结果为何，它都不能告诉我们在得知会对他人造成实际伤害时，人们还会不会服从这项"直接命令"。尽管如此，还可能有一个混淆点，即被试在听到这项直接指令后就已经做好决定不去遵守了，所以这项指令似乎是实验者无法控制被试时发出的近乎绝望的命令。

赖歇尔等人提醒大家，米尔格拉姆范式是一项实验，如其他的实验一样，总会涉及短期陌生关系间的交互，和真正暴力行为不同，真正的暴力控制行为通常有着较为长期的人际关系，受到意识形态和带偏见的社交思考方式（刻板印象）的定义和推动。在这种情况下，受害者通常都通过语言被扣上特定的罪有应得的帽子，其暴力惩罚是否合理，取决于你的观点，或取决于你所在的立场。然而，这些在米尔格拉姆范式中没有提及。它没有提及"老师"为什么要在米尔格拉姆实验中用这种方式处罚"学生"。"学生"凭什么要受到这种程度的电击惩罚？因为他们的学习很差吗？还是因为他们不聪明、不听话，或是不合作？人们在什么意识形态下会认为这样的电击惩罚是合理的呢？赖歇尔等人展开论述了米尔格拉姆实验的缺陷，以及社会心理的运作过程（但没有明确的定论，即这只是一个与社会运作完全不同的模拟行为）。他们发现，在现实世界中，团体内外、个体态度，以及"准许对群体外人员施行极度暴力的人通常是团体内名声显赫的人"，这一系列的运作过程在米尔格拉姆实验中都难以模拟；相反，我们在实验室里（最多）能确定的是被试是为科学而奉献的目标而已。米尔格拉姆为他所看到的被试服从行为列出了13个重要影响因素，并让被试在"实验研究者和受害者的需求两难"间做出沉重的选择。米尔格拉姆指出了服从行为的影响因素，如科学家的地位、实验研究的价值和声望，被试签字同意其与实验研究者的权力关系，以及实验的时序结构（temporal structure）都会控制着被试的选择和决定。

赖歇尔等人还指出，当研究互动时，你还能从服从实验中发现许多关键节点：一个是150伏时，有37%的被试不再服从指令；第二个关键点是315伏，有11%的被试选择停止实验。赖歇尔等人指出：

> 这两点的意义在于，在米尔格拉姆的研究中，大部分情况是……在这两个节点上，"学生"都明确反对实施在其身上的"治疗方案"。特别是在假装受到150伏电击的时候，"学生"表示自

> 己的心脏有问题，第一次要求退出学习。随后在315伏节点上，"学生"表示他拒绝回答任何问题，也不再参与这项学习了。
>
> （赖歇尔等，2012: 318）

帕克（Packer）于2008年指出，这些特殊节点之所以重要，是因为他们与实验研究者的关系被打断了，因为他们感觉有另一套义务责任观在要求自己。换句话说，在这个节点上，他们作为追求科学下的顺从者角色与自己的社会角色发生了冲突。用赖歇尔等人的话来说，"（作为社会上有道德的公民）要求他们选择与实验指令不一样的方向，这导致他们不得不做出艰难的选择"。

这使得赖歇尔及其同事得出这样的结论：

> 这表明，在米尔格拉姆范式下，被试参与破坏性行为的意愿不是简单服从的反映，而是对实验研究者及其任务的积极认同。事实上，就像在斯坦福监狱的研究中一样，实验研究者实际上扮演着领袖角色，而被试的行为与其说是服从命令，不如说是跟随他人的行为，他们识别到实验研究者的期望，不管在这段时间内要顶着多大压力，他们都向着研究员所定下的目标（比如，实验目标是检验关于惩罚对学习影响的理论）而"努力"。
>
> （赖歇尔等，2012: 319）

其他批评者则找来了耶鲁大学斯坦利·米尔格拉姆文件档案中保存的真实录音，以了解更多关于其基本研究的组织和结构。吉布森在一项研究中详细分析了米尔格拉姆是如何规定实验中命令语句的使用标准的。这四条命令如下。

- 命令1："请继续。"/"请往下进行。"
- 命令2："实验要求继续。"
- 命令3："你得继续下去，你的实验结果很关键。"
- 命令4："你别无选择，只能继续下去。"

根据米尔格拉姆的说法，"命令是按顺序给出的……（以及）每当被试表现出犹豫或不愿服从命令的时候，研究员就会按顺序重新给出这些命令"。吉布森留意到米尔格拉姆在1965年的论文中给出的命令语句描述，他解释道，在这篇论文中，命令4并没有被描述成"这一系列命令中的顶峰指令，但它仍作为在实验过程中特定节点上的声明，比如在300伏电击后学生拒绝作答，以及每次被试想退出实验的时候"。

吉布森其实是想找出米尔格拉姆描述实验过程中严重的矛盾之处。我之所以说"严重"，是因为它会引起人们的关注，并改变被试在听到命令4时不予积极反应的背后意义。米尔格拉姆认为，命令4会在命令序列中的其他命令都失效时使用，而不是在"学生"抗议或想结束实验时或"老师"不愿实施电击时使用，这二者有很大的区别。在这里，我们要提出问题：米尔格拉姆是否在实验中严格按照他所描述的内容给出命令语句，还是说根据现场"老师"们的回应来灵活地给出命令，只要让被试能够继续服从即可？这个问题再次让吉布森找到了从属执行者的另一个特征。他指出，在有"学生"声音反馈的条件下，实验研究者曾三次离开了实验房间，表面上是去看"学生"是否愿意继续实验。离开房间的动作（见实验摘录1的第27~31行）看起来是被试（"老师"）根据实验研究者的请求去做的（见实验摘录1的第14行、第20行，以及第25、26行）。这实际上就成了被试对研究员的反向"服从"。吉布森指出，离开房间的动作"似乎没有在米尔格拉姆发表的任何关于实验的文章中提及，也没有在多年来对实验的评论和讨论中提及"。

实验摘录1（节选）

（被试0208号，1961年8月22日下午6时）

1. T（老师）：我打算给他120

2. 伏电击

3. （（**电击声**））

4. L（学生）：啊！喂，好疼啊。

5. （3）

6. T：我不想，再继续这场实验了。

7. （2）

8. E（实验研究者）：请你继续。

9. T：不要。

10. （11）

11. E：你得继续下去，你的实验结果很关键。

12. （2）

13. T：好吧，如果他说没关系，我就没关系

14. 你可以帮我问问他还想不想继续吗？

15. （3）

16. E：不管这位学生是否喜欢这样，我们都必须

17. 继续下去。

18. T：我不想继——

19. E：((听不清))——

20. T：如果不去问他意见，我就不会继续了。

21. （2）

22. E：你在这儿的时候我已经

23. 向呃，呃向他解释了，呃尽管电击痛感非常

24. 强，但并不会造成永久性伤害的。

25. T：好吧，但我还是想——我还是不想继续了，除非他

26. 表示他可以接受。

27. （52）((在这段时间里可以听到

28. 有动静，还有像关门的声音。

29. 从下面的情况看来，可以合理

30. 推测实验研究者离开了房间，表面上是

31. 去问学生是否愿意继续))

32. E：他似乎愿意继续下去，所以请

33. 继续吧。

34. （8）

35. T：湿、夜、草、鸭、布。

（摘自吉布森，2103a：182–183）

根据吉布森的观点，发现这一事实对实验结论非常重要，因为在这种情况下，我们不能简单地去看米尔格拉姆提供的让被试继续实验的描述。在另一篇发表于2013年的论文中，他回顾了其他可以解释这个范式的理论视角。尼萨尼（Nissani）于1990年指出，人类认知系统的局限性意味着"人们意识不到……一个表面上仁慈的权威实际上是罪恶的，即使他们看到了许多压倒性的证据表明这个权威确实是恶的"。吉布森将这一观点

冲突的演化：那些心理学研究无法摆平的心理冲突
Conflicted Mind: And Why Psychology Has Failed to Deal With It

与拉塞尔（Russell）于 2009 年提出的观点进行了对比。拉塞尔认为，米尔格拉姆的主观能动状态概念应该取代为一种主观能动的否认状态，"在这种精神状态下，被试知道要为自己的行为负有最大的责任，但感觉到自己有机会既能避开与实验研究者的直接冲突，也能逃避电击'学生'后因为负有责任而产生的不适感"。

当然，还需要补充几点，因为我们需要提醒自己，在现实中实验研究者并没有恶意，而被试所看到的却是一种矛盾的境况。不过，我们可能会同意拉塞尔的观点，在目前我们知道的所有实验条件里，在这种情况下，被试很可能想要表现出合作的态度，因而"避免与实验研究者发生冲突"。因此，吉布森再一次很好地提醒了我们，在没有完全了解实验的真实情况时，我们完全还可以摆出其他理论立场来解释。

吉布森详细分析了实验研究者和"老师"之间的相互作用，以探究直接命令（使用命令 4）能否在这个范例中起作用。在他使用的示例中，这句命令对 23 位被试在两种情形下使用，而他惊奇地发现（每种情形）总共只有两例被试选择继续给予电击，只有一个人在此之后开始变得完全顺从。基于这种分析，他的结论是，在这个范例中，直接命令在引导服从方面显然是非常无效的。他还分析了被试是如何反驳命令 4 的。最常见的拒绝技巧是"直接否定"策略。

1. E：你别无选择，只能继续下去。
2. T：我还有一个选择，就是选择不再继续下去。
3. E：那我们就得停止，呃，
4. 实验了。

（吉布森，2013）

角色的冲突：关于服从的研究　　第 6 章

有 12 名被试使用了这种类型的回答。另一种对话方式是重申他们的选择权利，并提出退还他们收到的实验报酬。

1. E：你别无选择，只能 [继续下去。]

2. T：[噢，我]

3. 　当然有选择权，我还可以退回我的报酬

4. 　先生。

5. E：不，呃——你只要来到 [实验室] 就能拿到这个

6. 　报酬

7. T：我 [不] 在乎那点小钱，我

8. 　没那么缺钱。没见到那人完好无缺前，

9. 　我是不会继续的。就这样

10. 　((听不清)) 你去看看他吧。

11. E：好吧，我们只好停止实验了。

（吉布森，2013）

有三名被试使用了以上方法。另有四名被试要求实验研究者给出他们别无选择的进一步理由。

1. E：你别无选择，真的。

2. T：为什么？

3. E：为——

4. T：你的意思是我还不能起身离开了？

5. E：当然可以，但我的意思是，如果你，如果你不继续下去的话，

6. 　你看我们就不得不停止整个实验了。

7. T：哦，你可以找别人重新做同样的实验

8. 好吧，不好意思
9. E：好吧，我们会——没关系的。我们只好
10. 停止了。

（吉布森，2013b）

吉布森得出以下结论：

> 当面对命令 4 时，大多数被试要么声明他们的确还有其他选择，要么与实验研究者交涉，研究者最终承认他们确实有选择的余地。我们可以将这些互动理解为在当下情境的定义上的修辞争辩，以及对被试主观能动状态的定义上的斗争。
>
> （吉布森，2013：28）

霍兰德（Hollander）于 2015 年进一步分析了被试说话时的动作和对命令的抵制行为。他详细分析了 117 份原始对话记录。在这里，霍兰德演示了学生在与实验研究者打交道时使用的另一种形式的抵制。这些隐性的反对形式很多，如通过"咒骂"来表现经历电击时的痛苦，他们用了"词汇和非词汇的表达，比如祈祷（'我的天啊''噢，我的上帝'）、呻吟、叹息，还有嘶吼"。霍兰德解释说，被试"可以把听话视为一种需要付出情绪努力继续下去的艰巨任务"。他还说，互动中还出现了笑声。米尔格拉姆也对紧张被试的笑声发表了评论，而霍兰德则试图分析笑声的互动组织及其在这些情境中的作用和意义。他指出：

> 在米尔格拉姆的实验中，被试不仅会对学生之前的行为做出反应（如答题错误或痛苦大叫），也会对接下来实验研究者的指示

做出反应。我发现，尤其是在后一种连续的情况下，笑并不是"施虐性地"想让实验继续下去，而通常是为了反对实验的继续。

（霍兰德，2015：432）

这些隐性抵抗与明确的抵抗形成了鲜明对比，比如，被试对学生的称呼如下。

1. E：所以↑麻烦继↓续吧。
2. （0.2）
3. T：我不（°°想°°）继续
4. （1.6）
5. → T：**你现在会不会很难：受？**（（对学生说））

在被试提醒实验研究者的情境中（如用学生的痛苦反应让实验研究者重视），给研究员留有互动空间来回应。霍兰德成功分析出来，与不听话的人相比，那些使用隐性反抗话语的被试已被当成一种顺从的行为。并认为，其两种互动类型的语言组织顺序从范式开始就或多或少地存在着截然不同的区别。

霍兰德对米尔格拉姆范式中修辞和会话组织的详细分析，帮助我们重新评估这整项研究工作，以及不可避免地触碰了其理论含义。我们已经知道，在实验情境中直接命令作用不大，因此在实验室外当人们面对必须遵从命令的时候，这个实验并不能告诉我们多少信息。在军队、党卫军、民兵、准军事组织和帮派里，人们都是按命令办事，而不是听取礼貌的请求而办事。他们还告诉我们，在米尔格拉姆的实验方案和研究描述中，从未提及过研究员需要借助其他方式（如离开房间去找学生）来劝诱被试听从

The 冲突的演化：那些心理学研究无法摆平的心理冲突
Conflicted Mind: And Why Psychology Has Failed to Deal With It

研究员的命令。在耶鲁大学（甚至是在布里奇波特市中心）的实验室里让研究员给"学生"做身体检查，看他是否安全，这样的实验并不能推演到集中营里去。被试的笑声并不能反映反社会倾向或作为共犯的不安，而是试图表现出认为命令不对劲的困惑，想礼貌地拒绝实验研究者。

这并不是我们看到的风靡了 50 年的米尔格拉姆实验的样子。不过，我认为我们看到的结果是不正确的，原因有很多。首先，米尔格拉姆的研究总是在一种矛盾和令人困惑的情况下测试人类思维，而在实验室外的世界几乎很难出现需要用电击致死的方式来帮助学生学习单词联想的情况。其次，实际上它并没有证据证明"罪恶的平庸"（或者说罪恶是否出自愚庸），因为所有人在实验中都没有受到真正的伤害，而且"老师"不认识他们施加电击的对象。他们没有意识形态或刻板印象的前提，从一开始也没有对受害者有消极的情感联系，和现实世界中的真实暴力和真实暴行完全不同。最后，这只是一个在科研环境下对实验规定建立的临时契约。不遵从研究者的指示当然会有些尴尬，但这只是一张契约而已，要有多少份契约你才会听从实验研究者那些传统的指令任务呢？或是对另一个人"进行电击"呢？现在我们知道了，当你审查米尔格拉姆实验的原始资料时，会发现他并没有在研究服从行为，命令 4 才是直接命令的语句，如今人们找回原始记录详细分析过后，才发现这些直接命令一点用处也没有。在一篇新发表的论文里，我们发现一些反映了被试隐性人格的行为，比如在给予电击惩罚时的笑声和笑容，其实并不能反映什么。这些行为都是研究员在这奇怪的情境下提出要求后，他们因觉得不对劲而做出的反抗行为。

因此，米尔格拉姆的研究可以告诉我们什么？我认为，它带我们认识了富有自我表现欲的米尔格拉姆本人，还带我们领略了潜意识中最大的恐惧。他的研究似乎在证明我们每个人都和集中营的看守没有区别。如前所述，米尔格拉姆一直想在美国继续他最初对德国的研究，因为他认为在美国文化背景下得不到在德国文化背景下的结果。但当然，他在美国进行了这第一次实验以后，他就不需要再做进一步的陈述了。他利用了系统 1 和系统 2 之间的差距，将实验被试置身于荒唐的情境当中，命令人们不断伪装自己。而实验中最关键的情境解读，应该是实验员装模作样地不断声明实验必须进行下去这一行为。而实验被试的笑声和微笑显露出"不对劲"的疑惑，这也暴露出了他们对这场实验的真实看法。

我关掉了《服从》（*Obedience*）这部电影，带着一种震撼的心情回想起贝尔法斯特那个周五晚上的圣马可教堂门口。当时的画面我永远都不会忘记。那个小伙子脸色惨白，被栏杆堵死了逃跑的可能。这是我们这帮人第一次选择不遵从罗布的"命令"（姑且这么叫吧）。但自那天晚上起，我的很多朋友仍然服从着许多其他命令，随后几年也是如此。我坐在舒适和安全的大学里，就像贝尔法斯特的人说的那样，"海峡对岸"。新教徒杀天主教徒，天主教徒杀新教徒，邻里间相互残杀，我们称之为"麻烦事"，但这背后总会有些意识形态作为支撑，还有极度恐惧、痛苦、历史遗留和仇恨。我能预料到在我的朋友中，有哪些人会杀掉天主教邻居，哪些不会吗？即使现在往回看，我也做不到。但如果不是的话，那么米尔格拉姆肯定是对的，我们都有能力在正确的情况下做到这一点。有人认为这是米尔格拉姆留下的珍贵遗产。暴力、暴行和服从，在当时的情况下都具备了。这不就是米尔格拉姆的观点吗？部分原因是，我说部分原因，在最后，他并没有告诉我们任何关于"情境"或"情境力量"的实质性内容（他关于"直接命令"在服从中的重要性的结论是不正确的），也没有告诉我们冲突的思维，到底是基于好的还是坏的，或是矛盾的原因而致使人们选择杀害自己邻居的。

Tʰₑ 冲突的演化：那些心理学研究无法摆平的心理冲突
Conflicted Mind: And Why Psychology Has Failed to Deal With It

总结

- 斯坦利·米尔格拉姆发现，在实验中，人们被安排执行一项教学任务，如果"学生"（与研究者串通的表演者）答错一道题，"老师"（实验的实际被试）就必须在"学生"身上实行电击惩罚。其中65%的被试会继续遵循对"学生"的指令，直到机器上亮起"危险：强烈电击"的最高电压警示，同时发出听起来非常可怕的电击声。这项实验似乎是在告诉人们，当一个（传统意义上的）权威人物将为执行行为承担责任时，人们都倾向于直接服从命令。它表明，人们会盲目服从命令。人们用它解释集中营的看守的行为，以及其他类似现象。

- 米尔格拉姆的服从实验被描述为"在社会心理学领域乃至整个心理学领域都算是一项最突出贡献"。然而，史蒂夫·赖歇尔指出，倘若深究这个实验中使用的命令语句，你就会发现它们并不都是直接指令。其中三个是"出于实验需要的礼貌请求或正当理由"（分别是"请继续""实验要求继续""实验必须继续"）。只有第四个命令构成了一个明确的指令："你别无选择，只能继续下去。"但很少有"老师"在听到这句命令后继续施行电击。在这个范例中，直接命令似乎在引导服从方面的成效微乎其微。

- 米尔格拉姆的研究可以告诉我们什么？我认为，它带我们认识了富有自我表现欲的米尔格拉姆本人，还带我们领略了潜意识中最大的恐惧。

结语

本书探索了许多殊途同归的主题，那就是心理冲突。几十年来，心理冲突出现在社会心理学各领域的研究中。它以明确或含蓄的形式在众多富有影响力的理论家的研究中出现，这些研究都为社会心理学构建起基础原则。这其中的人物显然都是各自学科中的"巨擘"——戈登·奥尔波特、利昂·费斯廷格、斯坦利·米尔格拉姆、詹姆斯·彭尼贝克；还有些学者如格雷戈里·贝特森等，他们身处前沿的跨学科领域（如人类学、控制论和心理学）；有些人更在心理学之外，如欧内斯特·迪希特，从精神分析到市场营销再到商业领域都能见到他的贡献。虽然领域各异，但上述所有人都在心理学史上留下了重要的遗产，既有认知上的贡献，也有实际意义。迪希特处理心理冲突的方式，对潜意识的探索，让人们享受着慢性自杀式（在某种程度上，他们知道这是有害的）的说服技巧，都非常奏效。他留下的遗产，其"实际意义"是，经过一系列吸烟的功能分析和充满心计的营销广告，迪希特让我们染上烟瘾，至今都没法戒掉。

我们普遍认为，社会心理学中的心理冲突是需要解决的问题（在费斯廷格的认知失调研究中，我们需要通过改变的行为或态度来解决认知失调问题）、或具有潜在的致病性（贝特森的双重束缚研究）、或人性对恶的愚忠引发了全人类的恐慌（米尔格拉姆关于服从的研究）、或致使我们对痛苦的审慎思考（奥尔波特作为能说会道而敏感的哈佛高才生对种族态度的研究，他的处境有点像哈姆雷特，只不过他受到的是知识的折磨）；或是

T^he 冲突的演化：那些心理学研究无法摆平的心理冲突
Conflicted Mind: And Why Psychology Has Failed to Deal With It

在创伤和负面记忆中，我们需要重新对记忆进行组织和解决，以帮助我们克服这段经历（彭尼贝克关于情感表露的研究）；或者作为一种可以被利用的东西，欧内斯特·迪希特和部分学者意识到我们的意识、认知和语言只是我们的冰山一角。无论如何，迪希特的独特之处就在于，他能时刻准备好在人类的思维中继续深入挖掘，直达我们的潜意识。他似乎通过这种方式挖掘到了不少钱财，至少在香烟销售方面是这样的。

那么，从这一系列主题迥异的研究中，我们能得出哪些更广义的教训呢？我认为，第一个重要的教训就是不应该忽略任何心理学研究背后的政治、文化和社会背景。我所描述的研究项目，就其设计、解释和结论而言，并不是在文化真空中产生的。值得记住的是，它们都想以某种方式得出关于人性的普遍真理，产生关于人类行为及其影响的文化模因和常识。这些研究的发现不仅能为当代西方社会原本已有的行为（当然，这以时代为前提），还能为其所在文化、各种事件（我们通常所知甚少）、种族主义和时代局限性的学术界帝国主义提供解释、合理化和各种借口。它们都植根于特定的时代和特定的地点，对某些具有独特和可识别特征的个体进行观察或实验。所有的实验和研究都是在特定的政治和文化背景下进行的，其对理论思想的发展、对研究的实施、对"模棱两可"的行为样本的处理（如编码和描述）、对实验研究者本身的行为（如费斯廷格在芝加哥做的邪教研究中实验卧底的行为）的"促进"研究，并常得出戏剧性结论，这对这些领域来说，都是非常重要的。这一点适用于我在前几章中讨论的所有研究。米尔格拉姆在纳粹被逮捕、并被拖到纽伦堡以反人类罪受审后对美国公民的服从性进行了研究；第二次世界大战后，随着女性在家庭中的角色的迅速改变（对某些研究者来说，显然变化得太快了），贝特森开展了双重束缚研究；奥尔波特对种族态度的研究反映了自己在美国那段重要时

结语

期里对哈佛学生的反思,当时人们越来越不能接受对黑人的明显偏见;第二次世界大战后的几十年里,随着消费需求不断提升,迪希特的销售技巧由此诞生;彭尼贝克对情感表露的运作机制的识别,为当今的时代思潮做出了解释:"说出来就好了。"这些背景对心理学研究有着重要影响。

事实上,我已经说明了这些背景对研究的实施和研究的结论产生的影响。我也解释了研究中的特定重点,比如被强调的事物,以及被忽略的事物(如费斯廷格在研究强制服从性实验中忽略了个体差异、米尔格拉姆没有对"老师"在接到"科学家"的直接命令后的反应进行认真分析)。这些实验或多或少都涉及人类的心理冲突,但在其描述和分析上很大部分都明显带有研究者自己的裁量权。

我认为我们要时刻谨记在心,这些不仅仅是单纯的学术话题,它们都是经典研究,大多产生于心理学的"黄金时代",是莘莘学子学习心理学的绝佳入门课程。这些理论和假设对人们的生活都非常重要。我也解释过这些理论与我生活经历的相关之处。有时,这确实是很个人化的故事,比如我在与母亲对话的时候察觉出双重束缚的现象(并在哲学老师的鼓励下指责了我的母亲),或在贝尔法斯特街头混乱的环境下思考帮派成员是否服从命令的先决条件,毕竟对权威的服从有多种形式。我讲的这些故事并没有离题,而是希望帮助读者不要局限在米尔格拉姆、费斯廷格、贝特森或任何其他太过狭隘或学术的范围里,它们只是他们那个时代的产物,他们选择的被试的产物,他们的社会和知识背景的产物。我想把读者从20世纪60年代早期的米尔格拉姆的耶鲁实验室,或20世纪50年代末至60年代初贝特森所在的中上层阶级家庭,或20世纪50年代费斯廷格研究团队渗透进的芝加哥邪教团体,或奥尔波特作为哈佛高才生奋力反抗的对种族偏见的内在冲突带到贝尔法斯特街头、谢菲尔德和曼彻斯特所发生的故事

The 冲突的演化：那些心理学研究无法摆平的心理冲突
Conflicted Mind: And Why Psychology Has Failed to Deal With It

中。这些都是极具普适性的理论，是对人们生活都有着巨大意义的严肃话题。这才是我们应该带有的判断标准，也是我对他们的判断标准。

我们还能从中得到什么教训呢？有时候，这些研究足以成为人类想象的伟大开端，但同时仍有很大的不足之处。我在这些研究中发现了两个主要缺陷。

第一，心理学家因为其学科在自然科学中的定位，正极力避开潜意识领域，而迪希特显然是个例外。但在这项研究里，似乎显露出的是潜意识的丑恶嘴脸。我曾讲过被誉为"社会心理学创始人"的戈登·奥尔波特的人生经历，这段经历很有可能引领他走上了这条心理学的测量道路。他想学习伦西斯·利克特（Rensis Likert）的早期种族态度研究，让这些态度变得明显可测。这样一来，就能在其研究中赋予科学方法了。也许，我们真的需要欧内斯特·迪希特来告诉我们，大家所看到的人类意识层面只是冰山一角。也许我们还要请丹尼尔·卡尼曼来说服大家，在做重大的学术考量时也可以将日常生活中快速自动化的无意识过程纳入考量范围，特别在对不同人种进行判断和互动的时候、在引导我们服从指令的时候、在日常交谈中对非语言行为进行解释的时候、在谈论创伤事件时使用多渠道沟通方式的时候，这个过程就很容易被激活。

第二，我们没有仔细分析参与者的行为。我的意思是，我们没有足够仔细地倾听（并记录和分析）他们的全部多模态交流信息。我们有时会听他们说的话（并把它们记下来），却完全忽略他们对我们或对彼此说的其他话，我们尤其不善于发现随之而来的非语言行为。我认为，这是一个严重的疏忽。在关于记忆的冲突和情感表露的研究中，它可以重新定义情感表露的态度及其发挥作用的原因。在角色冲突与服从的研究中，它可以改变我们对权威与服从的理解。它可以帮助我们理解强制依从性行为，以及

结语

理解人的态度有时会因为这种依从性而改变，有时则不会的原因。它可以改变我们对双重困境本质的理解。当我们试图以一种多模式交流的形式来讨论心理冲突的时候，我们往往做得很糟糕。贝特森在这方面的研究观察非常有趣（而且是有选择性的，带有偏见。毕竟，没有一个先验的理由只关注母亲）。也许只有等到对话分析的出现，以及相信互动的细节会有巨大的信息量，心理学家才会开始认真对待这个问题，倾听被试，并准确地记下他们说了什么。这很有可能对这个学科的未来发展至关重要。毕竟，现在看来，米尔格拉姆认为人们倾向于遵循直接命令的观点实际上是错误的，如今的人们似乎不总是这样的。也许我们有时还是没有对导致这些行为的当下情况进行足够的分析（我用了自己生活中的例子来说明这一点）。彭尼贝克的研究也很有可能要得到修正。情感表露为什么对我们的身心如此重要？我们可能要对研究表露的细节进行重新认识，比如，更多的注视很可能是为了观察信息接收者的反应，表达真实快乐情感的杜兴式微笑往往出现在叙事对话对比中最意欲表达最消极的部分。情感表露代表了在某种意义之后的努力，用弗雷德里克·巴特莱特的话来说就是，你在描述过程中对因果关系做出归因，但同时又试图提出一个别人和你自己都能接受的解释。关于家庭中双重束缚沟通的使用及其后果，系统对话分析方法可以向我们揭示什么？在强制服从对态度改变影响的研究里，对话分析能给我们带来什么启示？在我看来，它肯定能告诉我们，我们的分析过于天真和简单化了。我们曾提出不少伟大的理论，这些理论构成了我们的文化和认知理解，但对作为得出理论的证据基础的观察有时却非常薄弱和片面。

那么，心理冲突的未来将是一番怎样的图景呢？当然，我们非常感谢我所讨论的心理学家们，感谢在心理学的发展道路上有他们的奉献，如贝特森和（我不得不说）迪希特，是他们教会了我们一些东西。但这趟探索

The 冲突的演化：那些心理学研究无法摆平的心理冲突
Conflicted Mind: And Why Psychology Has Failed to Deal With It

不同心理冲突的旅程，这种重新评价，才刚刚开始。我们可能已经超越了莎士比亚，但仅仅在某些方面超过他，正如我所说，奥尔波特的学生们就他们潜在的种族态度进行自我辩论，这最能让我想起的就是《哈姆雷特》（或许他们就是从莎士比亚那里学到的冲突原理）。

这里还有一个普适的教训，即我们的研究需要更加注重当时的具体情形。为了做到这一点，我们需要更多的时间来设计实验，以在搭建场景时获得更准确的了解和描述。如帮派首领对成员们发出号令；如父母在餐桌上对孩子的冷眼相待；如在面试小组中看到唯一一张白人面孔；如在别人递来一支烟时不假思索地接受；如有人敞开心扉诉说一直困扰着他们的事情；又如他们发现事情有些奇怪而去思考原因。然而，这并没有影响我们在缺乏更详细研究的情况下，将其应用到所有情况，得出普遍理论。

如果我们要探究行动中的心理冲突，那么可能还需要更审慎地扩展我们的理论范围，并仔细思考如何才能描述和挖掘自动化和无意识的思维过程，它们不应该被排除在研究界限之外，因为长期以来，它们一直都是心理学学科的内容。诺贝尔奖获得者丹尼尔·卡尼曼再次让这种思考方式在理论上受到尊重。与此同时，我们要成为更专业的人类行为观察者，并留心在各种情境下，谈话中的心理冲突在多沟通渠道的自动性、即时性和复杂性，它们都是不一样的。正如哈维·萨克斯、伊曼纽尔·谢格罗夫和盖尔·杰斐逊多年前向我们展示的那样，魔鬼和真相都很可能藏在细节中。这些快速的自动化的行为，通常在无意识状态下产生，在互动交流的过程中，人们会伴随非语言行为。而在这其中，我们还会显示出更多冲突的行为。在未来，我们的研究要对这浩瀚复杂的人类行为做更妥当的描述。在我看来，只有这样，我们才能真正放下莎士比亚所说的矛盾感受，更加自信地前行。

The Conflicted Mind: And Why Psychology Has Failed to Deal With It

ISBN:978-1-138-66578-1（hbk）

ISBN:978-1-138-66579-9（pbk）

ISBN:978-1-315-61970-5（ebk）

Copyright ©2018 by Geoffrey Beattie

Authorized translation from English language edition published by Routledge,an imprint of Taylor & Francis Group LLC.

All Rights Reserved.

本书原版由 Taylor & Francis 出版集团旗下 Routledge 出版公司出版，并经其授权翻译出版。版权所有，侵权必究。

China Renmin University Press Co., Ltd. is authorized to publish and distribute exclusively the Chinese (Simplified Characters) language edition. This edition is authorized for sale throughout Mainland of China. No part of the publication may be reproduced or distributed by any means, or stored in a database or retrieval system, without the prior written permission of the publisher.

本书中文简体翻译版授权由中国人民大学出版社独家出版并仅限在中国大陆地区销售。未经出版者书面许可，不得以任何方式复制或发行本书的任何部分。

Copies of this book sold without a Taylor & Francis sticker on the cover are unauthorized and illegal.

本书封底贴有 Taylor & Francis 公司防伪标签，无标签者不得销售。

北京阅想时代文化发展有限责任公司为中国人民大学出版社有限公司下属的商业新知事业部，致力于经管类优秀出版物（外版书为主）的策划及出版，主要涉及经济管理、金融、投资理财、心理学、成功励志、生活等出版领域，下设"阅想·商业""阅想·财富""阅想·新知""阅想·心理""阅想·生活"以及"阅想·人文"等多条产品线，致力于为国内商业人士提供涵盖先进、前沿的管理理念和思想的专业类图书和趋势类图书，同时也为满足商业人士的内心诉求，打造一系列提倡心理和生活健康的心理学图书和生活管理类图书。

《心理学经典入门（第3版）》

- 一本位居美国排行榜前列的全彩心理学经典入门通俗读物。
- 帮助读者深入浅出地了解心理学全貌，体验心理学的妙趣。
- 南京大学社会学院心理学系主任周仁来领衔翻译。

《社会心理学经典入门（第6版）》

- 一本被美国多所名校采用的全彩社会心理学入门通俗读物。
- "长江学者"特聘教授、北京大学心理与认知科学学院博士生导师谢晓非领衔翻译。
- "说服术与影响力教父"西奥迪尼带领我们步入社会心理学课堂，探索社会背后现象、以人类目标需求为基础的心理与行为机制。